阿拉丁奇趣探索系列

解锁生活中的科学

[英]珍·格林◎著　[英]戴夫·巴勒斯◎绘

曾景婷　龙 利◎译

陕西新华出版传媒集团
陕西科学技术出版社
Shaanxi Science and Technology Press

图书在版编目（CIP）数据

解锁生活中的科学 /（英）珍·格林著；（英）戴夫·巴勒斯绘；曾景婷，龙利译. — 西安：陕西科学技术出版社，2022.6

（阿拉丁奇趣探索系列）

书名原文：THE NEW WORLD OF KNOWLEDGE The Encyclopedia of Science

ISBN 978-7-5369-8351-9

Ⅰ. ①解… Ⅱ. ①珍… ②戴… ③曾… ④龙… Ⅲ. ①科学知识—少儿读物 Ⅳ. ① Z228.1

中国版本图书馆 CIP 数据核字 (2022) 第 035644 号

北京版权保护中心外国图书合同登记号：25-2022-079

Copyright© Aladdin Books 1999
An Aladdin Book
Designed and directed by Aladdin Books Ltd
PO Box 53987
London SW15 2SF
England

阿拉丁奇趣探索系列

解锁生活中的科学

[英] 珍·格林◎著　[英] 戴夫·巴勒斯◎绘　曾景婷　龙　利◎译

责任编辑：高　曼　周　勇
封面设计：柯　桂

出 版 者	陕西新华出版传媒集团　陕西科学技术出版社
	西安市曲江新区登高路 1388 号陕西新华出版传媒产业大厦 B 座
	电话（029）81205187　传真（029）81205155　邮编 710061
	http://www.snstp.com
发 行 者	陕西新华出版传媒集团　陕西科学技术出版社
	电话（029）81205180　81206809
印　　刷	陕西思维印务有限公司
规　　格	889mm×1194mm　16 开
印　　张	10.75
字　　数	150 千字
版　　次	2022 年 6 月第 1 版
	2022 年 6 月第 1 次印刷
书　　号	ISBN 978-7-5369-8351-9
定　　价	68.00 元

版权所有　翻印必究

目 录

第一章 看不见的声音

留心处处是声音 / 2

什么是声音 / 4

声音的感知器——耳朵 / 6

万物皆可发声 / 8

迷人的音调 / 10

声音的强弱——响度 / 12

音爆,比声速更快 / 14

声音的反射——回声 / 16

超声波的多重作用 / 18

声音与音乐 / 20

存储声音,记录过去 / 22

传递声音,让距离更近 / 24

词汇表 / 26

第二章 照亮世界的光

生活处处有亮光 / 28

什么是光 / 30

光是彩色的 / 32

照耀生命的太阳光 / 34

人造光源 / 36

影子是如何形成的 / 38

照镜子——光的反射 / 40

海市蜃楼——光的折射 / 42

透镜让视野更广阔 / 44

视觉感受器——眼睛 / 46

被欺骗的大脑——多重视觉 / 48

绚丽的激光 / 50

词汇表 / 52

第三章　生命之源：空气和水

什么是空气 / 54

地球的外衣——大气层 / 56

动物和空气 / 58

植物和空气 / 60

风和天气 / 62

空气助力滑翔 / 64

空气"工程学"——飞行器 / 66

空气与工业 / 68

什么是水 / 70

傍水而居 / 72

生活在水中的动物 / 74

植物和水 / 76

水能塑造地貌 / 78

下雨啦 / 80

水与人类生活 / 82

词汇表 / 84

第四章　人类生存的物质基础：能源

什么是能源 / 86

能量永动机——太阳 / 88

能量是如何转化的 / 90

热量是怎么产生的 / 92

藏在火焰里的能量 / 94

不可再生的化石燃料 / 96

电力，超乎想象的发明 / 98

替代能源 / 100

交通工具与能源 / 102

能源变革推动工业发展 / 104

家庭生活中的能源 / 106

节约能源，人人有责 / 108

新能源是未来的必然选择 / 110

词汇表 / 112

第五章　奇妙的电和磁

什么是电 / 114

什么是磁 / 116

地球的天然磁场 / 118

电流和电路 / 120

电磁转换 / 122

能量转换——发电 / 124

电力到我家 / 126

储存电力，未雨绸缪 / 128

电与现代生活 / 130

电与交通工具 / 132

电力通信让沟通更便捷 / 134

未来世界 / 136

词汇表 / 138

第六章　复杂而精妙的人体

组成人体的小部件 / 140

观察人体"骷髅" / 142

肌肉和运动 / 144

不能停止的呼吸 / 146

获取能量的消化系统 / 148

流动的血液 / 150

排泄物和激素 / 152

人体卫士——免疫系统 / 154

不可或缺的视听觉 / 156

感知世界——嗅觉、味觉、触觉 / 158

易受刺激的神经 / 160

人体控制中心——大脑 / 162

生殖系统 / 164

词汇表 / 166

第一章
看不见的声音

　　声音是一种能量形式。物体振动产生声音，声音在空气的传播下被人耳听到。我们以各种方式利用声音，比如用声波探测海水的深度，或者举行唱歌和跳舞等娱乐活动。

　　我们用耳朵听声音，但蝙蝠等动物靠感知周围物体的振动获取声音。试着想一想，声音有哪些用途，我们如何测量和保存声音？声音传播的速度有多快，比你奔跑的速度还快吗？

留心处处是声音

我们可以听到心跳声，也可以听到闹钟声，这些声音让我们知道身体内部和周围发生了什么事情。警笛声非常刺耳，能引起我们的警觉和对危险的重视；音乐声柔和而动听，能使人心情放松，感到十分愉快。人们通过交谈相互学习，表达思想、观念、感受和想法。和人类一样，动物也用各种声音进行交流。

救护车的警报声

老虎的咆哮声

电话铃声

世界各地的声音

数千年来，人们一直在创作音乐。人们最初用贝壳等自然物来吹奏音乐，后来用葫芦、木管和金属等材料制造了乐器。世界各国都有各种各样的乐器，其中部分乐器具有一些相同的特征。

管乐器

风笛是拉丁美洲的典型乐器，排箫是由长度不同的竹管捆制而成的乐器。

鼓乐器

鼓是非洲人的重要乐器之一，对非洲音乐有重大影响。

弦乐器

从印度的西塔琴到西班牙的吉他，每个国家都有自己的弦乐器。

音符

人类的心跳

声音的可视化

我们很难直接用语言描述声音。拟声词是描述声音的词汇,即为了描述自然界的声响而创造的词汇,比如咩咩、嘎嘎和吱吱等。漫画家喜欢用视觉化的效果表达声音,比如用大写的英语单词 BOOM 表达爆炸声,并在周围添加一些星星和细碎的图案,让人感觉好像受到了撞击。你也可以用词语和图案来表达声音,看看你的表达里包含了哪些意思吧!

学会辨别声音

我们周围充斥了太多声音,所以必须将那些不太重要的过滤掉。人的耳朵可以识别 40 多万种声音。试着记录你在白天听到的声音,然后将这些声音分门别类,划分为机械声音、自然声音、人体声音和动物声音等。将这些声音数据转化成条形图,看看你每天听到的声音最多和最少的分别是什么。

什么是声音

声音是由物体振动产生的。这些物体可能是木材等固态物质，可能是水等液态物质，也可能是空气等气态物质。我们经常听到的声音都是通过空气进行传播的。物体振动时会压缩空气，使空气产生波动，从而将声音传播开来。空气的温度、密度和湿度不同，声音的大小和传播速度也会有所差别。声音是有频率的，人耳只能听到 20~20 000 赫兹的声音。

声波

发声体的振动在空气或其他介质中的传播就是声波。声波是一种纵波，但在固体中传播时也可能形成横波。所以，声音也是一种能量形式。声音的传播需要介质。海水本身不发声，但它将能量传递到旁边的水域或空气中时，就会发出声音。声音的传播方式就像多米诺骨牌一样，其中的能量是渐次传递的。

感受声音

声音传播是人眼无法直接观察到的自然现象。但是，我们可以做一个小实验，证明声音是由物体振动产生的。首先吹起一个气球，把它放到嘴边说话，让小伙伴摸着气球，感受气球是否在振动。反之，让你的小伙伴把气球放在嘴边，你能感受到他说话时气球产生的振动吗？

太空中的声音

物体通过介质传递振动，由此引起声音传播。在地球上，气体分子通过相互碰撞，传递振动并传播声音。但太空几乎是真空状态，其中没有合适的介质，声音无法传播。在地球大气层以上，宇宙几乎是寂静无声的。宇航员通过无线电进行交流，或者将头盔靠在一起，让声音通过头盔传递振动进行传播。

　　分子来回运动，从而让声音在介质中传播开来。分子相互碰撞，然后回到原来的位置，声音逐渐消失。介质的密度越大，分子间的排列越紧密，声音的传播速度就越快。所以，声音在水中的传播速度比在空气中的传播速度要快得多。

强烈的爆炸声

　　1883 年，喀拉喀托火山爆发，产生了巨大的爆炸声。喀拉喀托火山位于印度尼西亚的海峡中，是一座无人居住的活火山。这次火山爆发的威力极大，过程中释放了 21 立方千米的火山灰。爆炸声响彻天际，远在 160 千米外的雅加达都能听到。这是有史以来规模最大的火山喷发，同时引发了强烈的地震和海啸，摧毁了数百个村庄和城市，造成 3 万多人死亡。

声音的感知器——耳朵

和人类一样，许多动物都有耳朵。耳朵是听觉器官，能将收集到的声音转化为神经信号，传递给大脑。这些信号经过大脑筛选和加工后，变成我们可以理解的声音。大多数动物都有两只耳朵。声源距离耳朵越近，我们听到的声音就越清晰。

外耳
外耳的形状像漏斗，方便从空气中收集声音，并通过耳道将声音传递到鼓膜。

半规管
半规管是内耳中的平衡器官，可以向大脑发送信号，感知头部所处的位置。

鼓膜
鼓膜是一层半透明的椭圆形薄膜，是外耳和中耳的分界，能像鼓面一样传导声音。

听小骨
鼓膜附近有三块听小骨，分别叫锤骨、砧骨和镫骨，它们可以将声音传递到内耳。

制作简易鼓
你可以尝试用中空的容器和塑料膜，制作一个简易鼓。将塑料膜平铺在容器的顶部，尽量将其伸展开来，然后用胶带或橡皮筋固定住。当然，你也可以用糨糊粘上一张纸或一块布，这样也能做出一个牢固的鼓面。最后，拿出铅笔或旧牙刷当作鼓槌，你就可以击鼓啦！

改变音调
我们可以通过调节鼓面的松紧，来调整鼓声的音调高低。你会发现，鼓面越紧，振动越频繁，音调就越高。

贝多芬

贝多芬是最伟大的古典音乐家之一。实际上，他的听力并不好。1824年，贝多芬完全丧失了听力，但这并没有妨碍他成为伟大的音乐家。完全失聪后，贝多芬仍然坚持创作了许多动听且经典的乐曲。

动物的耳朵

生物学家认为，耳朵是由原始鱼类的平衡器官发展而来的。这些鱼类对声音并不敏感，但能感知水流的振动，从而能感受到周围环境的变化。水生动物爬上陆地后，为了适应新环境，平衡器官演化为耳朵，以便听到空气中的各种声音。大多数哺乳动物的外耳都是漏斗状的，这样更加方便收集外界的声音。

耳蜗

耳蜗位于内耳中，状似蜗牛，是听觉转导器官，负责将声音信号转化为神经信号。

青蛙

青蛙的耳膜必须保持湿润，否则容易干裂。

耳膜

蠕虫

振动

蠕虫没有耳朵，但能感知土壤周围的振动，并及时做出反应。

蟑螂

蟑螂用体表的茸毛感知声音。这些茸毛非常敏感，能够感受到声波引起的轻微的空气振动。

秃鹫

耳朵

秃鹫听觉灵敏，但它们没有外耳，因为外耳会减缓飞行的速度。

制作拨浪鼓

首先，把纸板剪开并卷起来，做成环状；然后，在环状的两端分别覆上塑料膜；接着，在环状的纸板上剪一个小孔，插进一根小棍；最后，在两端粘上带有小珠子的绳子。来回搓动小棍，拨浪鼓就能发出声音啦！

蚱蜢

耳朵

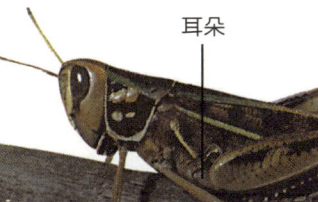

蚱蜢的耳朵位于身体的中间部位，蟋蟀的耳朵位于足部胫节处。

万物皆可发声

我们周围有许多自然界的声音。热空气上升,冷空气下沉,空气对流形成了风,也产生了风声。闪电通路中的空气迅速升温,导致空气急剧膨胀;闪电消失后,空气迅速冷却并急剧压缩。闪电周围空气的温度变化和气压变化强烈而迅速,因此形成了轰隆隆的雷声。人和动物用喉咙等部位发出声音,卡车和电钻等机器也能发出声音。

你能摸到自己的咽喉部位有一个突起,这就是喉结。喉结处有声带,其主要功能是发出声音。当你说话或唱歌时,两片声带贴合在一起,通过呼吸将声音传递出来。口鼻的配合可以让人体发出不同的声音。

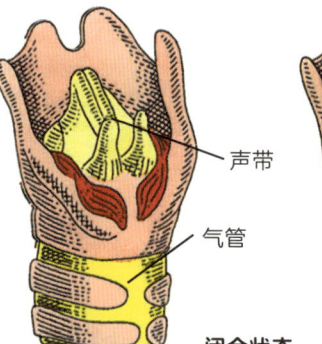

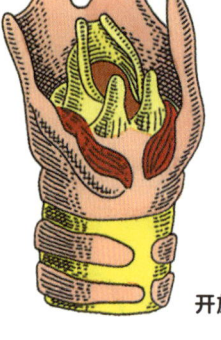

语言的差异

世界上大约有 5000 种语言,每种语言都有自己的发音体系和意义。有些语言比较相似,比如英语和德语;有些语言截然不同,比如汉语和英语。非洲的约鲁巴语和汉语也有很大差别。语言没有优劣之分,其主要功能是交流,任何语言都能相对准确地翻译为其他语言。

科萨语

科萨语是非洲南部科萨族使用的语言,也是南非共和国的官方语言之一。科萨语有两种声调,高音和低音表达的是不同的意思。

动物发出声音的目的可能是传达信息，比如"我住在这儿，离远点儿！""我很危险，不要惹我！"或者"我在这儿"。在繁殖季节，青蛙和鸟类为了寻找配偶，不停地发出各种声音。狼和猴子的发声方式与人类相似。昆虫用身体的不同部位发声：蚱蜢用足部摩擦翅膀发出声音，红毛窃蠹用头部撞击木头发出咔嗒声。

制作音效

当你和朋友举办舞台剧时，可以用小道具在幕后制作音效，以提升舞台的戏剧效果。拿出两个塑料杯，有节奏地相互撞击，可以产生类似马蹄踏地的声音。摇晃有棱纹的软管，可以产生狂风呼啸般的可怕声音。用餐叉刮餐盘，可以发出尖利的嘶鸣声。尝试用其他各种物体来制作音效吧！

真空吸尘器的软管

乳酪磨碎器

自然界的声音

我们听到的许多声音都是人为制造的，但也有许多声音是从自然界中发出来的。起风时，周围会响起各种各样的声音，比如树叶沙沙作响的声音和窗户嘎吱嘎吱的声音。

风

风穿过树枝，摩擦树叶，发出沙沙的声音。

风吹树叶，沙沙作响。

雪

雪花轻轻飘落，几乎没有任何声音。如果坚硬的霰子落到地面，可能会发出较大的声音。

雪花落到地面，几乎没有声音。

雨

暴雨极速落下，碰到水面或地面会形成各种各样的声音。

雨水溅到水坑里。

阿拉伯语

阿拉伯语中有许多喉音，非阿拉伯人很难发出这种声音。发喉音时，声带收缩，两侧声带紧密闭拢，喉部处于紧张状态。

方言

即使在同一个国家，不同地区的人就算使用同一种语言，也可能形成各自的口音，这就是方言。有些方言的口音非常明显，我们有时可以通过口音判断一个人来自哪里。

迷人的音调

声音的高低叫音调，以赫兹为单位。物体的振动频率越高，音调就越高。高音来源于物体的快速振动，低音来源于物体的低速振动。如果以每秒1万次的速度拨动小提琴的琴弦，就会发出响亮的高音。音调的高低受物体的大小、重量和密度影响。昆虫等动物可以发出极低频或高频的声音，这些声音通常是人耳听不到的。

木琴上的短杆振动快，可以发出高音；长杆振动慢，可以发出低音。

音乐瓶

取5个相同的空瓶子，依次摆放。用量杯量出半升水，倒进第一个瓶子里。再量出稍少一点的水，倒进第二个瓶子里。以此类推，给每个瓶子装入不同量的水。呼出一口气，从瓶口依次吹过，看看哪个瓶子发出的声音音调最高，哪个瓶子发出的声音音调最低？

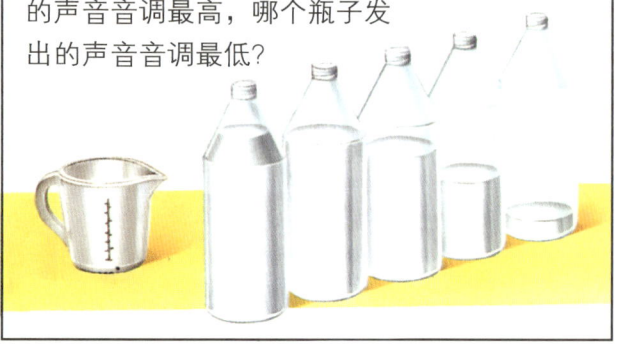

震碎玻璃杯

你见过震碎玻璃杯的女高音歌手吗？物体通常以固定的频率振动，如果附近的声波产生了强大的能量，这些能量就会被物体吸收，从而增强自身的振动频率，这种现象叫共振。女歌手发出的高音，频率极高，音调极高，可能震碎附近的玻璃杯。

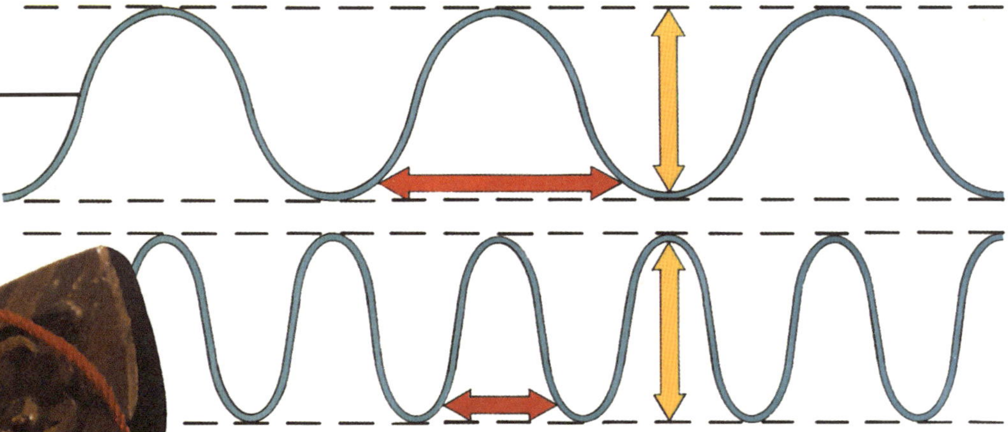

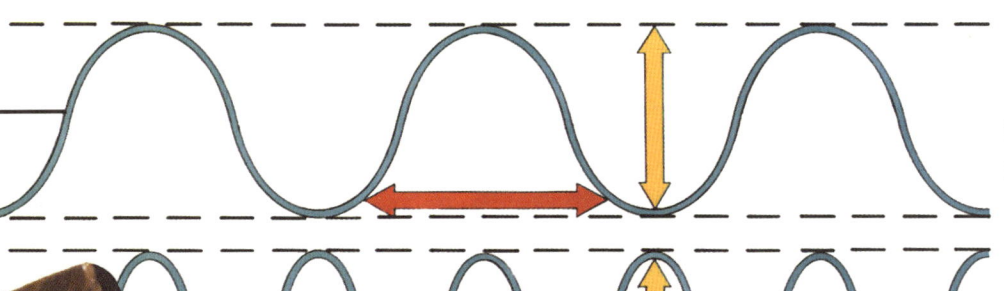

在单位时间内，产生波动数量较少的是低频，低频发出的是低音。

在单位时间内，产生波动数量较多的是高频，高频发出的是高音。

声音的高低取决于声波在每秒内经过给定点的声波数量，也就是声音的频率。高音的频率高，每秒可以形成较多的声波；低音的频率低，每秒只能形成较少的声波。音调不影响声音的传播速度，声音在同一介质中的传播速度是一样的。所以，你能同时听到长笛发出的高音和鼓发出的低音。但是，高音的波长更短，这也就是说，高音形成过程中会推动更多分子进行运动。

听觉频率范围和发声频率范围

动物的听觉频率范围各不相同，发声频率范围也不相同。有的动物能听到或发出次声波，有的动物能听到或发出超声波。次声波是频率小于 20 赫兹的声波，超声波是频率高于 20 000 赫兹的声波。鸟类的听觉频率范围和人类相近，蝙蝠和海豚的听觉频率范围比人类大得多。下图列举了人类和部分动物的发声频率范围和听觉频率范围。

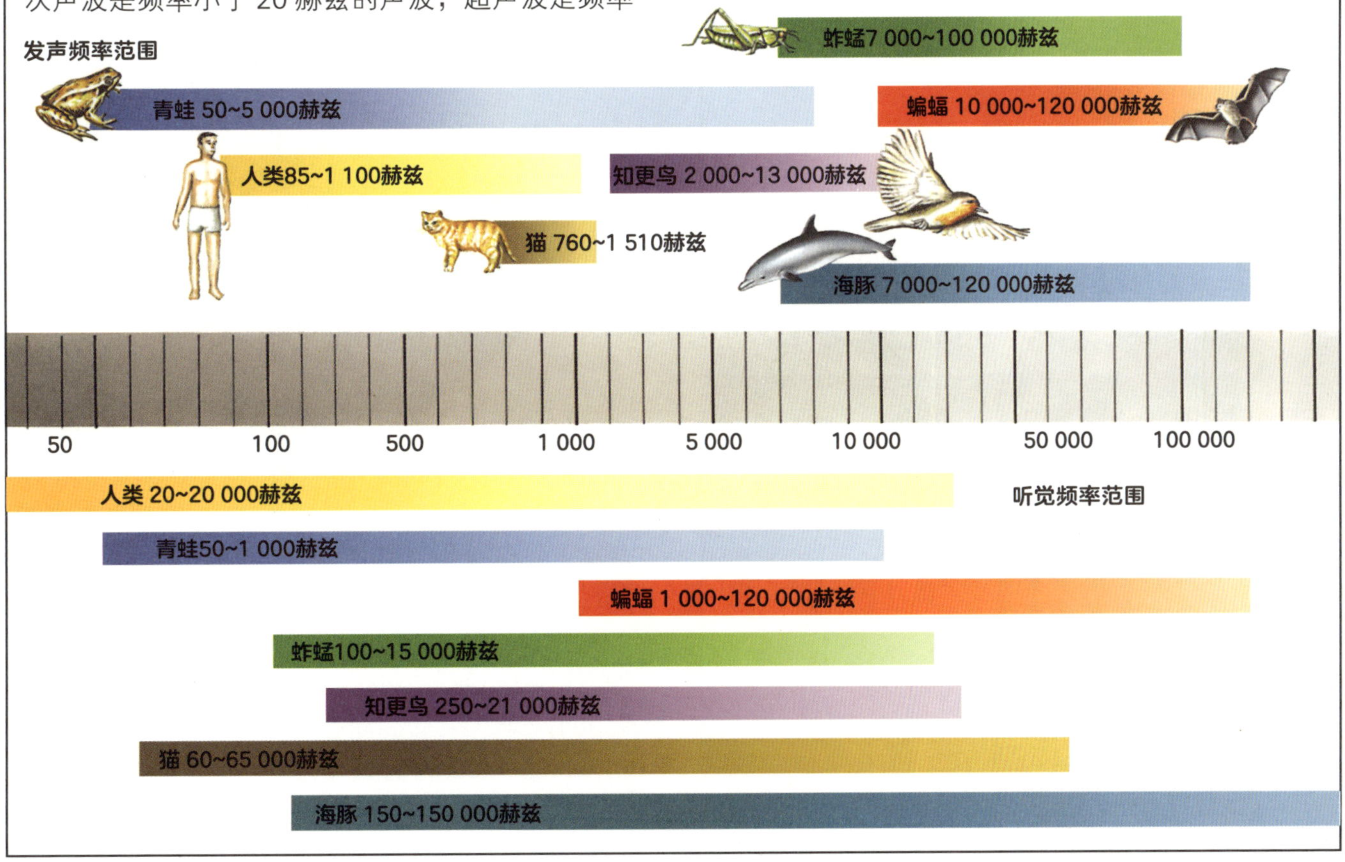

发声频率范围

青蛙 50~5 000 赫兹
人类 85~1 100 赫兹
猫 760~1 510 赫兹
蚱蜢 7 000~100 000 赫兹
蝙蝠 10 000~120 000 赫兹
知更鸟 2 000~13 000 赫兹
海豚 7 000~120 000 赫兹

| 50 | 100 | 500 | 1 000 | 5 000 | 10 000 | 50 000 | 100 000 |

听觉频率范围

人类 20~20 000 赫兹
青蛙 50~1 000 赫兹
蝙蝠 1 000~120 000 赫兹
蚱蜢 100~15 000 赫兹
知更鸟 250~21 000 赫兹
猫 60~65 000 赫兹
海豚 150~150 000 赫兹

声音的强弱——响度

声音的强弱就是响度，以分贝为单位。声音的响度与发声体的振幅和距离声源的远近有关。振幅是指声压和静止压强之间的最大差。声波从声源处向四面八方传播，就像湖面泛起层层涟漪。声音传播得越远，响度就越弱。扩音器呈锥状，主要作用是防止声波能量分散，让声音以较大的响度传播到远处。

分贝标度

在科学研究中，一般用分贝标度来表示声音的响度。0分贝是人耳能听到的最微弱的声音，每当响度加倍时，数值就上升6分贝。日常交谈的声音大概是60分贝，超过130分贝的声音是噪声，会让人产生不适感。

小振幅的波形成响度较小的声音。

火箭发射的声音

喷气式飞机的轰鸣声

雷声

高速列车的声音

正常谈话的声音

轻声交谈的声音

树叶沙沙作响的声音

喷气式飞机起飞时，会产生非常大的噪声。蝴蝶扇动翅膀时，几乎没有声音。猫头鹰的翅膀前部边缘呈锯齿状，有助于减小飞行过程中的噪声，让猫头鹰可以悄无声息地靠近猎物。蜂鸟可以快速振动翅膀，每秒超过80次，飞行时发出嗡嗡的声音。动物的声音通常比机器小，但座头鲸发出的声音比飞机的声音还要大。

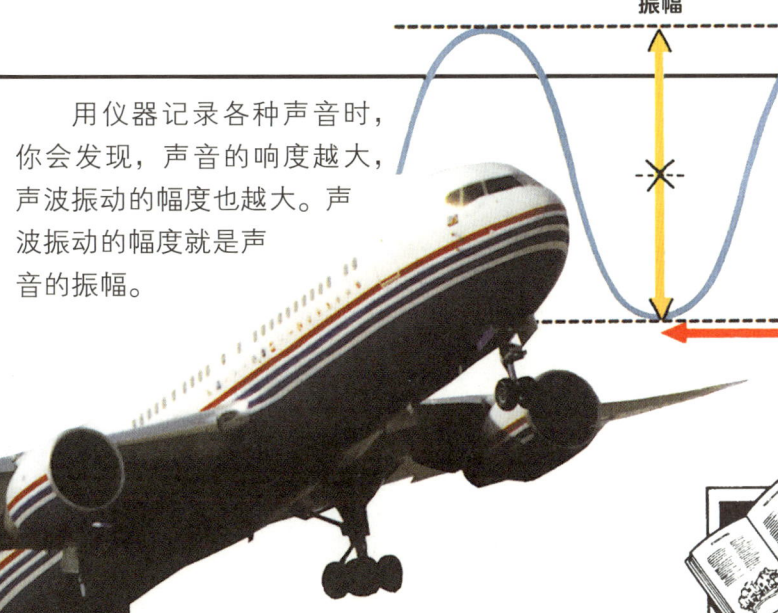

用仪器记录各种声音时，你会发现，声音的响度越大，声波振动的幅度也越大。声波振动的幅度就是声音的振幅。

大振幅的波形成响度较大的声音。

安静的修行

一般来说，寺庙和修道院是最安静的人群聚居地。它们远离热闹的集市，有的甚至直接建在山上。修道院是学习、祷告和冥想的地方，修道士们注重精神修养，在修道院里过着离群索居的静谧生活。无论僧侣、道士，还是牧师，修行过程中都讲究安静，他们渴望身心和谐，希望与广阔的大自然融为一体。

听起来不错

诗人用语言文字营造特定的感觉，以让读者感到喧闹或安静、缓慢或快速等。清辅音和元音组成的词语听起来很安静，比如喃喃自语和树叶的沙沙声。浊辅音和元音组成的词语听起来有些吵闹，比如嘎嘎声和咯咯声都给人一种响亮的感觉。词句在页面上的布局方式也会影响文字传达的效果。尝试写一首诗，用不同的词语表达出喧闹的意境和力量感。想一想，你会在页面上怎样布局这些文字呢？

音爆，比声速更快

声音的速度是指声音在单位时间内的传播距离，主要取决于传播声音的介质。在空气中，声音每3秒钟能传播1千米。而且，声音在暖空气中的传播速度比在冷空气中的传播速度快，因为暖空气中的分子运动速度快，碰撞更频繁。固体和液体的分子密度比气体大，因此传播声音的速度要快一些。

音爆

查克·耶格尔是第一位突破音速屏障的飞行员。1947年10月14日，他驾驶贝尔X-1喷气式飞机，以1126千米/时的速度，完成了超音速飞行试验。飞机在空中做超音速飞行时，机头或突出部位会出现锥形的声波，也就是激波。当飞机的速度（A）超过激波的速度（B）时，就会在后方形成强烈的冲击波（C），这时人耳会听到巨大的响声，也就是音爆。飞机飞得越高，越容易打破音速屏障，因为高空的气温低，声音的传播速度比较慢。

雷声和闪电

光的传播速度比声音的传播速度快得多。闪电急剧加热空气后迅速消失，空气在骤热骤冷中释放出极大的能量，形成了雷声。实际上，雷声和闪电几乎是在同一时间产生的。但声音的传播速度比光的传播速度慢得多，所以我们先看到闪电，之后才能听到轰隆隆的雷声。已知声音每3秒钟能传播1千米，那么你能通过测算看到闪电和听到雷声的时间差，计算出闪电和你之间的距离吗？

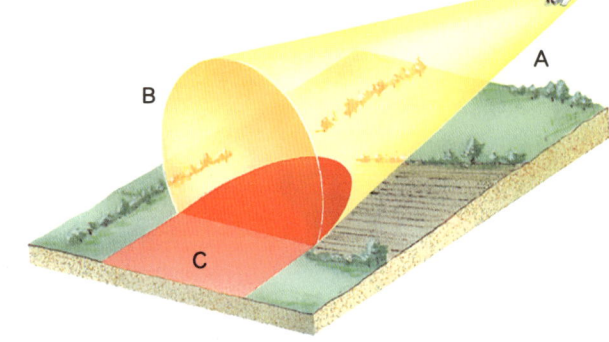

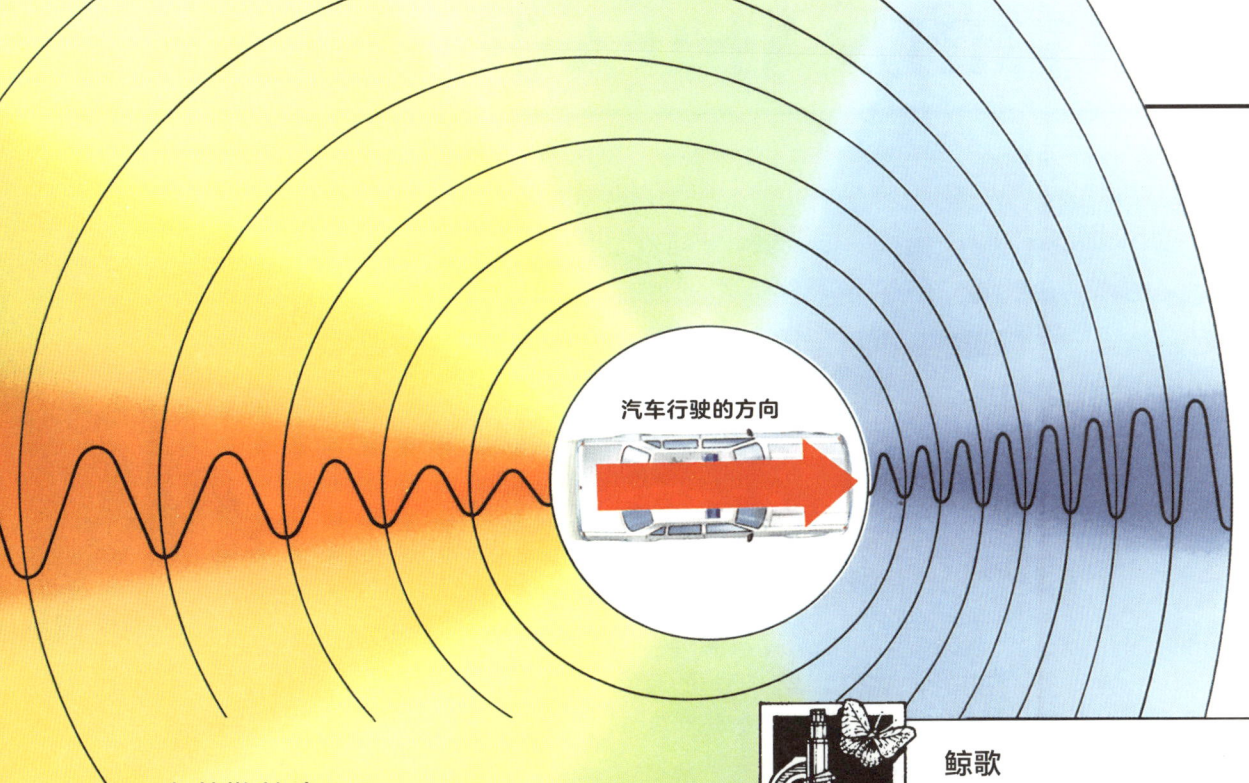

多普勒效应

一辆汽车鸣笛从你身边经过后,汽车离你越来越远,汽笛的声音也逐渐从高音转为低音。汽笛的声音以恒定的速度在空气中传播,当汽车离你很近时,周围的声波被压扁,波长变短,频率变高,因此呈高音;当汽车远离时,声波的传播范围变广,声音需要更长的时间才能到达你的耳朵,每秒产生的声波数量较少,波长较长,因此呈低音。这种现象是由奥地利物理学家克里斯蒂安·多普勒发现的,因此被命名为多普勒效应。

鲸歌

声音在水中的传播速度大约是在空气中的4倍。座头鲸通过复杂的"歌声"进行交流。它们的歌声由低频长波和高频短波组成,低频长波的传播距离很远,高频短波传播到海面或海底后会反射回来,帮助座头鲸了解自己的位置。

贴耳倾听

你如果对美国西部电影感兴趣,就可能在大银幕上看到过土匪把耳朵贴在火车轨道上。在现实生活中,铁路工人也用这种方法来检查火车是否靠近了。声音在固体中的传播速度比较快,铁路工人的耳朵贴近轨道,能更早听到火车靠近的声音。铁轨是用金属材料铺筑的,金属的分子密度大,可以迅速传播由声波引起的振动。古时候,士兵会把耳朵贴近地面,以便尽早听到远处的马蹄声。

声音的反射——回声

声音撞击到墙面或悬崖等固体表面时，会像皮球一样反弹回来。如果固体表面距离声源足够远，我们还可以听到被原原本本地反射回来的声音，这就是回声。声音在空气中传播时，遭遇固体阻碍物后容易产生回声。声音在液体中传播时，遭遇固体阻碍物后也可能产生回声。蝙蝠在黑暗中发出高频声波，并通过反射回来的声音确定自己与猎物之间的距离，这就是回声定位。

蝙蝠的耳朵很大，方便收集回声。通过回声定位，蝙蝠可以了解猎物所在的位置和距离。蝙蝠的耳朵可以移动，这样有助于它们收集各种各样的声音。

周围的回声

很多盲人虽然丧失了视力，但听力反而发展得极为完善。他们的耳朵有时能听到周围物体发出的极微弱的声音和回声，而普通人一般只能在隧道、洞穴和山谷等地方听到回声。

加里曼丹岛上有许多洞穴，其中一些洞穴的面积非常大。

声波

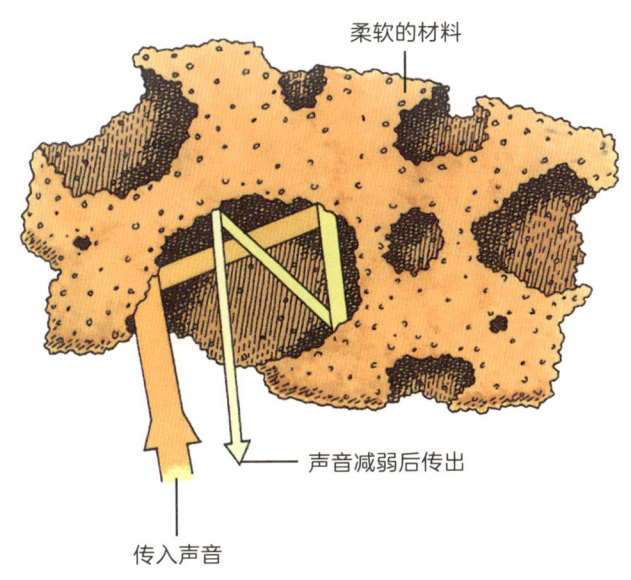

柔软的材料

声音减弱后传出

传入声音

音乐厅的声学

声音从顶棚反射回来，被引导到礼堂后方。

倾斜的侧墙将声音导向听众席。

听众席

隔音

坚硬的固体表面可以很好地反射声音，而柔软的物体表面，如布料、地毯和潮湿木材等，则能像海绵吸水一样吸收声音。这是因为声音被困在柔软物体内部的小孔中，只有少部分被反射回来。在录音室中，人们用柔软的材料来隔绝外界的噪声。音乐厅内部经过特殊设计，可以减少不必要的回声，以便将乐声更好地传到听众的耳朵中。研究如何控制和利用声音的科学就是声学。

竞技场

古希腊人在设计剧院时巧妙地利用了回声和声学。大约公元前5世纪，古希腊人开始建造圆形剧场，并在剧场中举办戏剧演出。这些剧场通常是露天的，中央舞台位于最下方，观众区呈半圆形的阶梯状，座位向上倾斜，形成一个小室，方便接收来自舞台的声音。罗马斗兽场又名弗拉维圆形剧场，是古罗马最大的剧场，建成之初就可以容纳5万人左右。

声音传播到飞蛾身上产生回声，被蝙蝠感知到。

罗马斗兽场

17

超声波的多重作用

人耳听不到超声波，也听不到超声波的回声，但我们可以让超声波穿过海水或人体，从而探测海底环境或人体状况。超声波还可以用来探测机器故障。在科学研究中，研究人员最常使用的是超声波显微镜，而不是光学显微镜。我们知道，声音在空气中的传播速度约为每 3 秒钟 1 千米，所以通过测量声音返回的时间，可以计算物体与我们之间的距离。

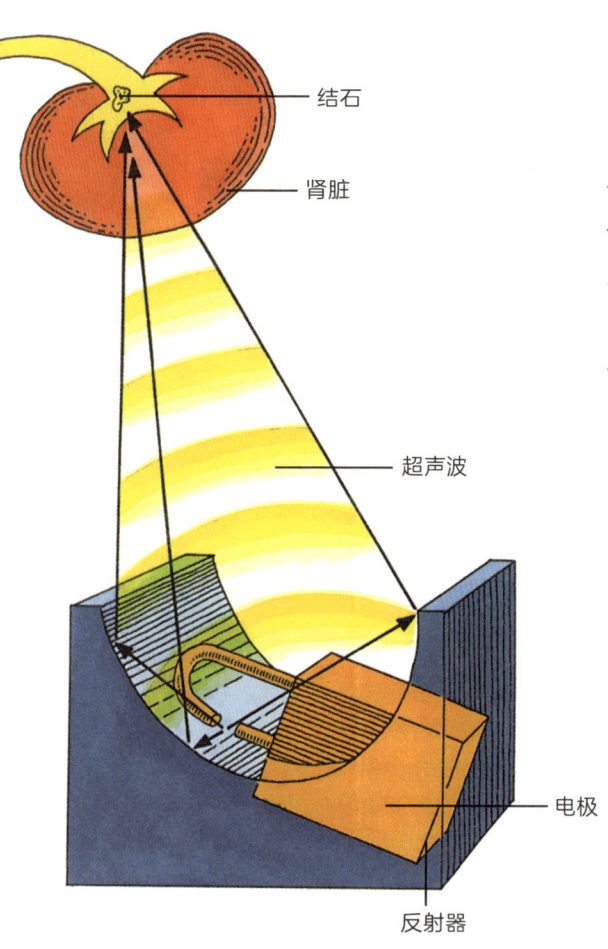

外科医生用超声波脉冲击碎患者体内的肾结石，从而不用给患者开刀做手术：反射器聚焦声音，使超声波对准一个特定的点；接着，超声波就能击碎患者体内的结石；结石变小后，可以被人体自行吸收或消化，且不会使人感到痛苦。

声呐的起源

声呐全称为声音导航与测距，是利用声波在水下的传播特性完成水下探测任务和通信任务的电子设备。20 世纪 20 年代，第一次世界大战期间，人们为了探测敌方的潜艇，促使声呐技术迅速发展起来。当时的声呐设备是一种手摇装置，而且只能探测近距离的物体。声音不会像光一样被水吸收，所以可以广泛应用到水下探测工作中。

婴儿的面部轮廓

探测船用声呐系统测量海水的深度，并搜寻海底的遗物。超声波向水中发射的脉冲，可以被10千米外的物体反射回来。声速是固定的，通过测量超声波返回的时间，可以计算物体的距离。声呐系统可以用于搜寻沉船和潜艇，也可以用于绘制海床和鱼群的地图。

超声波扫描仪扫描人体后，可以形成人体内部的图像。与X光扫描技术不同，超声波扫描技术对人体没有任何危害，因此可以直接应用到孕妇的身体检查中。在超声波扫描中，回声被记录成各种各样的斑点，回声越强，斑点的亮度越高。如上图所示，计算机将超声波信息转化为婴儿的面部轮廓。医生通过分析这样的超声波图像，可以判断婴儿的生长发育是否正常。

飞机

超声波不仅在医学领域大放光彩，而且在工业技术领域也得到广泛应用。超声波探测器可以找到飞机内部的裂缝，超声波焊接机可以修复裂缝。超声波焊接机的声波快速振动，能将材料熔接在一起，从而修复裂缝。除此之外，超声波机器还可以在坚固的金属中钻出小孔。

声音与音乐

音乐由具有特定规律和节奏的声音组成，听起来十分悦耳。音乐演奏中少不了乐器，几乎所有乐器都是通过改变空气的运动方式来改变声音，并由此形成音符和乐段。大部分乐器都有扩音功能，能增强乐音的响度。小提琴的琴弦下有一个用弹性木板做成的音板。琴弦振动时，小提琴内部的空气也随着振动。

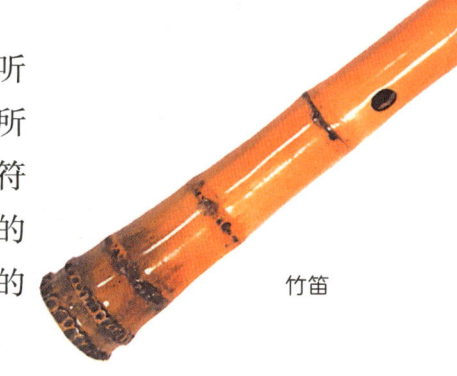
竹笛

打击乐器受到撞击、刮擦或振动后发出声音。

将空气吹入管乐器中，通过控制管乐器上小孔的开闭，可以发出不同的声音。

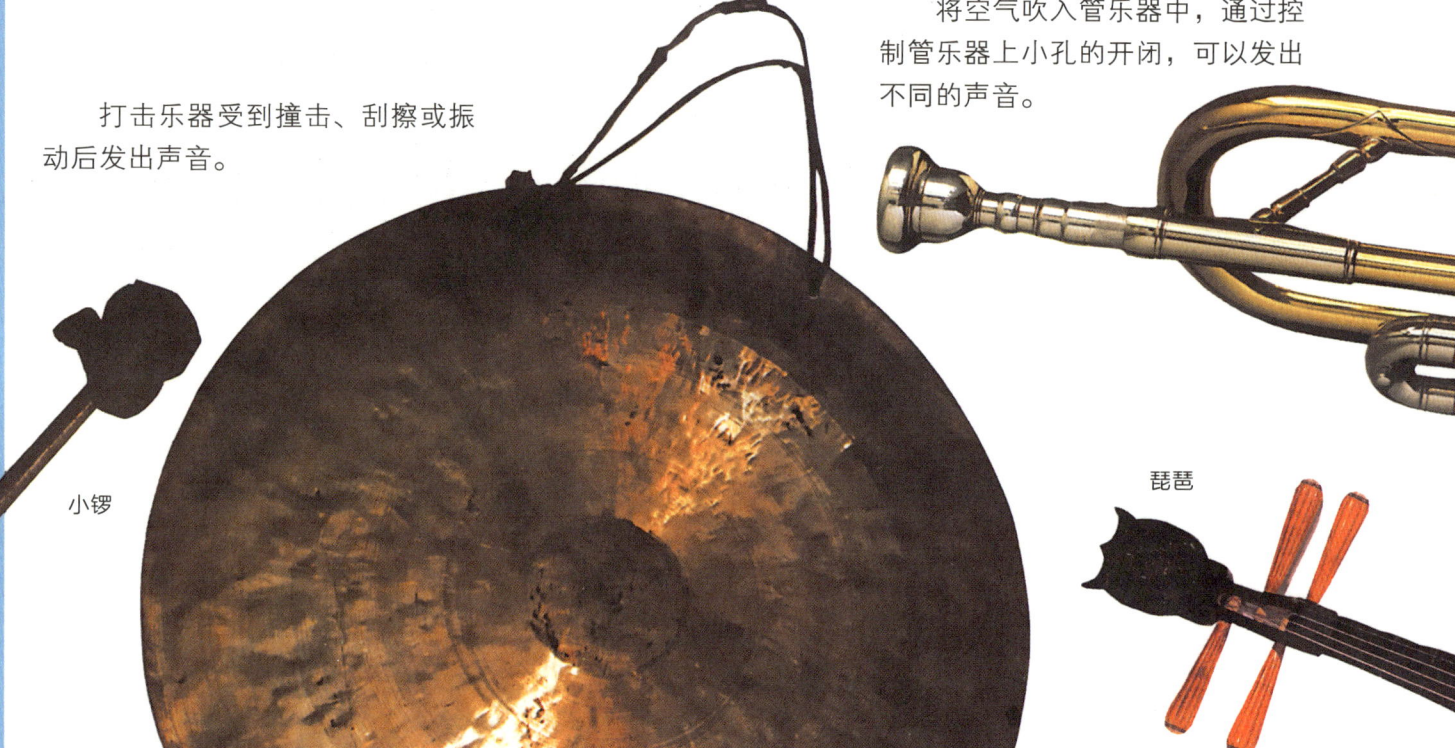

小锣

琵琶

用废弃材料做乐器

你没办法同时拥有很多乐器，但你可以在家里找一些材料，制作各种各样的乐器，组成你的专属乐队。邀请朋友，一起发挥你们的创意，寻找各种材料来制作乐器吧！

如右图所示，将大头钉按一定的次序钉入木板中。将橡皮筋分别固定在两个大头钉之间，拉拨橡皮筋，可以弹奏出不同的声音。

用胶带把两个盖子绑在一起，做成西班牙人跳舞时常用的伴奏乐器——响板。

将一些空罐子倒扣，再用鼓槌敲击。

音符

音乐是根据一定的节奏或节拍而形成的一段有旋律的声音。在一首乐曲中，有节奏的一组节拍叫小节。音乐的音符有不同的数值，代表了声音的长短变化。下图列举了一些音符的数值。四分之四拍是指以四分音符为一拍，每小节有四拍。试着用给出的音符再写一些四分之四拍吧！

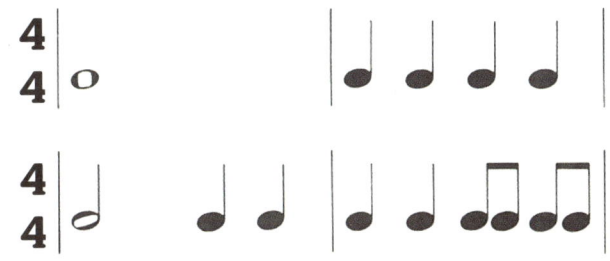

小号

吹奏铜管乐器时，通过振动嘴唇使乐器内的空气产生流动。通过改变乐管的长度，可以吹奏出不同的音调。

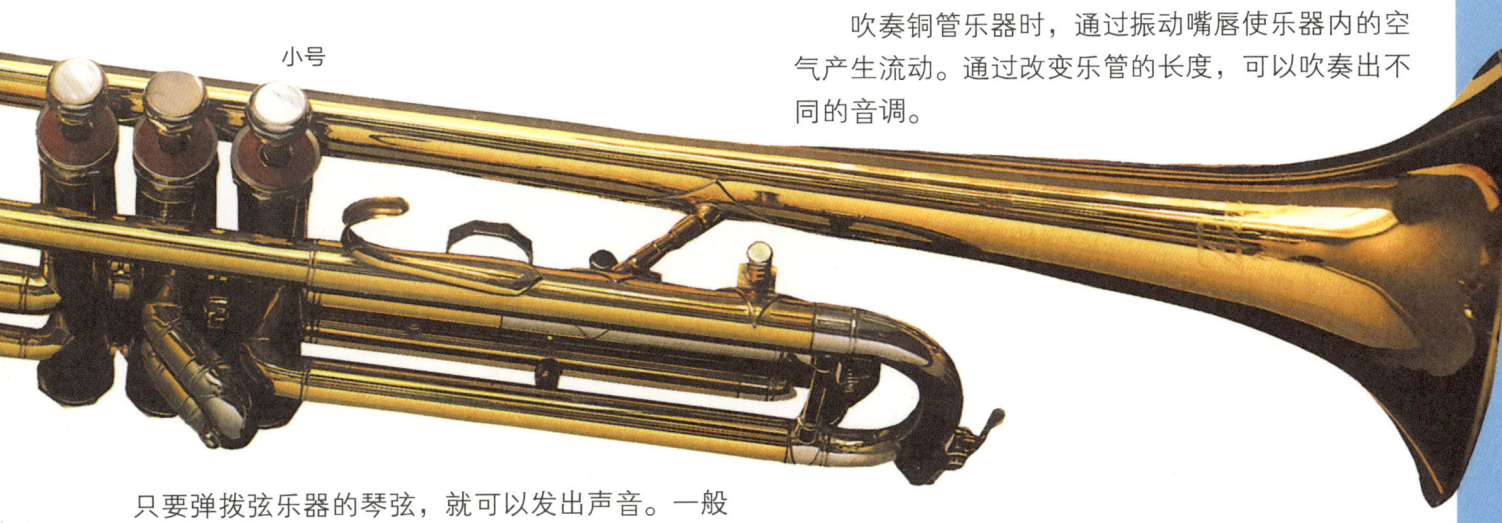

只要弹拨弦乐器的琴弦，就可以发出声音。一般而言，短、细且紧绷的琴弦发出的音调较高。

音乐的发展

现代音乐已经发展得相当成熟了，有些音乐类别甚至可以追溯到数千年前。古典音乐发源于18世纪，爵士音乐于20世纪初在美国南方形成。美国早期黑奴抒发心情时哼唱蓝调，后来发展为爵士、摇滚和福音歌曲。20世纪70年代，雷鬼音乐在牙买加形成。20世纪80年代，说唱音乐在全世界流行起来。流行音乐通常影响当下的舞蹈风格，爵士舞就与爵士乐息息相关。

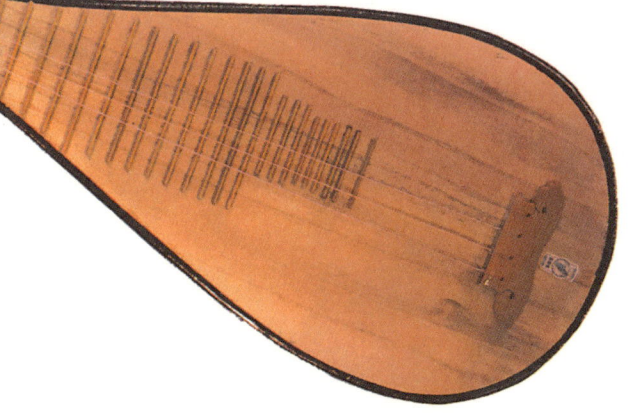

钢琴

爵士舞

键盘乐器有一系列琴键，每个琴键可以发出特定的音符。钢琴是常见的键盘乐器，管风琴是通过振动空气柱而产生乐音的键盘乐器。

存储声音，记录过去

音符是对音乐的描述，可以记录在纸上。真正的声音也可以储存下来，刻录在磁带、唱片或光盘上。人们采集声音，并以电信号的形式将声音储存起来。多年以后，我们仍能听到很久以前的各种录音，包括音乐和演讲等。

一些名人的演讲都储存在磁带里，被保存了下来。

尼尔·阿姆斯特朗

马丁·路德·金

丘吉尔

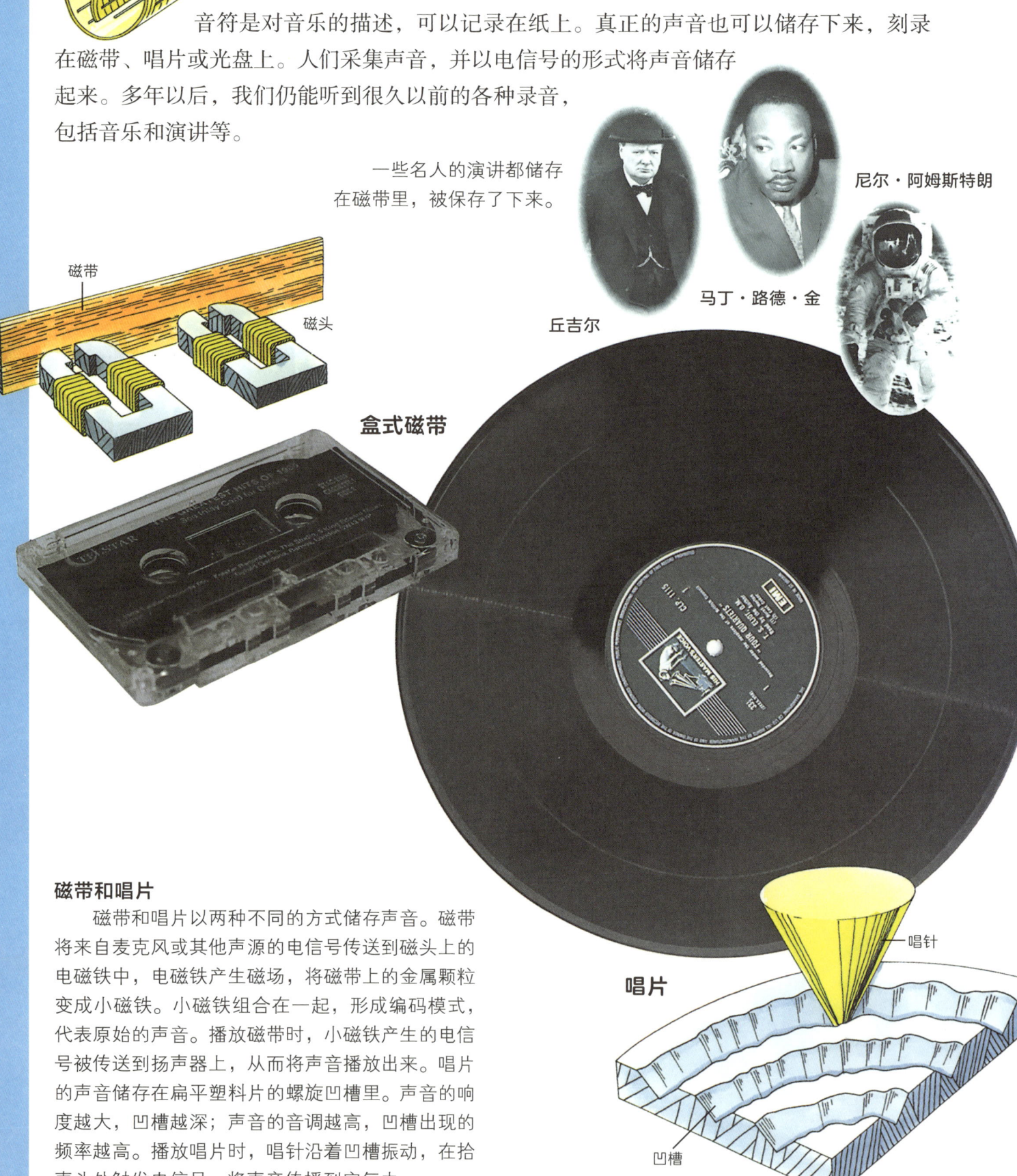

磁带

磁头

盒式磁带

唱片

唱针

凹槽

磁带和唱片

磁带和唱片以两种不同的方式储存声音。磁带将来自麦克风或其他声源的电信号传送到磁头上的电磁铁中，电磁铁产生磁场，将磁带上的金属颗粒变成小磁铁。小磁铁组合在一起，形成编码模式，代表原始的声音。播放磁带时，小磁铁产生的电信号被传送到扬声器上，从而将声音播放出来。唱片的声音储存在扁平塑料片的螺旋凹槽里。声音的响度越大，凹槽越深；声音的音调越高，凹槽出现的频率越高。播放唱片时，唱针沿着凹槽振动，在拾声头处触发电信号，将声音传播到空气中。

录音技术

录音技术形成于 100 多年前。1877 年，爱迪生发明了留声机。1888 年，最早的唱片出现了，那时的唱片中间有两个孔，唱针由里向外转动。1898 年，丹麦发明家波尔森发明了世界上第一台录音机。1925 年，电唱机出现了。1963 年，小型盒式磁带出现了。20 世纪 70 年代，数字录音技术迅速发展，光盘于 1983 年上市发行。

爱迪生

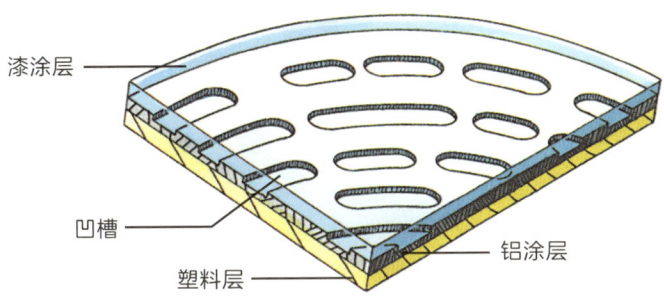

漆涂层　凹槽　塑料层　铝涂层

光盘

光盘

光盘中的声音储存在螺旋状的轨道里，轨道由一系列小凹槽和光滑的平面构成。光盘的轨道比人的发丝还细，长度达 5 千米。凹槽和平面是由数字 0 和 1 构成的编码，可以被激光"读取"。激光将编码转化为断断续续的闪光，并进一步转化为电流。电流传入扬声器后，电信号被转化成了声音。光盘可以完美地再现原始的声音，因为它不需要唱针刮擦凹槽触发电信号，所以不会对存储介质造成破坏。

音乐设计

音乐公司在制作唱片时，必须用封面吸引顾客的注意力，所以他们常常聘请杰出的设计师制作引人注目的封套。假如你是唱片封面设计师，听一听你喜欢的唱片，然后尝试绘制出你对这些音乐的印象。如果这些音乐富含热带风情，你可以在封面上画一些热带风景；如果这些音乐嘹亮而充满活力，那就尝试多用一些鲜艳的颜色吧！

传递声音，让距离更近

我们发出的声音只能在近处被听到，但是把声音转化为不同的能量形式后，就可以让声音传播得更远。电话将声音转化为电信号或光束，通过电缆发送出去。收音机将声音转化为无线电信号，通过空气进行传播。音响合成器发出电信号，通过放大器和扬声器将电信号转化为声音。计算机可以储存、处理和合成电子音乐。

动物扩音器

许多动物依靠声音传递信息，这些信息的作用可能是吸引配偶或警告入侵者。有些动物具有长距离传递声音的能力。青蛙的嘴里有膜囊，在呱呱叫时，膜囊会充满空气。膜囊相当于扩音器，可以放大青蛙发出的声音——牛蛙的声音能传到1千米远的地方。如果青蛙没有膜囊，声音只能传播100米。吼猴声音响亮，因独特的发声能力而被大众所熟知。吼猴下颌有一个由骨头构成的共鸣腔，可以放大自己发出的声音。吼猴为了宣示领土主权而发出叫声，这种叫声可以传到3千米远的地方。

音响合成器能用电子装置产生乐声，这些装置类似键盘乐器。表演者可以用音响合成器演奏出多种乐器的声音。

牛蛙

吼猴

麦克风和扬声器

麦克风和扬声器的工作原理是相反的。麦克风表面覆盖鼓膜状物质，可以收集外界的声音。麦克风将声音转化为电信号，让声音沿着电线传送到扬声器中。这些电信号经过扬声器的增强作用，以更大的音量传播出来。

声音增强后传出

将声波转化为电信号

接收声波

锥体振动

在扬声器中，电信号使锥体的薄片产生振动。锥体推动空气产生运动，于是形成了声音。

部分扬声器有 2~3 个不同大小的锥体。小型锥体相当于高音喇叭，适合放大高频声波；大型锥体相当于低音喇叭，适合放大低频声波。

保持联络

发明电话以前，人们如果想联系远处的朋友，就必须寄信或者发电报。1876 年，美国发明家贝尔获得了世界上第一台可用电话机的专利权。电话通过麦克风将人的声音转化为电信号，然后再通过接收器将电信号转化为人的声音。19 世纪晚期，世界各地都设置了电话交换机，让人们可以进行远距离的语音交流。到了 20 世纪，电话的使用频率越来越高，但最后还是逐渐被手机取代了。

语音工具

计算机语音合成器可以将人的声音转化为各种形式。用户上传语音后，可以选择不同的模式，来改变自己的语音和语调，从而让生成的语音产生和原始语音完全不同的效果。4 岁的孩子即使识字量不多，也能通过图片组合出完整的句子，让计算机语音合成器发出相应的声音。年龄大的孩子可以通过键盘输入语句，由计算机语音合成器发出相应的声音。现在，有了便携式录音笔，采访记录和会议记录都变得很方便。翻译器的应用范围相当广泛，它可以快速地将外语翻译成听者能够理解的语言。

25

词 汇 表

凹槽
物体表面凹下的槽。

波长
指波在一个振动周期内传播的距离。

对流
这里指冷空气和热空气之间发生相对位移，而形成热量传递的方式。

耳膜
位于外耳道底的半透明薄膜，是外耳和中耳的分界。

方言
跟标准语有区别，一般只通行于一个地区的语言。

分子
构成物质的微小单元。

高速列车
运行速度非常快的铁路列车。

隔音
隔绝声音的传播。

键盘乐器
像钢琴一样有琴键的乐器。

介质
这里指让声波的波状运动得以传播的物质。

可视化
（让肉眼无法看到的东西）可以被观察到。

扩音
扩大声音。

录音
将声音信号记录在储存声音的介质上。

麦克风
将声音转换成电信号的设备，也叫传声器。

密度
物质质量与其体积的比值，即物质单位体积的质量。

喷气式飞机
使用喷气式发动机作为动力来源的飞机。

频率
这里指声音在每秒钟内振动的次数，其衡量单位是赫兹。

清辅音
发声时声带不振动的辅音。

声呐
全称为声音导航与测距，是一种电子设备，能使声波在水下完成声电转换和信息处理，从而完成水下探测和通信任务。

失聪
指听力受损。

条形图
一种数据图表，可以显示各项目之间的比较情况。

扬声器
把电信号转换成声音的装置，用在收音机、扩音机或电视机上。

音符
用来记录不同长短的音的符号。

噪声
干扰人们正常活动的声音，可能会让人情绪烦躁，甚至影响身体健康。

真空
没有空气或只有极少量空气的状态。

浊辅音
发声时声带振动的辅音。

第二章
照亮世界的光

　　光照亮世界，给我们带来了色彩，让我们可以看见周围的事物。更重要的是，如果没有阳光，地球上的生物就无法生存。植物汲取阳光，制造养分，茁壮生长。我们的食物来源就是植物和以植物为食的动物。

　　科学家深入研究光，发展光学技术，如激光医学和光导纤维等。翻开这个章节，走进光的世界，了解光是如何形成的，看看光有哪些特点。

生活处处有亮光

地球上，几乎所有的自然光都来源于距离我们最近的恒星——太阳。太阳是一颗炽热的气体星球，内部时刻都在发生剧烈的核聚变，其中部分能量转化为光和热，辐射到太空中，到达地球。所有发热的物体都能发光，人体也能发出肉眼无法察觉的红外线。除了太阳光，自然光源还包括闪电、火和其他恒星的光。萤火虫和部分深海鱼类可以通过自身的化学反应发光。我们可以通过燃烧燃料制造出光，或者将电能转化为光能。

与光有关的节日

光对人们的生活非常重要，在世界各国的文化中都占据特殊地位。人们聚在一起庆祝某些特定节日时，可能会燃起火把或点亮蜡烛，以营造热烈而神秘的节日氛围。

火把节

火把节是中国彝族和白族等少数民族的传统节日，被称为"东方的狂欢节"。各族举办火把节的时间不同，但多在农历六月下旬。人们举办火把节，预祝五谷丰登、人畜兴旺。

独立日

每年7月4日是美国的独立纪念日。在这个节日里，美国人会举行盛大的焰火表演，以庆祝脱离英国的殖民统治。

圣诞节

在圣诞节，人们用一串串小灯装饰圣诞树。有时也会点燃蜡烛，吃圣诞布丁。

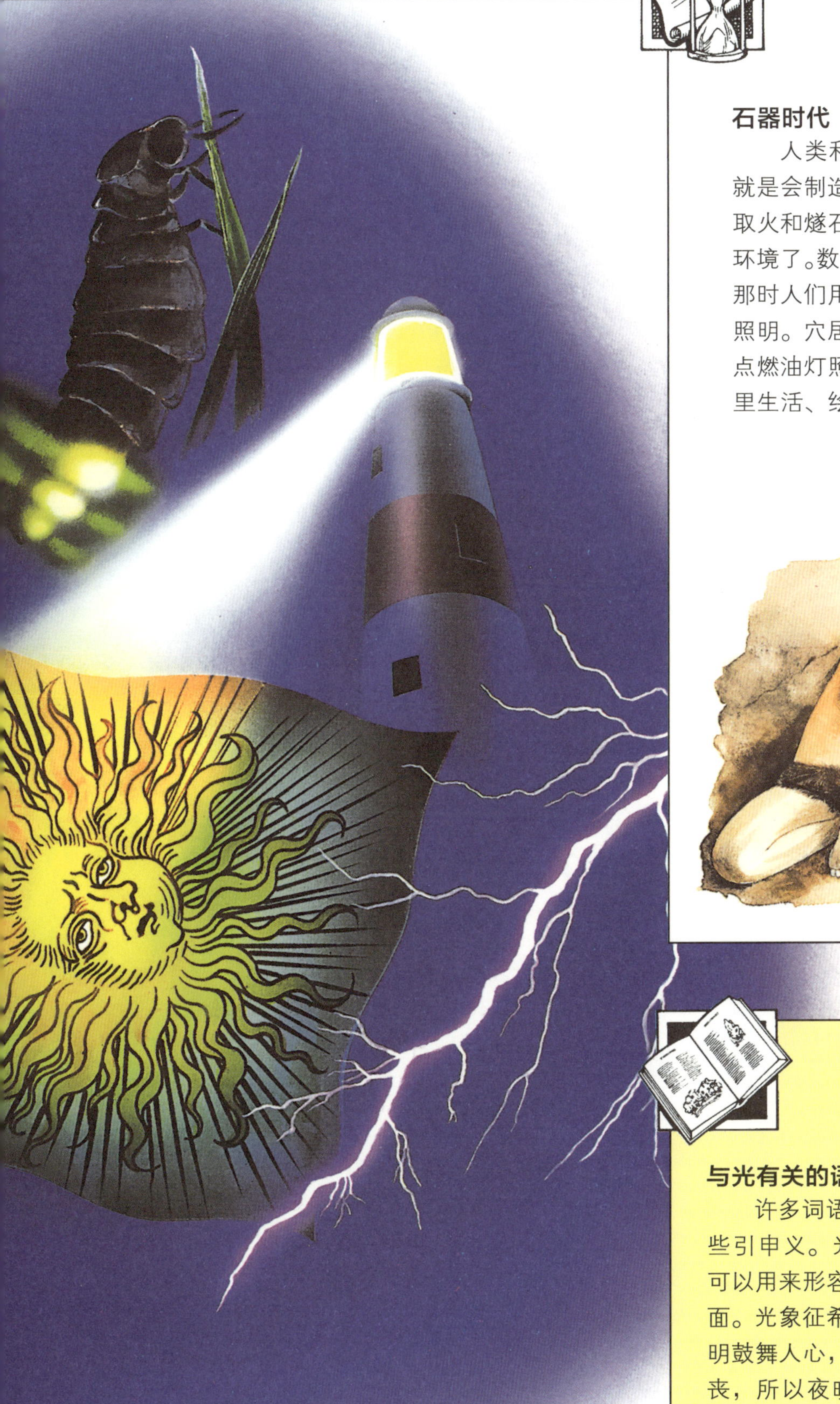

石器时代

人类和其他动物的最大区别之一，就是会制造和使用工具。人类学会钻木取火和燧石生火后，就开始掌控周围的环境了。数十万年前，人类就会用火了，那时人们用火做饭、取暖、制造工具和照明。穴居人用动物油脂做成油灯，并点燃油灯照亮黑暗的洞穴，他们在洞穴里生活、绘制壁画。

与光有关的语言

许多词语除了字面意思外，可能还有一些引申义。光不仅指可见的亮光，有时也可以用来形容人的开心和幸福，比如红光满面。光象征希望，比如看到光明的未来。光明鼓舞人心，与之相反的黑暗则让人心情沮丧，所以夜晚通常与邪恶、犯罪联系在一起。你了解光明和黑暗吗？尝试用它们的象征意义写一首诗或一个故事吧！

什么是光

光沿直线传播，速度非常快。光由名为光子的基本粒子组成。光线是直线，表示光的传播路径和方向。光束是指具有一定关系的光线的集合。光可以在空气或透明物质中传播，也可以在真空中传播，所以太阳光可以到达地球。光是一种能量，也是一种电磁波。光有不同的波长，可见光只是其中的一小部分。

无线电波

无线电波是指在自由空间中传播的电磁波，天文学中称其为射电波，简称射电。这种电磁波最早应用于航海中，后来还应用于卫星导航和天体物理学研究。

可见光

可见光是指人的眼睛可以看到的电磁波。可见光的波长不同，形成了不同的颜色。

| 无线电波 | 微波 | 红外线 | 可见光 |

电磁波谱

将电磁波按波长由长到短进行排列，就形成了电磁波谱。波长是指波在一个振动周期内的传播距离。

红外线

红外线的波长介于微波和可见光之间，肉眼不可见。红外线技术主要应用于医疗、通信和探测等方面。

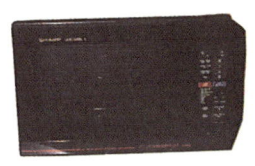

微波

微波是一种传播距离较短的电磁波。微波炉利用微波来加热食品，微波技术还可以应用到雷达和通信等方面。

不同的光

大多数动物像人类一样，可以感知可见光，有些动物还能感知人眼看不到的光。有些昆虫可以看到紫外线，鸽子也可以看见紫外线。蜜蜂沿着紫外线寻找蜜标，然后进入花朵里面采集花蜜。

蜜蜂识别不出红色，但容易被黄色和蓝色的花朵吸引，因为这些花朵通常都有明显的紫外线标记。这些标记引导蜜蜂进入花朵，直接找到蜜腺所在的位置。

紫外线

　　紫外线能把皮肤晒黑，也能帮助皮肤形成维生素D。紫外线可以灭菌，但人体吸收过多的紫外线可能导致皮肤癌。大部分紫外线在到达地表以前，就已经被臭氧层吸收了。

伽马射线

　　伽马射线在原子核衰变和核反应过程中产生，波长非常短。伽马射线的穿透力极强，在医学上可以用于治疗肿瘤。

| 紫外线 | X射线 | 伽马射线 |

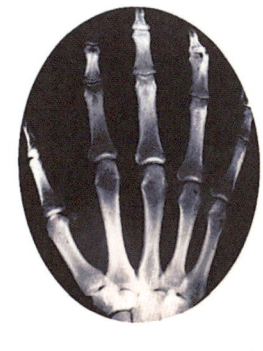

X射线

　　X射线是由德国物理学家伦琴于1895年发现的，因此又被称为伦琴射线。X射线可以穿过许多不透明的物质，使固体材料发出可见的荧光，常用于医学成像。小剂量的X射线是安全的，但大量X射线会对人体造成危害。

光的传播

　　我们可以做一个小实验，证明光是沿直线传播的。首先，剪出两张正方形的卡纸，并保证其边长均为20厘米；然后，在每张卡纸的中心打一个小孔，将缝衣针穿过两个小孔，确保它们处在同一水平线上；接着，将两张卡纸立在等高的竖平面上，并用橡皮泥固定；最后，关灯，打开手电筒，让光线从小孔中穿过。这时发生了什么？你能看到光线是如何传播的吗？尝试在两张卡纸中间放一些材料，比如纸、书或者玻璃纸，看看光线的传播会发生什么变化吧！

　　颊窝毒蛇可以感知猎物身上的红外线，并通过猎物身上散发的热量搜寻到它们。颊窝毒蛇的头部有热传感器，可以形成红外线视相，有助于它在夜间捕食猎物。

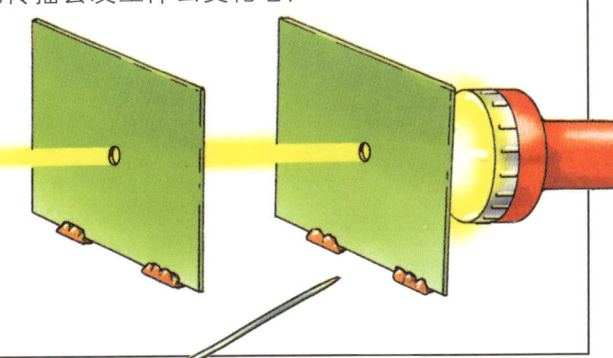

光是彩色的

如果没有颜色，世界将会变成什么样子呢？马和狗等动物看不到我们能感知的颜色，它们的世界是深浅不一的黑色、白色和灰色。人的眼睛只能看到可见光，不同波长的可见光形成不同的颜色，从而构成五彩缤纷的现实世界。水滴、雨滴和棱镜都可以折射和反射可见光，使电磁波不同程度地偏转，从而分解出各种颜色的光。这些颜色的光按波长依次排列，称为光谱。

三原色

红、绿、蓝是光学中的三原色，这三种颜色通过组合可以形成各种颜色。仔细观察电视屏幕上的小光点，你就可以看到这三种颜色。在绘画中，红、黄、蓝被称为三原色，将这三种颜色的颜料按照不同比例混合，可以形成任意一种颜色。

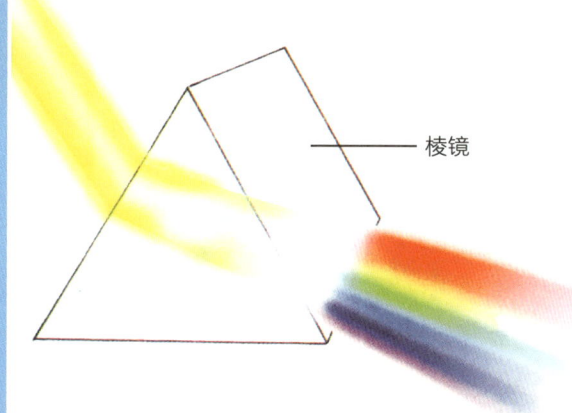

棱镜

紫色光的波长最短，折射现象最明显。

制作光谱

阳光是白光，也是复色光，可以被分解为光谱。你想动手制作光谱吗？在玻璃杯里装满水，然后垫一张白纸。在清晨或夜晚的时候，把装水的玻璃杯放到窗边。拿出一张卡纸，在上面剪出一个1厘米长的小缝。把卡纸贴到玻璃杯上，光谱就会出现在白纸上。

阳光

用颜料做实验

颜料混合在一起后，会形成黑色或深色的阴影。因为颜料中含有色素，阳光照到上面会形成反射。试着在纸上用红色、黄色和蓝色的小点组合成一幅画，这种绘画技巧就是点彩画法。试着从远处观察这幅画，你能看到这些色点合并成了新的颜色吗？

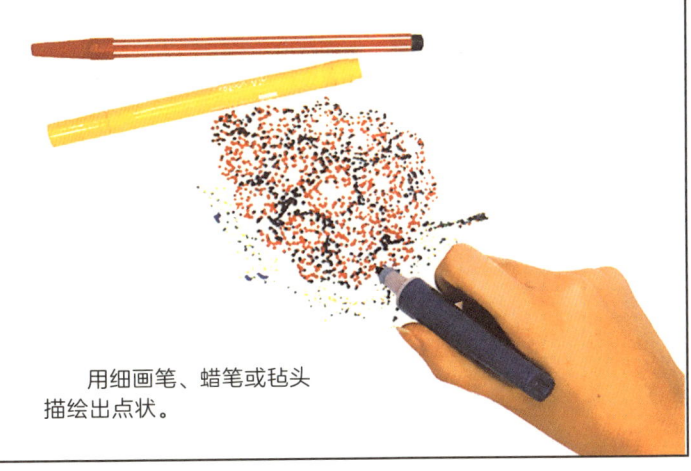

用细画笔、蜡笔或毡头描绘出点状。

蓝色光线下的红袜子

原本的红袜子

光的反射

当你观察物体时，看到的其实是物体反射回来的光线。红色物体之所以呈现出红色，是因为它吸收了其他颜色的光，而反射了红色的光。白色物体反射了所有可见光，组合在一起就形成了白色；黑色物体吸收了所有可见光，不反射任何光，所以呈黑色。

牛顿和光学

牛顿是英国著名的物理学家，万有引力定律和三大运动定律是他的重要发现。他用棱镜将白光分解成可见光谱，并发展出颜色理论。不幸的是，一支正在燃烧的蜡烛烧光了牛顿桌子上的研究材料，这些材料是牛顿近20年的研究成果，其中有许多是关于光和光学的。

奇幻传说

很久以前，人们认为彩虹和地面相接的地方藏有宝藏。然而，大家千万不要被这一说法哄骗，因为彩虹只在远处才看得到。我们无法接近彩虹，因为它是由空气中悬浮的大量小水珠组合而成的。你看过美国作家鲍姆创作的《绿野仙踪》吗？这个故事发生在被彩虹笼罩的奇幻土地上，讲述了主人公多萝西的冒险经历。

照耀生命的太阳光

几十亿年来,太阳不停地释放能量,这些能量以光和热的形式到达地球。太阳距离地球1.5亿千米,但能量的传播速度非常快,几分钟内就可以到达地球。其他恒星距离地球太远了,它们的能量需要数百万年的时间才能到达地球,所以我们看到的星星其实是某些恒星数百万年前的样子。行星和卫星本身不发光,但会反射恒星的光,所以我们也能看见它们。

太阳如何发光

太阳是一颗炽热的气体星球,其内部的氢原子(A)高速运动,相互碰撞。氢原子聚合后(B),生成质量更大的氦原子(C),并释放出巨大的能量(D),这个过程就是核聚变。太阳在核聚变的过程中源源不断地向太空中释放光和热。

内核

太阳黑子

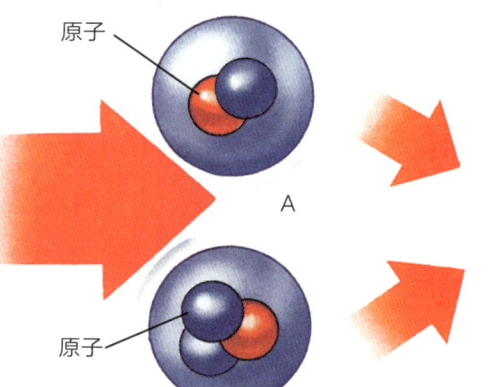

食物链

植物是地球上唯一能自主制造养分的生物。动物以植物为食,食肉动物以食草动物为食。举个简单的例子,兔子吃草,狐狸吃兔子,这个吃与被吃的过程就是食物链。在食物链中,最基础的物质就是太阳的能量。如果没有太阳,植物无法生存和生长,一切就都不存在了。食物链环环相扣,缺少任何一环都可能导致生态系统紊乱。

吸收二氧化碳

释放氧气

光合作用

植物能够吸收太阳的能量，自主制造养分，这是地球万物生存的基础。植物吸收阳光制造养分的能力就是光合作用，即将光能转化为其他能量的过程。植物的叶片上有叶绿素，可以吸收阳光，并将二氧化碳和水转化成糖分。在光合作用中，植物呼出氧气，并将其释放到空气中。

追逐阳光

阳光对植物的生长必不可少。种子开始萌芽时，为了追逐阳光而不断向上生长。尝试在一块潮湿的土壤中种上土豆，并把它们放到盒子的一端。如图所示，在盒子里放几块隔板，在另一端挖一个小孔。给盒子盖上盖子，并放到阳光充足的地方。几天后，你会发现嫩芽从小孔里钻了出来。仔细思考一下，你能得出什么结论呢？

C   D

太阳能

现代社会依靠能源运转，太阳的光和热是非常重要的自然能源。太阳能为汽车提供动力，为工厂提供能源，为房子提供暖气，为厨房提供燃气。石油和天然气是重要的能源，它们的形成过程也少不了阳光的帮助。大型太阳能发电站能为城镇提供电力。

太阳崇拜

许多古代文明都用特殊的方式解释自然现象，这些方式包括神话和传说等。在古代，有些民族把太阳当作神来崇拜，并且认为日食是太阳神在表达愤怒的情绪。

太阳神

古埃及人崇拜太阳神拉，并且认为是太阳神拉乘船载着太阳穿过天空，所以每天才会有日升和日落。

在古希腊神话中，太阳神赫利俄斯驾着日辇驰骋在天空中。日辇由四匹火马拉着，从东到西，早晨出现，晚上消失。你还能想到其他关于太阳的传说吗？

赫利俄斯

35

人造光源

太阳能的核聚变形成自然光源，我们可以通过其他方式制造光源。灯泡中有一个金属薄片，可以接收沿着电线传过来的电流，金属薄片变热后就会发出明亮的光。钠灯和霓虹灯之所以会发光，是因为电流通过气体后转化成了光能。真菌和萤火虫等通过化学反应发光，这些光的形成不需要高温，称为冷光。有些岩石也会发出冷光。

电灯发明以前

1897 年，美国发明家爱迪生发明了电灯。在此之前，人们通过其他方式照明。在欧洲中世纪时，人们多使用自然光源。做饭烧火的时候会产生亮光，但这不能满足人们的日常需求。19 世纪时，蜡烛的使用较为普遍，这时人们也开始使用油灯。在伦敦等城市中，街道上设置了煤气路灯，这种路灯在每个晚上都需要人工点亮，到了早上又需要人工熄灭。19 世纪末，大多数家庭终于用上了电灯。

电灯和荧光灯

电灯发光时，电流沿着细长的电线源源不断地传递，途中会有部分损耗，并使电线发热。荧光灯里充满水银气体，电流通过后，会释放出不可见的紫外线。紫外线射到荧光粉上，发出可见光，照亮周围的环境，这种光就是荧光。

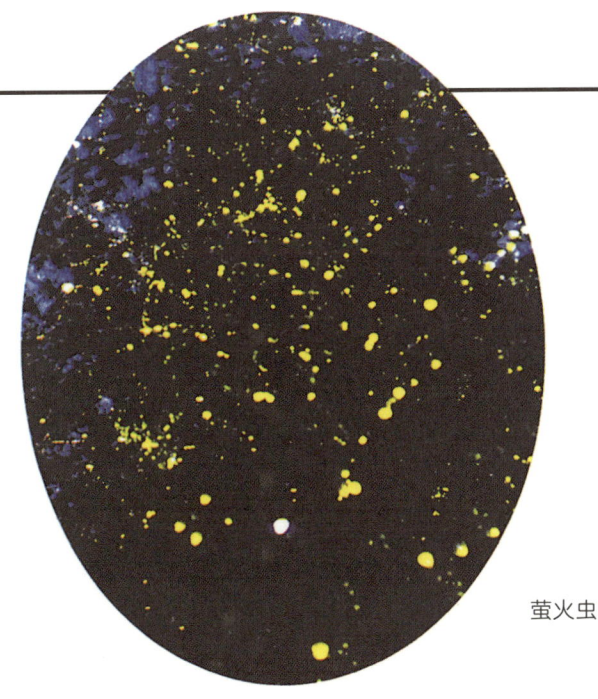

萤火虫

化学反应发光

夜晚，萤火虫发出闪烁的微光，就像一串串莫尔斯电码，可以吸引配偶。有些深海鱼类也可以发光，因为它们的体内有发光酶或体表覆盖有发光细菌。鱼类发光有时是为了自卫，有时是为了寻找食物和配偶。

霓虹灯

制作发光虫灯笼

发光虫的幼虫和雌虫都会发光，它们既可以发出连续的光，也可以发出一闪一闪的光。制作发光虫灯笼时，要用彩纸、卡片和胶水制作灯笼，用电线、小灯泡和电池制作发光虫。

电线

灯泡

制作灯笼

将一张大卡片对折，沿着一定的间隔剪出一些宽缝。卷起其中一个边，用胶水将其和另一个边粘起来，做成灯笼的雏形。接着把彩纸铺在灯笼上，并用长条卡片做出灯笼的提手。

制作发光虫

用电池、小灯泡和两根由塑料包裹的电线做一条小小的发光虫。拿一根小棍挑着灯笼，并将发光虫挂在小棍上，使灯泡悬在灯笼的里面。

极光

在靠近北极或南极的地方，天空中有时会出现美丽的极光，这是太阳的高能带电粒子流进入地球磁场，激发高层大气的分子或原子后形成的。极光绚丽多彩，范围很广，呈带状、弧状、幕状或放射状，十分美丽。极光一般只在南北两极的高纬度处出现，其他有磁场的行星上也可能形成极光。

影子是如何形成的

太阳光能到达地球的数量，取决于地球在太空中的位置，以及地球、太阳和月球三者之间的位置关系。地球的表面状况和倾斜度也会影响太阳光的照射情况。月球运行到太阳和地球中间时，会挡住一部分照向地球的光，使地球的部分地区变成黑暗区，这种现象就是日食。地球运行到太阳和月球中间时，挡住了太阳照向月球的光，会形成月食。

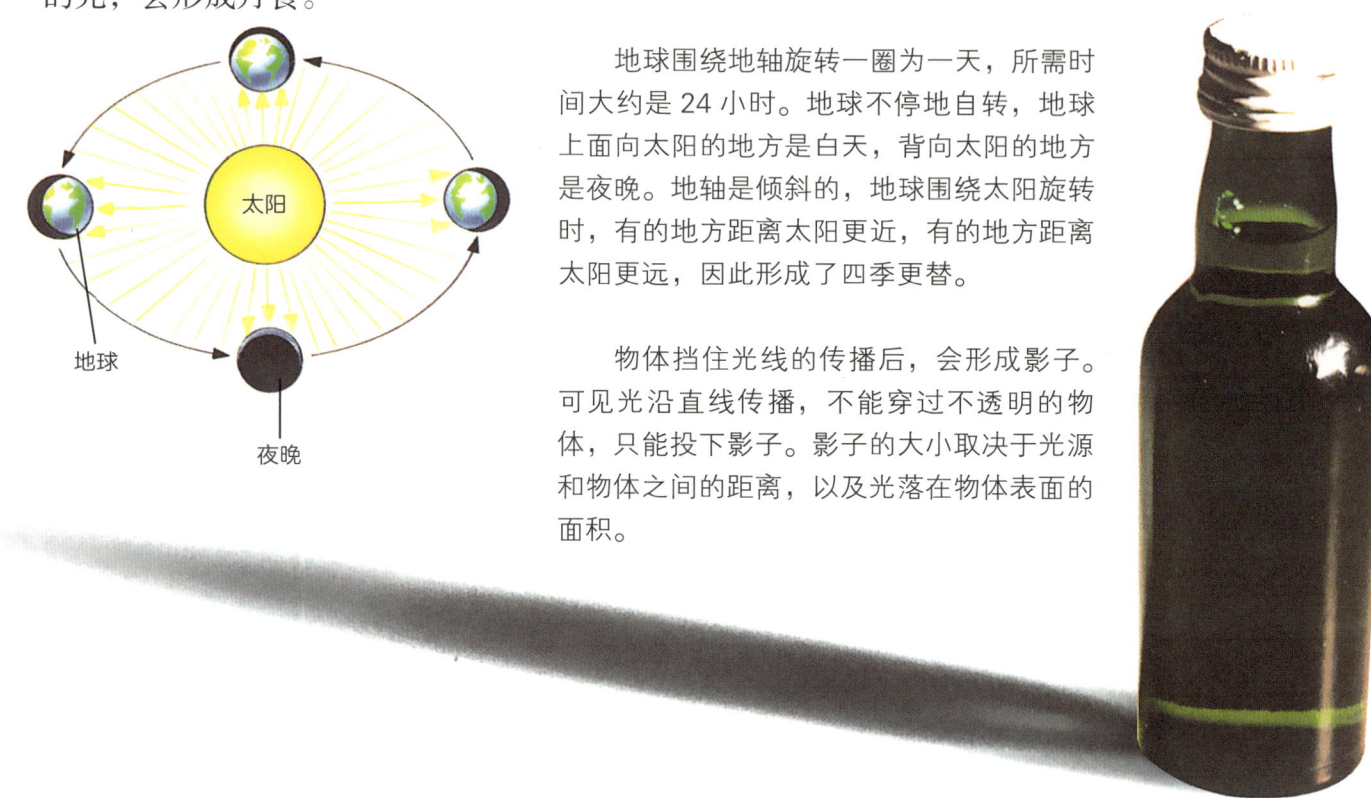

地球围绕地轴旋转一圈为一天，所需时间大约是24小时。地球不停地自转，地球上面向太阳的地方是白天，背向太阳的地方是夜晚。地轴是倾斜的，地球围绕太阳旋转时，有的地方距离太阳更近，有的地方距离太阳更远，因此形成了四季更替。

物体挡住光线的传播后，会形成影子。可见光沿直线传播，不能穿过不透明的物体，只能投下影子。影子的大小取决于光源和物体之间的距离，以及光落在物体表面的面积。

制作日晷

你可以自己动手制作日晷，并用它测量时间的变化。首先，准备一张薄卡片、一个量角器、一个圆规和一张厚卡片。按下图所示的尺寸，将薄卡片剪成三角形，然后沿着虚线折叠。用圆规在厚卡片上画出一个半圆，如图所示，沿着折痕将三角形薄卡片粘贴在厚卡片的半圆上。这样，日晷就做成啦！

把日晷放到室外，让三角形的角指向南北两边。每过一个小时，记录下三角形的影子落在半圆上的位置，并用直线标记出来。影子每天落在日晷上的位置几乎是差不多的，你可以通过这种方式测算当时的时间。

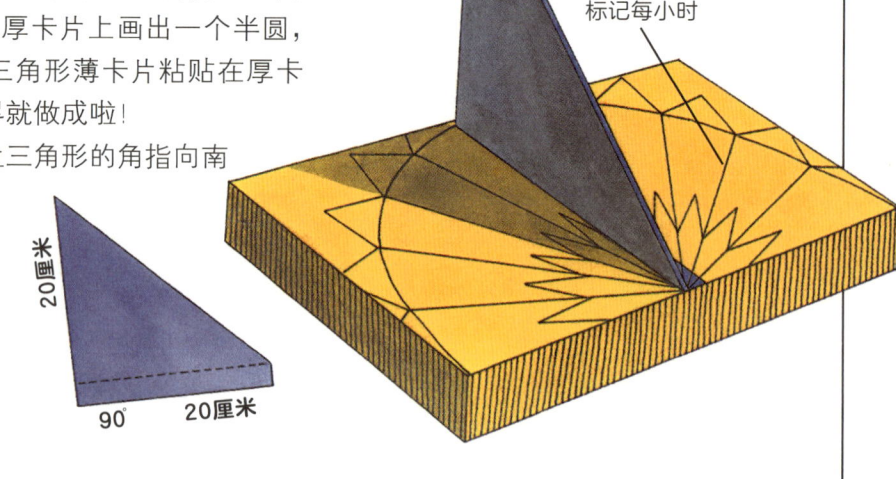

不透明材料，如卡片等，可以阻隔光线，使光线无法穿过。光线照到这些物体上，就会投下影子。

透明材料，如玻璃等，光线可以穿过。光线能让我们看见这些物体的内部结构，而不会形成影子。

半透明材料，如纸巾等，可以让部分光线穿过。我们无法看清这些物体的内部结构，而这些物体可以形成微弱的影子，这些影子看起来有些模糊。

日食

很久以前，科学还不发达，人们以为日食就是世界末日。古时候发生日食时，人们以为太阳被怪兽吃掉了，所以天地才一片黑暗。为了吓跑怪兽，人们纷纷尖叫，并敲锣打鼓。现在我们知道，日食是一种正常的自然现象，它遵循一定的规律，所以科学家可以预测日食开始和结束的时间。

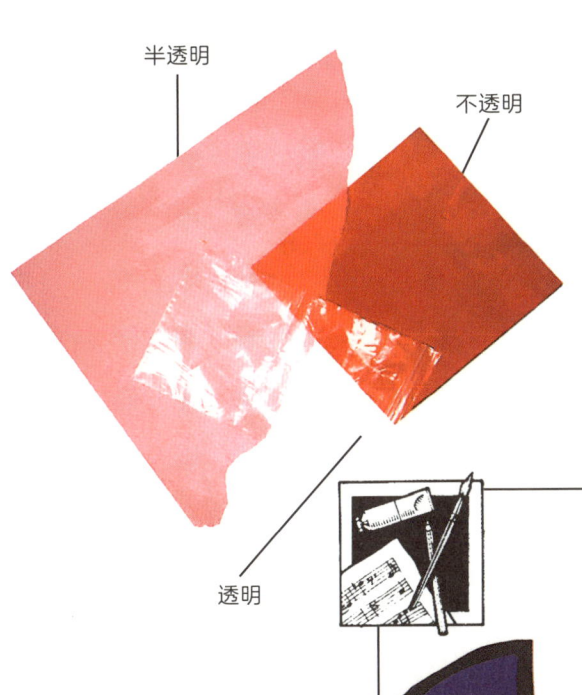

半透明

不透明

透明

皮影戏

皮影戏是中国的民间传统艺术，又称影子戏或灯影戏。表演时，艺人在白色幕布后面操纵影人，并用曲调讲述生动的故事。你想自己制作影人表演皮影戏吗？用白墙或白纸做背景，把手电筒放在桌上做光源。再找出一些黑色纸或彩色玻璃纸，用其剪出你喜欢的人物或动物，再把它们贴到棍子上，就可以当成影人来表演啦！如果你不想剪这些东西，那么也可以用双手摆出各种形状来表演。表演前，记得要关掉房间里的灯哦！

操纵杆

固件

玻璃纸

黑卡纸轮廓

39

照镜子——光的反射

光线投射到物体表面后，其中一部分会被反射回来，就像球从墙面弹回来一样，这就是光的反射现象。物体会反射光线，所以呈现出各种各样的颜色。镜子表面平坦而光滑，反射效果非常好。但是，镜子反射出来的图像和现实是左右颠倒的。你从镜子里看到的自己，和别人在现实中看到的你并不是一模一样的。曲面镜成像改变了物体的大小，凹面镜成像使物体上下颠倒了。

光的倒影

鸟类羽毛的颜色多种多样，麻雀的羽毛比较黯淡，鹦鹉的羽毛十分艳丽。黑色、灰色和棕色是羽毛本身的颜色，因饮食结构不同，有些鸟类的羽毛呈黄色、橙色或红色。火烈鸟以红色小虾为食，其羽毛呈粉色。光线在部分鸟类的羽毛上发生反射，使这些鸟类的羽毛呈绿色、蓝色或紫色。孔雀的羽毛上遍布羽小枝，羽小枝相互勾连，反射出许多光线，使羽毛呈现出五彩斑斓的效果。

孔雀的羽毛

制作万花筒

通过万花筒，我们可以看到五彩缤纷的美丽图案。转动万花筒，这些图案还会发生变化。你想动手制作万花筒吗？首先准备三块大小相同的镜子，如图 A 所示，把它们粘到一起，做成一面三棱镜。然后把三棱镜竖放在一张卡纸上，用铅笔勾勒出三棱镜落在卡纸上的三角形形状。接着把卡纸上的三角形剪下来，并把它贴到三棱镜的一端。如图 B 所示，在三角形卡纸上剪一个小洞。找一些彩色的珠子或纸片放进三棱镜里面。让三棱镜的另一端面向阳光，通过小洞观察三棱镜，你就可以看到各种各样的图案啦！转动万花筒，你会发现图案也在转动。

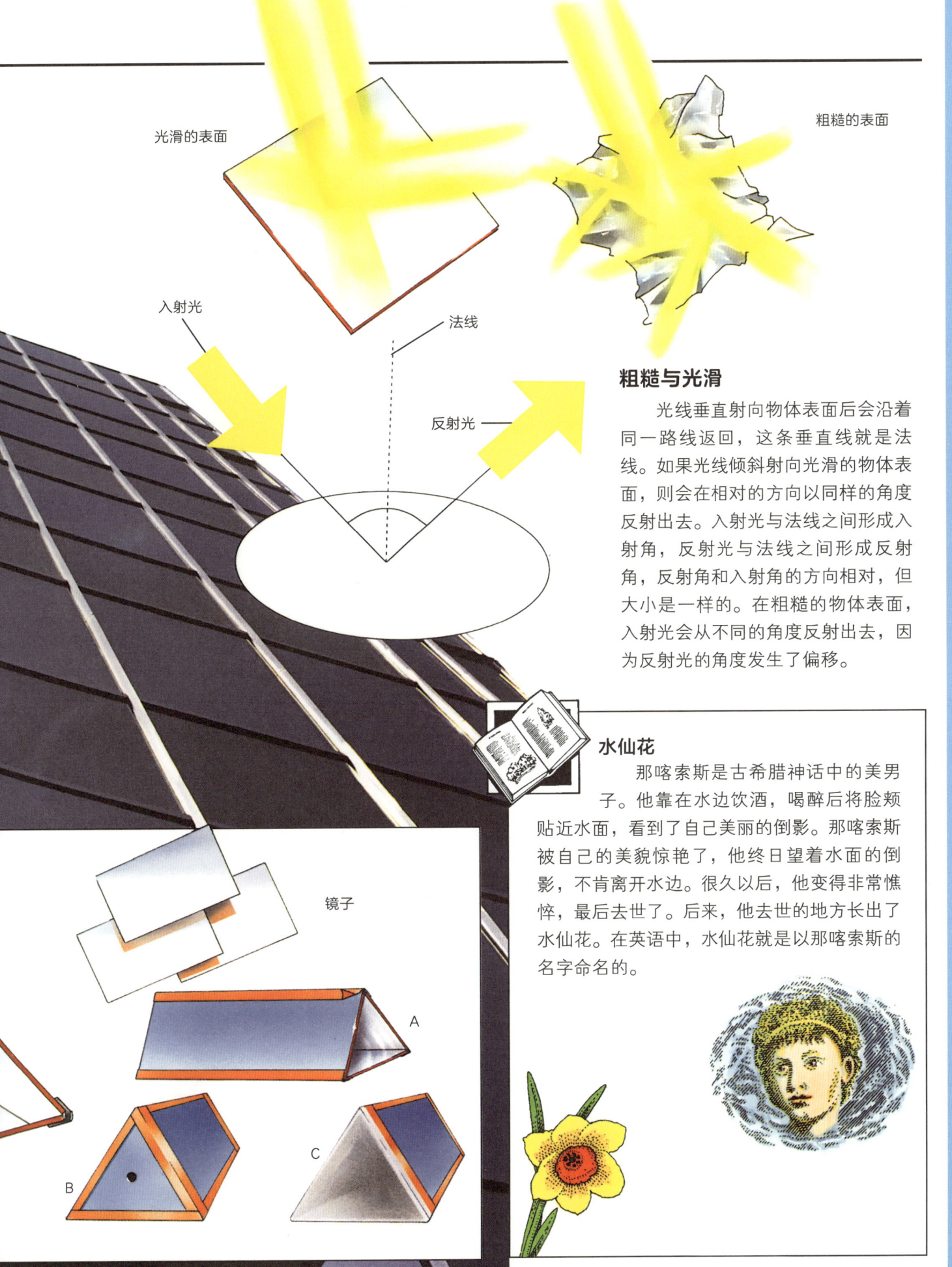

光滑的表面

粗糙的表面

入射光

法线

反射光

粗糙与光滑

光线垂直射向物体表面后会沿着同一路线返回，这条垂直线就是法线。如果光线倾斜射向光滑的物体表面，则会在相对的方向以同样的角度反射出去。入射光与法线之间形成入射角，反射光与法线之间形成反射角，反射角和入射角的方向相对，但大小是一样的。在粗糙的物体表面，入射光会从不同的角度反射出去，因为反射光的角度发生了偏移。

水仙花

那喀索斯是古希腊神话中的美男子。他靠在水边饮酒，喝醉后将脸颊贴近水面，看到了自己美丽的倒影。那喀索斯被自己的美貌惊艳了，他终日望着水面的倒影，不肯离开水边。很久以后，他变得非常憔悴，最后去世了。后来，他去世的地方长出了水仙花。在英语中，水仙花就是以那喀索斯的名字命名的。

镜子

A

B

C

海市蜃楼——光的折射

光在真空中传播得非常快，在空气中传播得慢一些，在水中传播得更慢，在玻璃中传播得最慢。光从空气传入水中或玻璃中时，速度变慢，传播方向发生偏移，形成折射现象。游泳池底部的光线透过水面反射到空气中，会在水面形成折射，所以游泳池的深度看起来通常比实际浅。透镜可以折射光线，让物体看起来比实际更大或更小。

凸透镜

凸透镜中间厚，边缘薄，光线射到球面后向内弯曲，经过两次折射后集中在焦点上，从而对物体起到放大作用。放大镜的镜片是凸透镜。

弯曲光线

拿出一个鞋盒，在鞋盒的一端剪出两个2厘米长的窄缝。把白纸放在鞋盒的底部，在纸上放一杯水，让窄缝正对着水杯。关掉房间里的灯，打开手电筒，让手电筒的光线穿过窄缝。你看到光线穿过水杯后在另一端相遇了吗？

太阳光的力量

太阳光非常强大。如果将太阳光聚焦到一个点上，可能会引起大火。很久以前，人们利用放大镜聚焦光线，点燃木头。在古代美索不达米亚城市遗址中，考古学家发现了玻璃燃烧后的痕迹，这些材料可以追溯到公元前7世纪。公元1774年，科学家拉瓦锡借助巨型玻璃透镜，点燃了一块宝石。放大镜可以聚焦光线，普通玻璃也能做到这一点。你去树林或森林散步时，可能会看到小心火灾的警告。你如果去郊外野餐，记得一定要注意玻璃制品，因为天气炎热的时候，太阳光可能会穿过玻璃引发可怕的火灾。

光线在密度不均匀的空气中传播时，可能会发生折射，并由此产生海市蜃楼的现象。

海市蜃楼

我们在沙漠中旅行时，有时会看到远处的建筑或水池，这并不是幻象，而是由于光线折射形成的海市蜃楼。当近地面的空气和半空中的空气形成较大温差时，上下的空气密度发生了变化。太阳光从半空的冷空气射入近地面的热空气时，不仅速度变快了，而且会向上折射，由此产生了海市蜃楼。

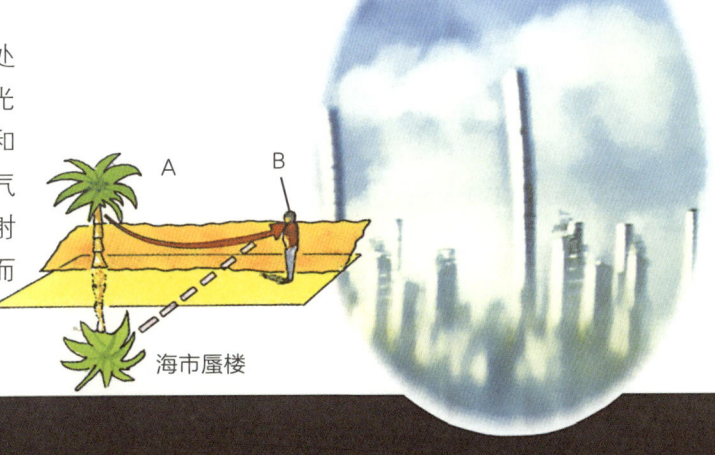

海市蜃楼

凹透镜

凹透镜中间薄，边缘厚，呈凹形。凹透镜对光线有发散作用，因此又被称为发散透镜。近视眼镜是一种凹透镜。

南极和北极

在南北极地区这种极其寒冷的条件下也可能形成海市蜃楼。较暖的空气（A）位于较冷的空气上方，光线会发生弯折（B），空中可能会出现幻象。从远处看，物体就像浮在距离海面好几米的上空（C）。在漫长的冬季，南北极地区可能很长时间都见不到太阳。当太阳再次升起前，冰面上可能会提前出现太阳的幻象。

43

透镜让视野更广阔

透镜是表面为球面的透明光学元件，能使光线弯曲和折射。许多光学仪器都是用透镜制成的，比如放大镜、显微镜和望远镜等。光学仪器可以拓宽我们的视野，让我们看清更小或更远的物体。光学一词在希腊语中是眼睛的意思，光让我们看见周围的物体，让眼睛具有视物的能力。眼镜的镜片是透镜，让部分功能退化的人眼也能看清周围的物体。相机的镜头将光线聚焦在胶片上，可以拍下物体的图像。显微镜和望远镜有放大功能，可以让我们看到比实际大得多的物体。

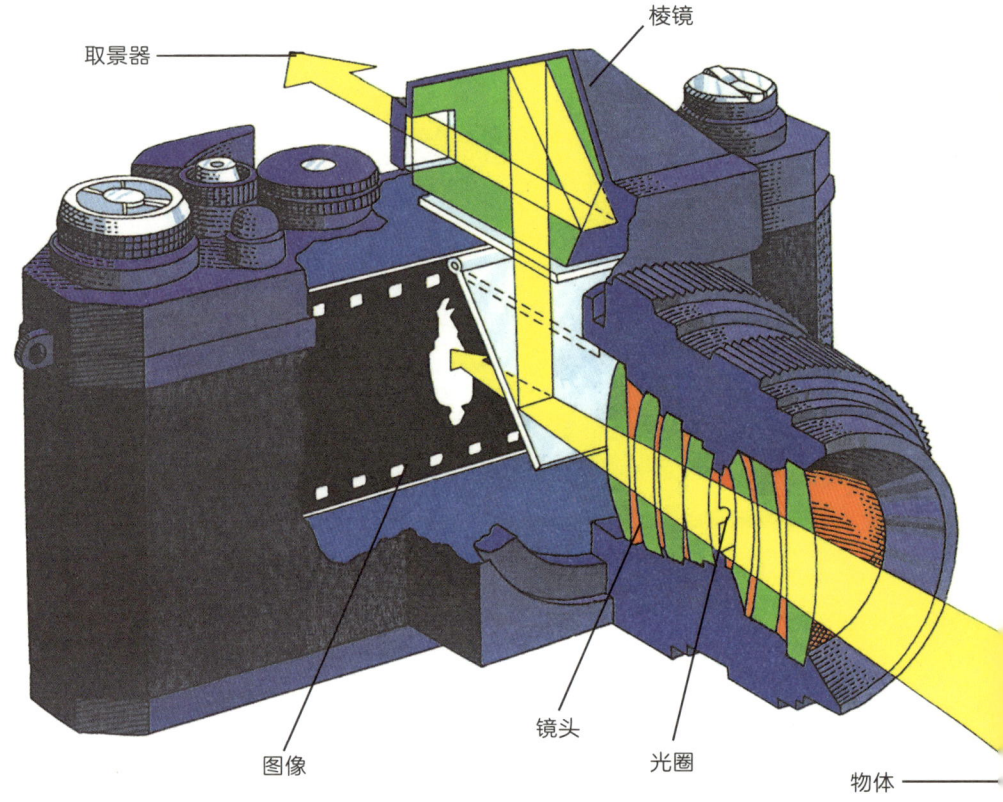

相机

相机是一个不透光的盒子，前面有个洞，称为光圈。快门是圆形的，可以控制感光片的有效曝光时间。拍摄照片时，快门在一瞬间打开，让光线进入背面的胶片上。胶片上涂有对光线敏感的化学物质，镜头聚焦光线后，在胶片上形成颠倒的图像。拍摄时，可以通过调节光圈大小和快门速度，控制光线进入胶片的范围和数量。

矫正视力

视觉是人最重要的感官之一。古代人如果视力欠佳，生活就会受到限制，不能外出打猎，而且容易遭遇危险。科学技术不断发展，人们找到了矫正视力的方法。根据意大利探险家马可·波罗的记载，中国人在公元1275年就戴上眼镜了。实际上，眼镜是在1289年才出现的，是由意大利人斯皮纳发明的。15世纪，印刷术广泛应用后，书籍增多，人们对老花镜的需求也日益增长。在现代社会，眼镜已经变得司空见惯，隐形眼镜的使用也更加频繁了。

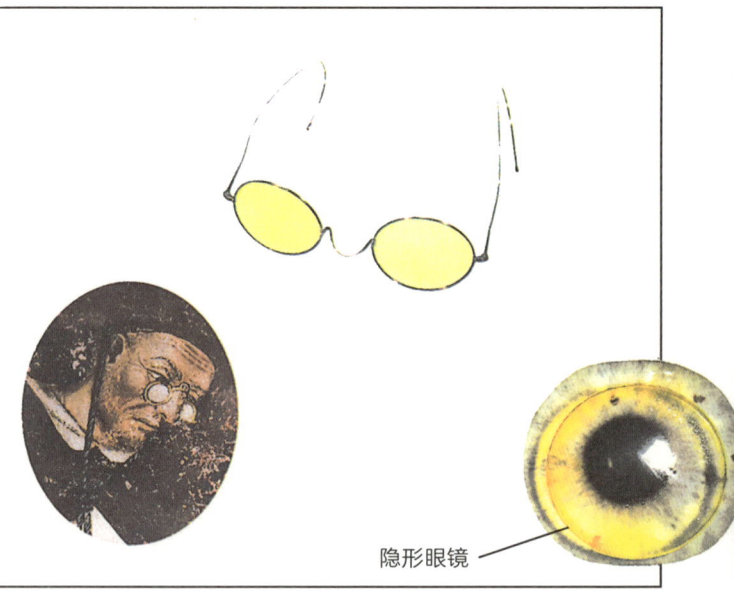

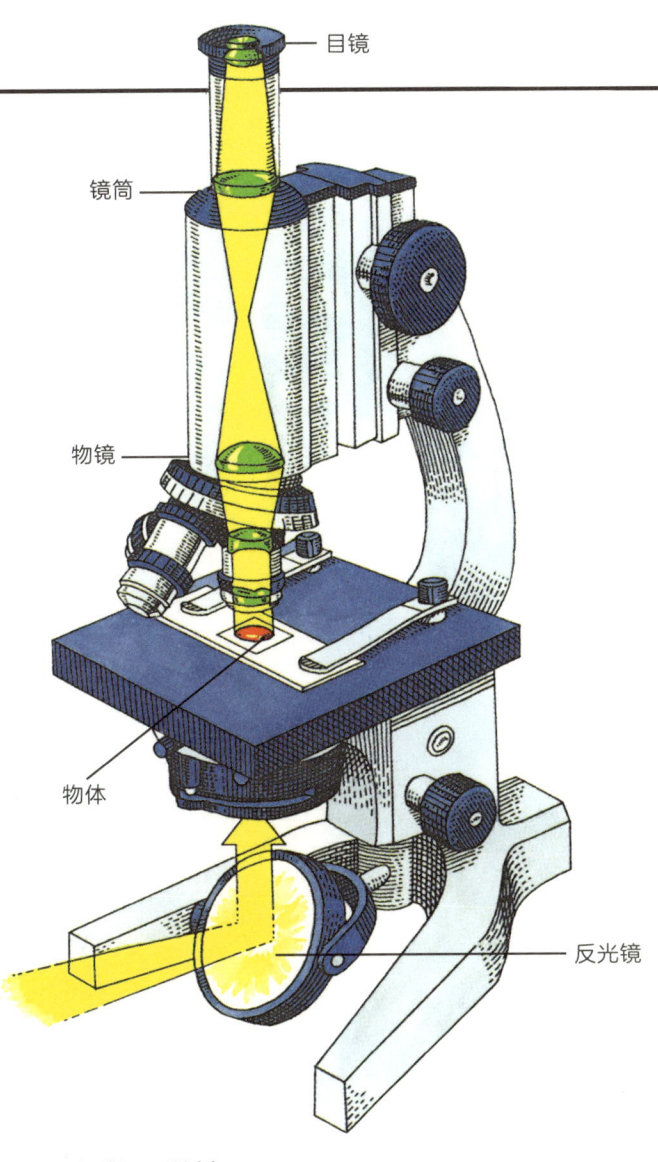

制作显微镜

显微镜在希腊语中是小小观察者的意思，这种仪器可以让我们看清非常微小的物体。你想尝试制作自己的显微镜吗？非常简单！首先，在桌上倒扣一个薄玻璃杯，并在杯中倾斜放置一面小镜子。然后，按下图所示，将锡箔纸对折成条状，并在中间打一个小孔。接着，将锡箔纸的两边折一下，拿出胶带，按照下图所示把锡箔纸贴到杯底上。最后，在杯底放一只小昆虫，并往锡箔纸的小孔中滴一滴水。仔细观察，你能看到放大后的小昆虫吗？

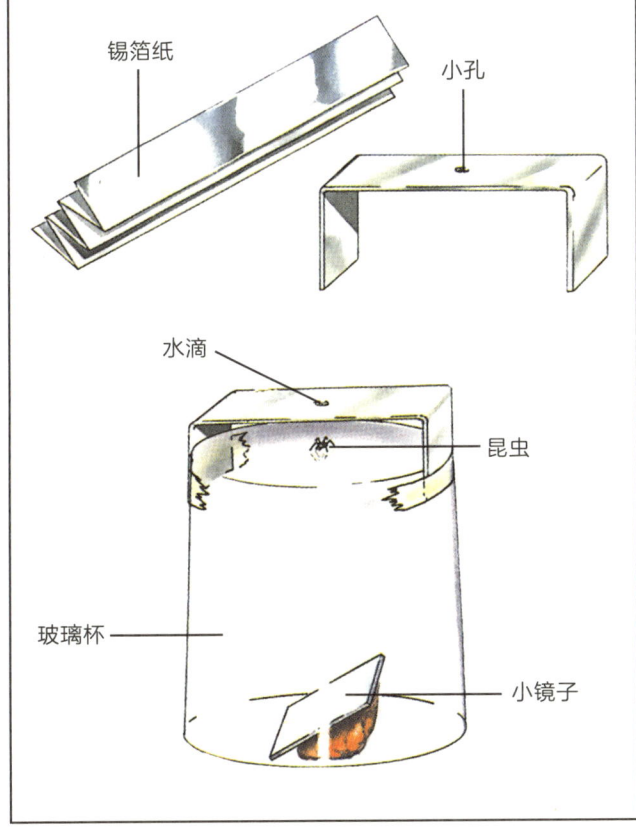

光学显微镜

光学显微镜可以使微小的物体看起来比实际大数百倍，所以可以让人看清矿石的内部结构或生物的细胞结构。这种观察方式可以帮助我们深入地了解物体的内部构造和工作原理：将要观察的物体放在操作台上，反光镜将光线照到物体上，物镜将物体放大，镜筒透镜校正和放大物镜传来的图像，人眼通过目镜可以看清最终放大的图像。

魔镜啊魔镜

文学作品中经常出现镜子和透镜：《白雪公主》中，皇后手持魔镜，问谁是世界上最美丽的人；英国作家卡罗尔创作的《爱丽丝梦游仙境》中，主人公爱丽丝被送到了镜中的世界；神探夏洛克·福尔摩斯总是随身携带放大镜……你还能想到其他有关镜子和透镜的人物或故事吗？

视觉感受器——眼睛

光线进入眼睛后，人们就能看到物体。如果没有光，一切都将变得不可见了。对动物来说，视觉非常重要。有了视觉，动物可以四处走动，寻找食物和配偶，也可以觉察到危险。有些动物的视力很差，比如蠕虫只能看到片状的光影。有些动物视力很好，比如鸟类既能看到远处的星星，也能看到脚下的沙子。人的眼睛看到物体后，通过大脑识别物体的颜色，并判断物体的大小和距离。视觉是最重要的感官，大脑中 80% 的信息都来源于眼睛的观察。

一只眼睛和两只眼睛

我们通常用两只眼睛观看物体和判断距离，你觉得一只眼睛能完成这项任务吗？选定一个物体，闭上一只眼睛，用另一只眼睛测算物体与你之间的距离，并把这个数据记录下来。接着睁开眼睛，再次测算物体与你之间的距离，把这个数据也记录下来。最后准确测量物体与你之间的距离，看看上述两个数据哪个更接近真实的距离。如果多次训练使用一只眼睛观察物体，最后的判断是否会更加准确呢？

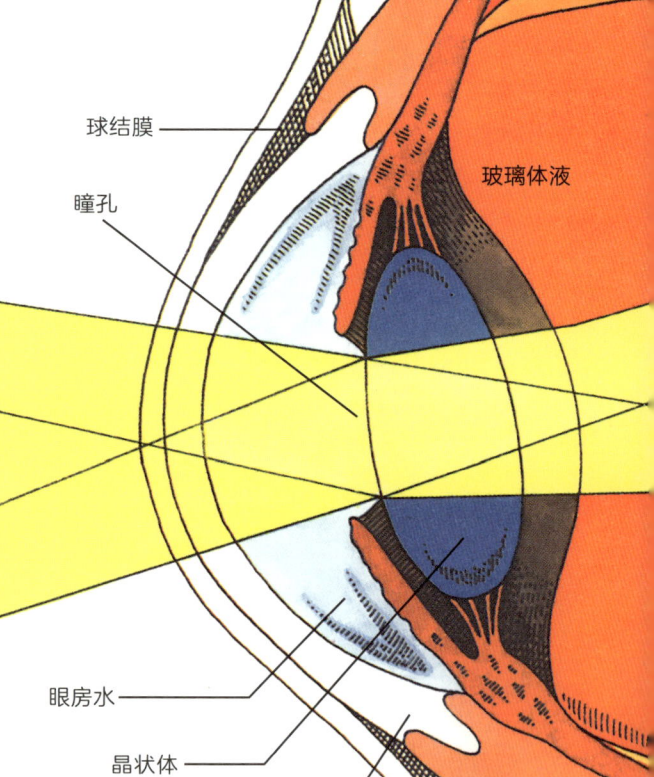

对近视眼来说，平行光线聚焦在视网膜前方。
对远视眼来说，平行光线聚焦在视网膜后方。

虹膜通过收缩和扩张，改变瞳孔的大小，调节光线进入眼睛的数量和强度。

球结膜
玻璃体液
瞳孔
眼房水
晶状体
眼角膜

晶状体周围有肌肉，也就是睫状肌，它可以通过收缩和放松来改变屈光度。

人的眼睛

人的眼睛是球形的，里面有一个豌豆大小的晶状体。光线从眼角膜进入眼睛，虹膜改变瞳孔的形状和大小，瞳孔调节光线进入眼睛的数量和强度，晶状体改变屈光度，从而将光线聚焦在视网膜上。晶状体相当于双面凸透镜，可以使焦点落在视网膜上，让人眼形成光学图像。视网膜中有许多感光细胞，可以将光信息转化为电信号，并通过神经网络将电信号传送到大脑。大脑对电信号进行解码，让人理解自己所看到的事物。

动物的眼睛

有些动物的眼睛和人的眼睛不一样。有些无脊椎动物只有眼点,结构比单眼还简单,只能微弱地感受到光线的变化或者几乎什么都感受不到。有些动物在夜间捕食,因而眼睛和瞳孔都很大。新西兰的大蜥蜴是古老的爬行动物,其头骨上方有明显的第三只眼,称为顶眼;进入成熟期后,顶眼会渐渐消失。

变色龙的眼睛长在头部,且有些突出,可以随意转动。大部分蜘蛛有6~8只眼睛,可以看到四周的事物。

昆虫和甲壳动物的眼睛一般是复眼。复眼由无数单眼组成,每个单眼都相当于一个晶状体,可以看到完整场景中的某个点。所有单眼的视觉组合在一起,会形成碎片状的图像效果,这就是昆虫和甲壳动物眼中的世界。

脊椎动物通过瞳孔调节光线进入眼睛的数量和强度。壁虎可以闭合瞳孔,只留下几个针孔状的开口,让少量光线进入眼睛。

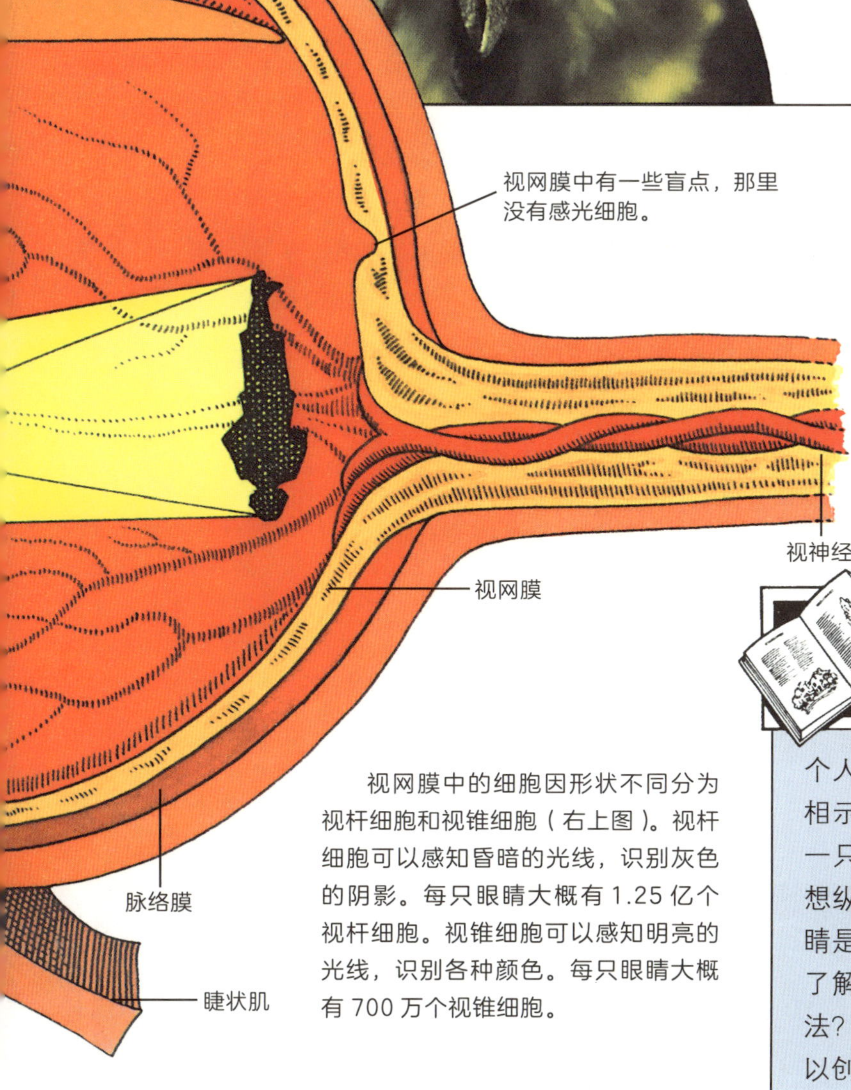

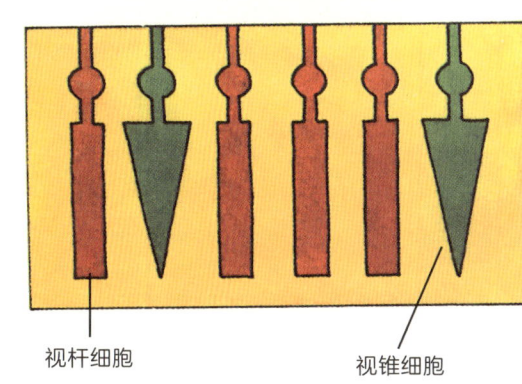

视网膜中有一些盲点,那里没有感光细胞。

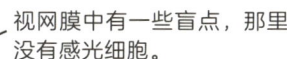

视杆细胞　　视锥细胞

视神经

视网膜

视网膜中的细胞因形状不同分为视杆细胞和视锥细胞(右上图)。视杆细胞可以感知昏暗的光线,识别灰色的阴影。每只眼睛大概有1.25亿个视杆细胞。视锥细胞可以感知明亮的光线,识别各种颜色。每只眼睛大概有700万个视锥细胞。

脉络膜

睫状肌

睁大眼睛

眼睛可以看东西,也可以传达情绪和感情。比如,睁大眼睛意味着一个人很警醒或者非常惊讶。如果两个人用眼神互相示意,他们可能达成了一致的意见。一个人睁一只眼闭一只眼,表示他假装没看到坏的一面,想纵容或包庇某个人的错误行为。人们常说,眼睛是心灵的窗户,通过观察一个人的眼睛,可以了解他的心理状态。你还知道哪些关于眼睛的说法?或许,你可以写一首关于眼睛的诗歌,也可以创作一篇关于眼睛的故事!

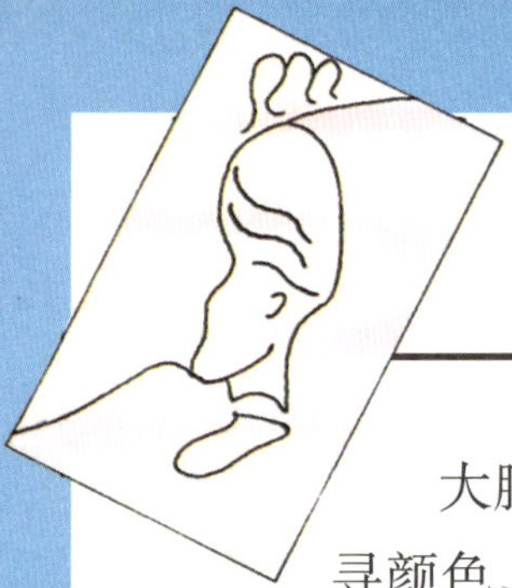

被欺骗的大脑——多重视觉

大脑会识别和判断眼睛看到的信息。为了做到这一点，大脑从记忆中搜寻颜色、阴影、形状和透视图等，将看到的图像与以往的经验进行对比，从而做出识别和判断。但大脑有时可能会被图像欺骗，因为这些图像具有迷惑性或多重含义，大脑不能判断哪个是正确的。有时，我们看到一些东西，想到的不仅是物体本身，也可能是它的引申义或相关记忆。

电影

我们在荧幕上看到的视频效果，其实是一张张连续的图片。电影胶片的放映速度一般是24帧/秒，意思是每秒播放24张底片。这些图片连续不断地播放，最终形成了动态的视觉效果。

动态摄影

1870年，埃德沃德·迈布里奇用相机给奔驰的赛马拍照，并拍摄了大量运动中的人和其他动物。拍摄赛马前，他在赛道上每隔一段距离就放置一台相机。相机被横过赛道的绳子控制着，每当赛马跑过时，相机的快门被触发，就可以拍下赛马奔跑的图片。在维多利亚时代，人们发明了一种叫活动视镜的装置，这种装置呈圆柱形，内壁上有图像。圆柱旋转时，图像通过一连串镜子的反射使人产生运动错觉。观众通过狭小的缝隙，可以看到动画般的效果。

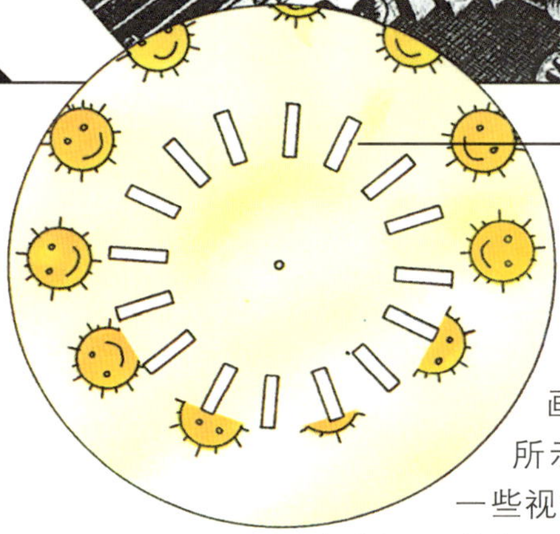

视觉缝隙

拿一张卡纸，剪一个直径21厘米的圆形。在圆形卡片的边缘画一些图案，按照左图所示，在圆形卡片上剪出一些视觉缝隙。在圆形卡片中间插入一枚钉子，然后塞入软木塞，并在另一边串一枚珠子使其不易脱落。在圆形卡片的对面放一面镜子，保证光线充足。沿着边缘轻轻转动圆形卡片，透过视觉缝隙看向镜子，你会看到什么景象呢？

迈布里奇的连续摄影

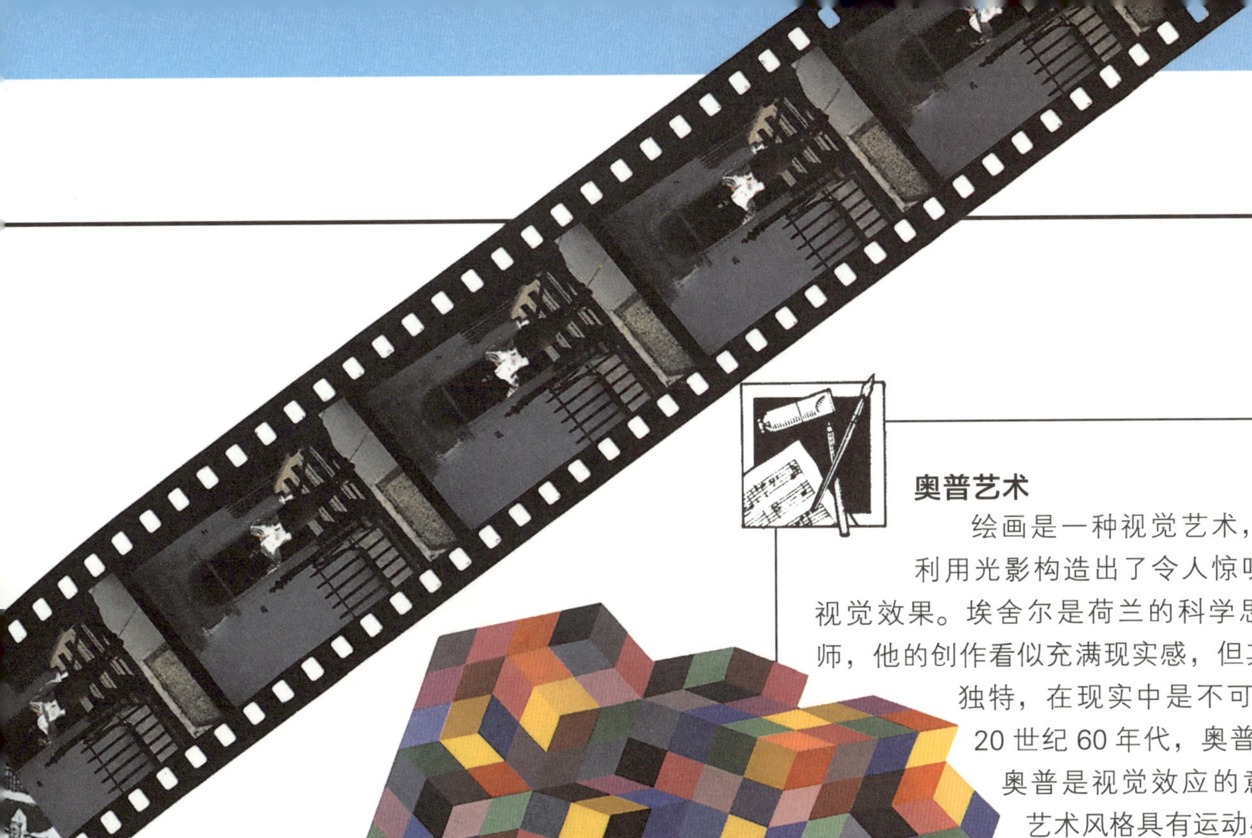

奥普艺术

绘画是一种视觉艺术，很多画家利用光影构造出了令人惊叹的图案和视觉效果。埃舍尔是荷兰的科学思维版画大师，他的创作看似充满现实感，但其视角非常独特，在现实中是不可能存在的。20世纪60年代，奥普艺术兴起。奥普是视觉效应的意思，这种艺术风格具有运动感和闪烁效果，它通过独特的构图使图画中的空间形成波动、拓展或收缩等，让人眼花缭乱，享受到现实中不可能存在的视觉盛宴。观察左页最上方的那张图片，你可能会看到两种完全不同的视觉效果。你看到的是一位戴着帽子的年轻女性还是年老女性呢？

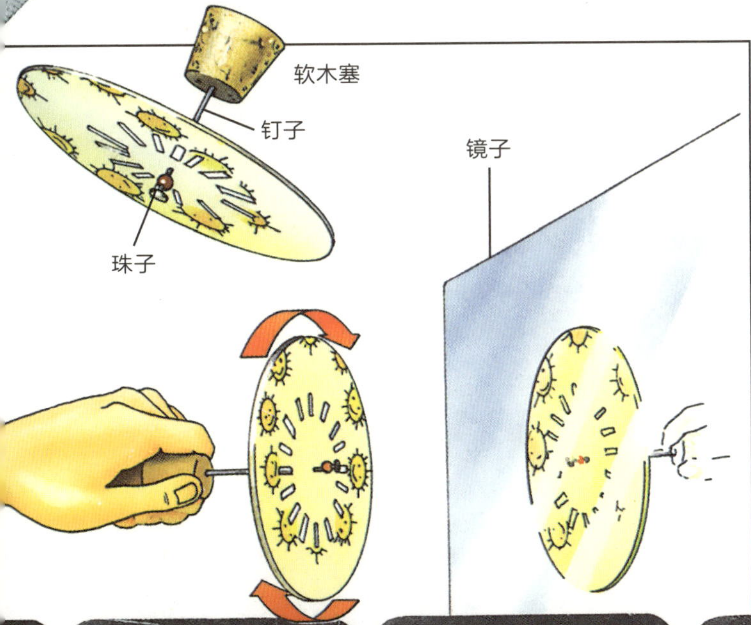

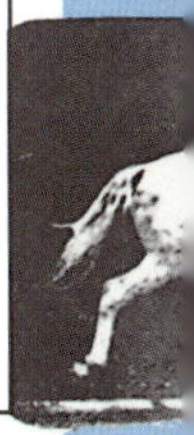

埃舍尔的创作结合了现实主义素描、精确的视角和令人不安的图像。

眼见为实

有些视觉图像会混淆大脑的判断。看看图A的两个长方形，它们是互相平行的吗？图B的两个圆形组合图案中间都有一个圆形，它们的大小是一样的吗？图C有两条直线，它们的长短一样吗？

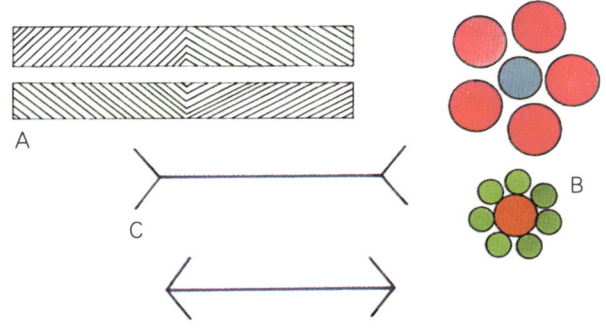

绚丽的激光

激光是 20 世纪最重要的发明之一。激光器是指能发射激光的装置。激光不像普通的光那样四向传播，它是定向的，而且能量密度非常大。激光既可以应用于眼科手术和医疗美容，也可以应用于焊接、切割和遥感勘测，甚至可以应用于全息摄像、通信和武器制造。激光是单色的，有些激光器可以产生不同频率的激光，但这些激光是相互分离的。激光高度集中，所有光波都是同步的，亮度极高，可以传播得很远。

1960 年，科学家制造出了第一台红宝石激光器。这种激光器呈管状，里面充满气体、液体和固体等活性介质。科学家将闪光管的光线照进红宝石晶体中，创造出相干脉冲激光光束。光信号在受激辐射中被持续放大，由此产生了激光。

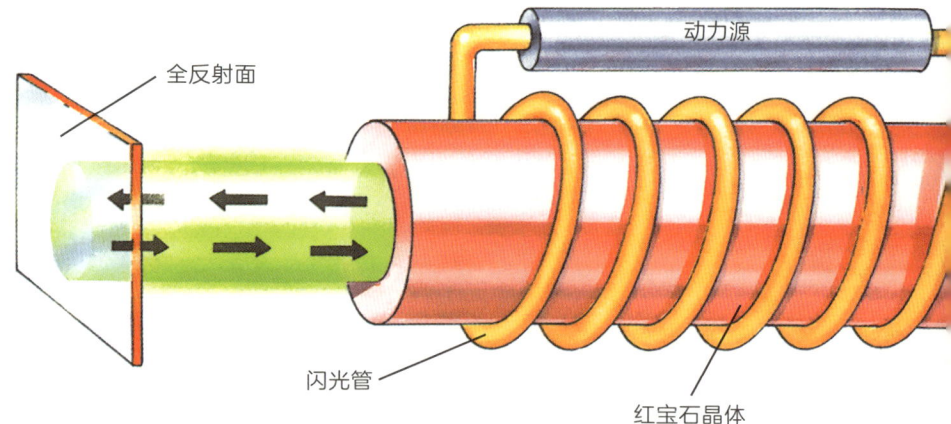

动力源 / 全反射面 / 闪光管 / 红宝石晶体

检查地球

激光在天文学领域发挥了重要作用。1962 年，科学家将激光射向月球，探测到月球和地球之间的距离为 38 万千米。绕地卫星上的激光能探测地球表面的微小变化，科学家利用卫星激光观察地球的板块运动，预测地震和火山爆发等自然灾害。

激光武器

激光武器定向发射高能激光束，可以远距离破坏敌方的武器设备，使其失效。激光武器既可以用于攻击，也可以用于导弹防御，它快速、灵活、精确，且防电磁干扰，但会受到天气和大气状况影响。激光武器要消耗大量电能，研发成本非常高。在电影中，激光由枪支射出，可以像刀剑一样用于作战和防御，但这在现实中几乎是不可能的。

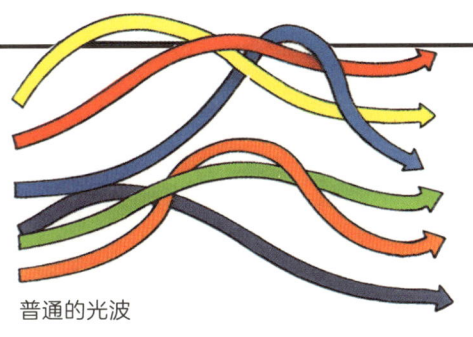
普通的光波

激光的光波

部分反射面

集中的光束从部分反射面中逃逸，形成了激光束。

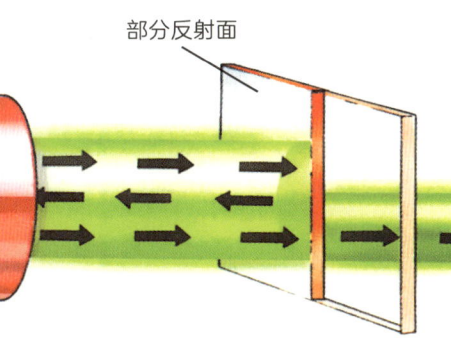

激光束

全息图像

激光可以应用于全息摄影。全息照相机以激光为光源，能将物体记录在高分辨率的全息胶片上，形成三维的全息图像。在全息摄影中，激光束（1）被分为两部分：一部分对准物体（2），物体的反射激光会照亮胶片（3）；另一部分对准物体的投影（4），并将投影反射回胶片（3）。在图B中，上方的物体反射激光（3）和下方的物体投影反射激光（1）同时通过显影胶片进入观察者的眼睛（2），让观察者形成视差，从而看到物体的全息图像，即三维图像。

激光发展史

1960年，T.H. 梅曼等科学家制造出第一台红宝石激光器，实现了第一束激光。

1961年，激光应用于外科手术，杀灭了视网膜肿瘤细胞。

1962年，半导体二极管激光器出现了，为小型商用激光器提供了技术基础。

1971年，激光应用于舞台光影效果，并出现了激光全息摄影。

1975年，出现了商用激光打印机。

1982年，出现了激光唱片。

1988年，架设洲际光纤，用光脉冲传输数据。

1990年，激光应用于集成电路和汽车制造。

1991年，美国首次在海湾战争中使用激光制导导弹。

2008年，法国神经外科专家用广导纤维激光治疗脑瘤。

2010年，美国使用激光束缚核聚变，解决了关键的技术难题。

……

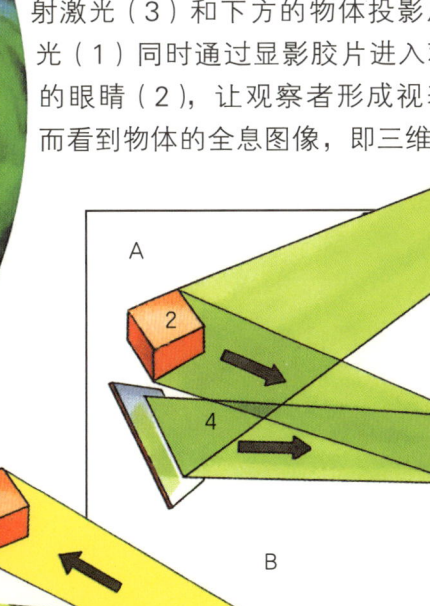

全息图

A：图像记录
B：视图

词 汇 表

凹面
像勺子里面一样朝内弯曲的面。

电磁波谱
已知的电磁辐射的整个范围。

反射
这里指光从物体表面弹回的现象。

光导纤维
即光纤,一种由玻璃或塑料制成的纤维,可用于长距离的信息传递。

光学
研究光的性质、产生、传播、接收和显示,以及与其他物质相互作用的科学。

激光器
能产生特定波长且狭长有力的光束的机器。激光是指受激辐射而产生放大的光。

激光武器
使用高能激光对远距离目标进行精确射击或用于防御导弹等的武器。

激光医学
结合激光技术与医学的学科,在医学中的地位越来越重要。

剂量
这里指用于治疗放射线的用量。

焦点
这里指光线聚集的点,也就是形成可见图像的位置。

矫正视力
纠正视力,使视力得到恢复。

矿石
能从中提炼金属的自然物质。

雷达
能利用反射的无线电波找到物体的位置。

棱镜
能够区分可见光的颜色的固态物体,通常由玻璃制成,且是透明的。

衰变
也叫蜕变,指原子核自发地放射出粒子而变成另一种原子核。

透镜
一种由透明物质制成的有弧形表面的光学元件,能够折射光线。

凸面
像球体一样朝外弯曲的面。

遥感
指远距离的探测技术,一般使用遥感器等对电磁波敏感的仪器进行非接触的远距离探测。

原子
元素中最小的部分。

原子核
原子的中心部分,由质子和中子构成。

折射
这里指光从一种媒介物进入另一种媒介物时会发生弯曲的现象。

装置
指机器、仪器或其他设备中构造较复杂且具有某种独立功能的部件。

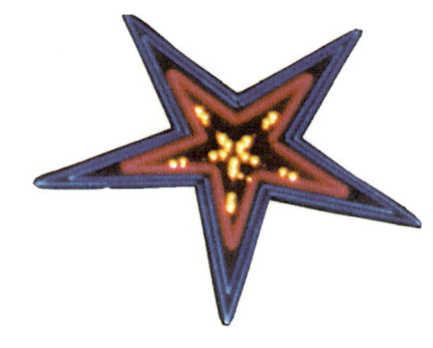

第三章
生命之源：空气和水

空气和水是维持生命的两种必要物质。地球周围充满空气。空气是多种气体的混合物，包括我们呼出的二氧化碳和吸入的氧气。地球表面被一层大气包裹着——也就是大气层，大气层像一层温暖的毯子，过滤了星际空间中的有害辐射，为地球生命的形成和演化创造了条件。水是地球上最丰富的自然资源之一，海洋面积占据地球表面积的 70% 以上。如果没有水循环，生命就不可能存在和繁衍。

翻开这个章节，走进空气和水的世界，了解空气和水是如何形成的，它们有哪些特点，在我们的生活中发挥了哪些作用。

什么是空气

空气无处不在。地球上到处都是空气，就连我们的体内也有空气。空气由多种气体混合而成，无色无味，看不见，摸不着。空气非常重要，它能使环境产生温度差异，从而引起天气变化。有了空气，火能燃烧，声音能传播。氮气和氧气是空气的主要成分。空气和其他气体一样可以被压缩。空气在自然界中不断循环，我们现在呼吸的空气和数百万年前的空气差别不大。

空气中的气体

空气中约含 78% 的氮气和 21% 的氧气。氧气对人和动物非常重要，是维持生命的重要资源之一。二氧化碳、氩气、氖气、氦气、氪气、氢气、氙气和臭氧等气体是空气中的微量成分，总共约占 1%。二氧化碳是温室气体，能吸收地面反射的光和热，并将它们再次反射回地球。空气中的水蒸气也是一种气体，又称水汽或蒸汽。

1%其他气体　　78%氮气

21%氧气

湿度

空气中的水汽含量用湿度来表示。暖空气的水汽含量多，湿度高；冷空气的水汽含量少，湿度低。空气冷却过程中，部分水汽液化成水珠，或者凝结成霜和雾等。有时，水汽上升后遇冷凝聚成小水珠，并进一步聚合成云朵。

清晨的露珠

气压

气压计是用于测量大气压强的仪器。大气压强就是气压，是指作用在单位面积上的大气压力，因地球引力和空气分子的相互运动而形成。气压与天气状况密切相关。一般来说，高气压地区通常是晴朗、稳定的天气，低气压地区通常是阴云、多雨的天气。

空气研究

18 世纪以前，人们认为空气是一种纯净物。1754 年，英国化学家约瑟夫·布莱克发现空气中含有二氧化碳。1772 年和 1774 年，瑞典化学家舍勒和英国化学家普利斯特里分别发现了空气中的氧气。1772 年，英国科学家丹尼尔·卢瑟福发现了空气中的氮气。氦气和氖气等惰性气体直到 19 世纪末才被科学家发现。

空中的尘埃

在某些光线下，我们甚至能看清空中飘扬的尘埃。尘埃是飘浮的固体颗粒，可能来自汽车尾气、工厂烟尘或森林火灾，也可能是来自植物的花粉或海水中的盐分。城市中空气污染比较严重，每立方米的空气中可能包含数十亿颗尘埃粒子。

收集气体

科学家通过分馏来收集空气中的不同气体。当温度降低到一定程度时，空气由气态变成液态。气体的沸点各不相同，液态空气被加热后，各种液态气体相继沸腾并蒸发，科学家就是通过这种方式收集不同的气体。

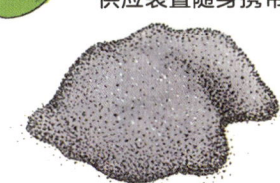

液态氧可以用作火箭燃料。消防员救火时，会将氧气罐（左图）作为氧气供应装置随身携带。

助燃气体

火要有氧气才能持续燃烧，氧气是助燃气体。灭火时，消防员向火源喷水、泡沫或二氧化碳，以切断氧气供应，从而让火熄灭。

氮气可以用来制作化肥。硝酸由氮和氧溶于水而形成，具有强氧化性和腐蚀性，是火药的关键成分。

生锈的管子

如果铁管或钢管长时间暴露在潮湿的环境中，很可能会生锈。因为铁与空气中的氧气结合，会形成氧化铁。氧化铁是红色或黑色的粉状物质，代表铁等金属被氧气腐蚀了。在铁管和钢管的表面涂上保护漆，阻止氧气和金属分子结合，可以防止生锈。

氩气是一种惰性气体，常用于灯泡充气和金属电弧焊接。

二氧化碳灭火器用来扑灭因液体燃料和电路故障而引发的火灾。碳酸饮料中含有不少二氧化碳。

有关空气的词语

有时，我们用空气或与空气有关的词语来表达自己的心情和感受。比如飘上云端，可以表示一个人非常轻松和开心，就像坐在云端一样快乐。如果一个人说想透透气，可能是他感到紧张，需要放松一下心情。你还能想到哪些关于空气的词语呢？这些词语是什么意思呢？

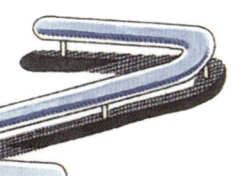

氖气是一种无色无味的惰性气体，常用于霓虹灯中，放电时呈橙红色。

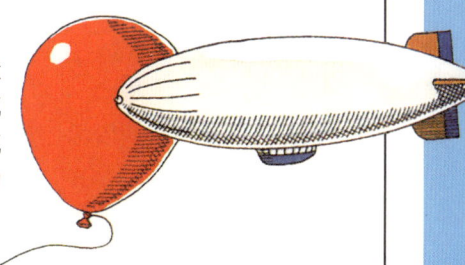

氦气是一种质量较轻的惰性气体，氦气球中填充的就是氦气，有些飞艇填充的也是氦气。

地球的外衣——大气层

地球被厚厚的大气层包裹着。大气受地球引力作用，始终围绕在地球周围。大气层就像盾牌一样，可以阻隔太阳的有害辐射，减轻陨石对地球的冲击。大气层使地表温度处于相对稳定的状态，既不会太热，也不会太冷，有利于生命的形成和繁衍。

测量气压

气压是指大气的压强。在空气中，气体分子不断相互碰撞，并对地表形成一定的压力。气压是一个抽象概念，但是能够被感知。你想观察气压吗？先拿出一张纸，将其平铺在桌子边缘；然后拿出一把尺子，将尺子滑进纸和桌子之间；接着用尺子将纸撬起。这时，你能感受到一股向下的压力，这是一股对抗力，是由气压产生的。

天空的颜色

太阳光是一种复色光，经过三棱镜后可分解为红、橙、黄、绿、蓝、青、紫等7种单色光。其中，蓝光、青光和紫光的波长较短，容易被大气中的尘埃和气体散射出来，但蓝光的能量很大，散射出来的光波最多，所以晴天的天空是蓝色的。红光和橙光的波长较长，透射性强，因此能穿过大气到达地面。日出和日落时，太阳位于天边与地面相接的位置，红光和橙光透射出来，使天空出现绚丽的朝霞和晚霞。在月球上，天空是漆黑的，因为上空没有灰尘和气体，不能散射阳光。

大气层的结构

大气层的厚度约为1000千米，主要分为对流层、平流层、中间层、热层和外大气层。对流层的气温随高度上升而下降，离地面越远，温度越低。对流层的空气有强烈的垂直和水平运动，并形成了多变的天气现象。对流层上面是平流层，这里的气流沿着水平方向运动，几乎没有天气变化，适合飞机航行。臭氧层是平流层中臭氧浓度较高的圈层，主要作用是吸收紫外线。中间层、热层和外大气层的空气稀薄，距离地面非常远。其中，热层的温度可能达到3000~4000℃。

宇航服

太空中没有氧气，所以宇航员进出航天器时，必须穿上特制的服装，也就是宇航服。宇航服就像一种微型大气循环系统，可以给在太空中活动的宇航员提供合适的气压环境、温度和充足的氧气。早期登月时的宇航服比较简陋，现在的宇航服已经发展为完备的载人操纵装置。1984年，舱外宇航服就像小型航天器一样，可以让宇航员在太空中自由飘浮（太空行走），避免受到高速微流星体的撞击而受伤。

外大气层，距离地表500千米以上。

海拔

海拔是指地面某个点高出海平面的垂直距离。你去爬山时，爬到越高的地方，海拔就越高，空气也越稀薄。探险家攀登珠穆朗玛峰时，必须随身携带氧气罐。在高原地区和高海拔地区生活的人心肺功能强大，他们可以从稀薄的空气中吸取足够的氧气。如果人无法呼吸到足够的氧气，就会产生高原反应，出现头痛、恶心、咳嗽和失眠等症状。

大概只有47%的太阳辐射能到达地球表面，其余都被臭氧层吸收或被云层反射回了平流层。

10千米——相当于飞机上升到2千米时的机舱压力。

9千米——人类不携带氧气罐时可以短暂生存的最大高度。

4千米——人体可能产生高原反应。

热层，距离地表85千米以上，500千米以下。
中间层，位于平流层以上，最高处距离地表85千米。
平流层，位于对流层以上，最高处距离地表50千米。
对流层顶。
对流层，接近地表的大气层，大气最稠密。

动物和空气

如果没有空气，动物就无法生存。动物从空气中吸入氧气，氧气与身体中的血液相结合，促进食物的吸收和能量的积累。氧气是动物生存和生长的基础。动物呼吸时，血液与氧气结合，二氧化碳和水被排出体外。这种与外界进行气体交换的过程就是呼吸。氧气进入血液后，和红细胞中的血红蛋白相结合，形成氧合血红蛋白，从而将氧气输送到身体组织中。动物通过各种方式从空气和水中获取氧气。人类用肺呼吸，鱼用鳃呼吸。

四大元素

古希腊人认为，世间万物都是由空气、水、火和土四种元素构成的。四大元素相互促进和影响，控制我们的生活和周围的世界。

空气从嘴巴和鼻子进入人体。经过滤后，再从喉部进入肺部。鲸鱼的鼻孔叫呼吸孔，长在头顶处，露出水面呼吸时会喷出大量水汽。鲸鱼的鼻腔非常宽，一次可以吸入大量空气。

肺占据了人体胸腔的大部分。横膈膜是位于人体胸腔和腹腔之间的膜状肌肉，横膈膜收缩时将外界空气吸入体内，扩张时将体内的二氧化碳排出。肺的内部有两根支气管，其末端有数百万个突出的小囊泡，即肺泡。肺泡的壁很薄，上面覆盖着微小的毛细血管。吸入的氧气从肺泡的毛细血管进入血液，人体产生的二氧化碳以相反的方式进入肺泡，并经呼气排出人体。

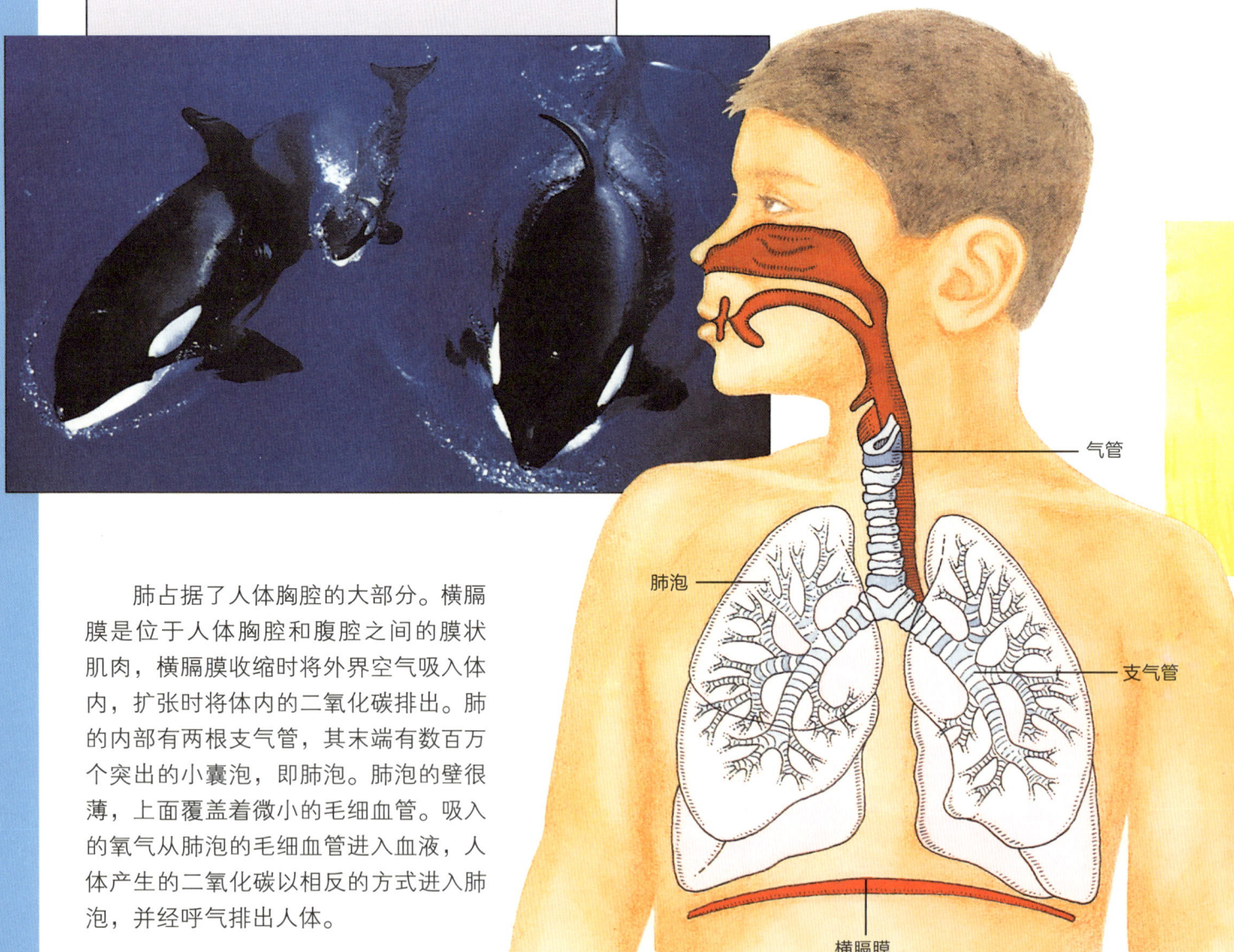

呼吸问题

如果人的肺或呼吸道被病菌感染了，就可能导致呼吸困难。烟尘和空气污染也会导致呼吸问题，比如支气管炎或哮喘病等。哮喘发作时，呼吸道周围的肌肉频繁收缩，限制了空气的出入，所以会造成呼吸困难。患者呼吸困难时，需要通过医疗设备进行供氧，这样有助于患者尽快恢复健康。

气门

昆虫体表分布有气门。空气从气门进入昆虫的身体，并通过气囊输送到细小的气管中，然后再进入各个部位。

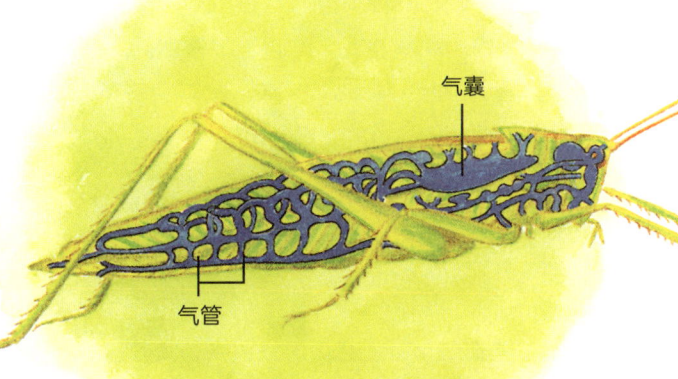

气囊

气管

氧气从气管潮湿的一端进入昆虫的体内。

水流过鱼鳃时，鱼鳃中的血管可以汲取氧气。

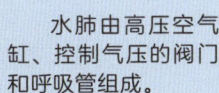

水肺

1943年，雅克·库斯托和埃米尔·加尼昂研发出了水肺。这是一种水下呼吸装置，在潜水员需要吸气时，它以与水压相等的压力向潜水员提供氧气。有了这种装置，潜水员不需要穿戴笨重的潜水服，就能轻松潜到水下60米深的地方。水肺又叫自携式水下呼吸装置，可以让潜水员在水中自由呼吸。

鱼类

大多数鱼类都有鳃，并通过鳃从周围的水中汲取氧气。有些鱼类用力鼓动鳃，好让更多的水流过；有些鱼逆着水流游动，好让水进入嘴巴中。鳃呈皮瓣状，面积很大，表面布满血管，可以促进氧气进入血液中。

水肺由高压空气缸、控制气压的阀门和呼吸管组成。

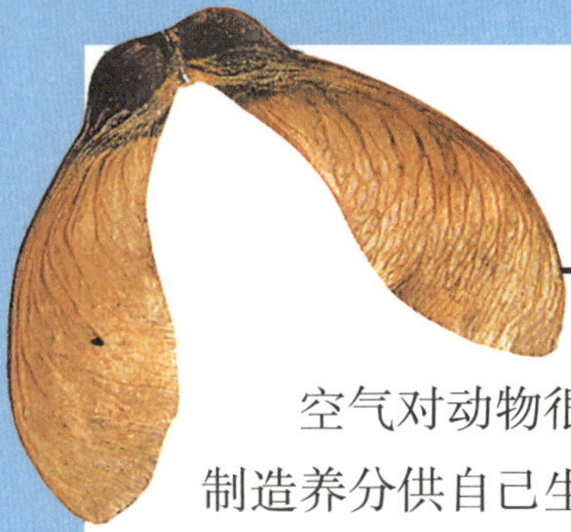

植物和空气

空气对动物很重要，对植物也很重要。植物通过光合作用吸收二氧化碳，制造养分供自己生长。有时，它们也像动物一样吸收氧气，并释放出二氧化碳。空气的相对运动形成了风，风传播种子，使植物生长在各个地方。在地球生命历史中，最先出现的是植物，植物释放氧气改变空气成分，后来才出现了依赖氧气生存的动物。

传播种子

哪些植物的种子是靠风传播的呢？梧桐树的种子和蒲公英的种子都是！去公园里看一看，你能找到这两种植物的种子吗？把它们贴到剪贴簿上，并将你找到它们的时间和地点记录下来。春夏之际，柳絮纷飞，柳树的种子随之四处飘散。

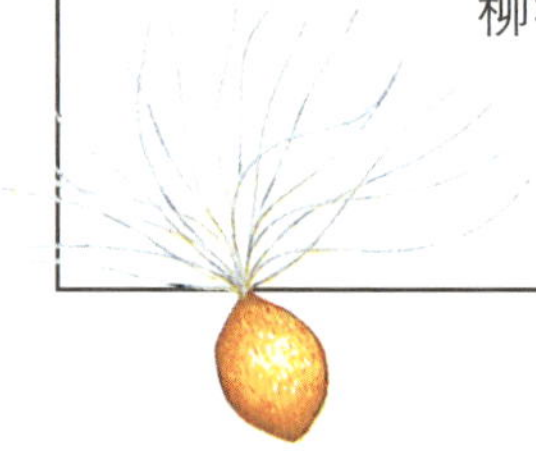

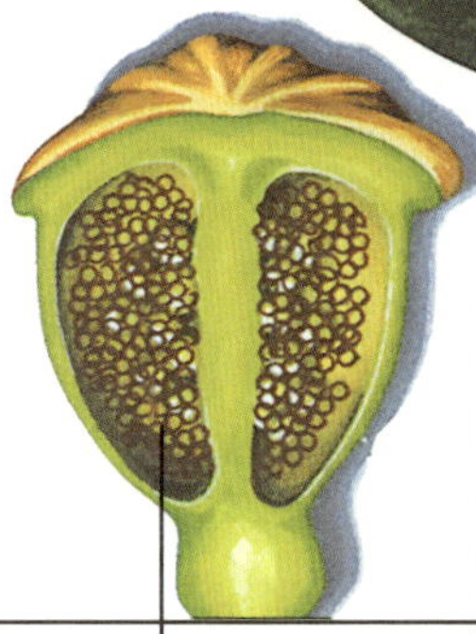

罂粟籽

风的力量

有些花粉和种子很轻，风一吹就会飘浮到空中。有些植物的种子呈伞状或翼状，可以借助风力飘到很远的地方。种子离开母体植株，是为了减少竞争，获得充足的阳光、水分和养分等。

一颗大马勃菌一生可以产生7万亿个孢子。孢子是真菌植物的生殖细胞，风吹时便像云涌一样喷出，脱离母体后直接或间接发育成新的个体。一颗普通蘑菇1小时可以产生1亿个孢子。

蒲公英的种子随风飘散

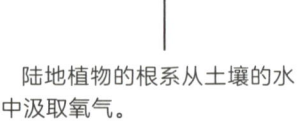

陆地植物的根系从土壤的水分中汲取氧气。

植物的叶子表皮上面覆盖着一层蜡质层。蜡质层既可以防止水分流失，也可以阻止二氧化碳进入。叶子的背面有气孔，二氧化碳从此处进入。

花粉热

花粉热是一种因花粉过敏而引起的上呼吸道疾病，症状包括流鼻涕、打喷嚏和流眼泪等。这是一种季节性疾病，多发于春季和夏季，因为此时花粉的传播较为频繁。

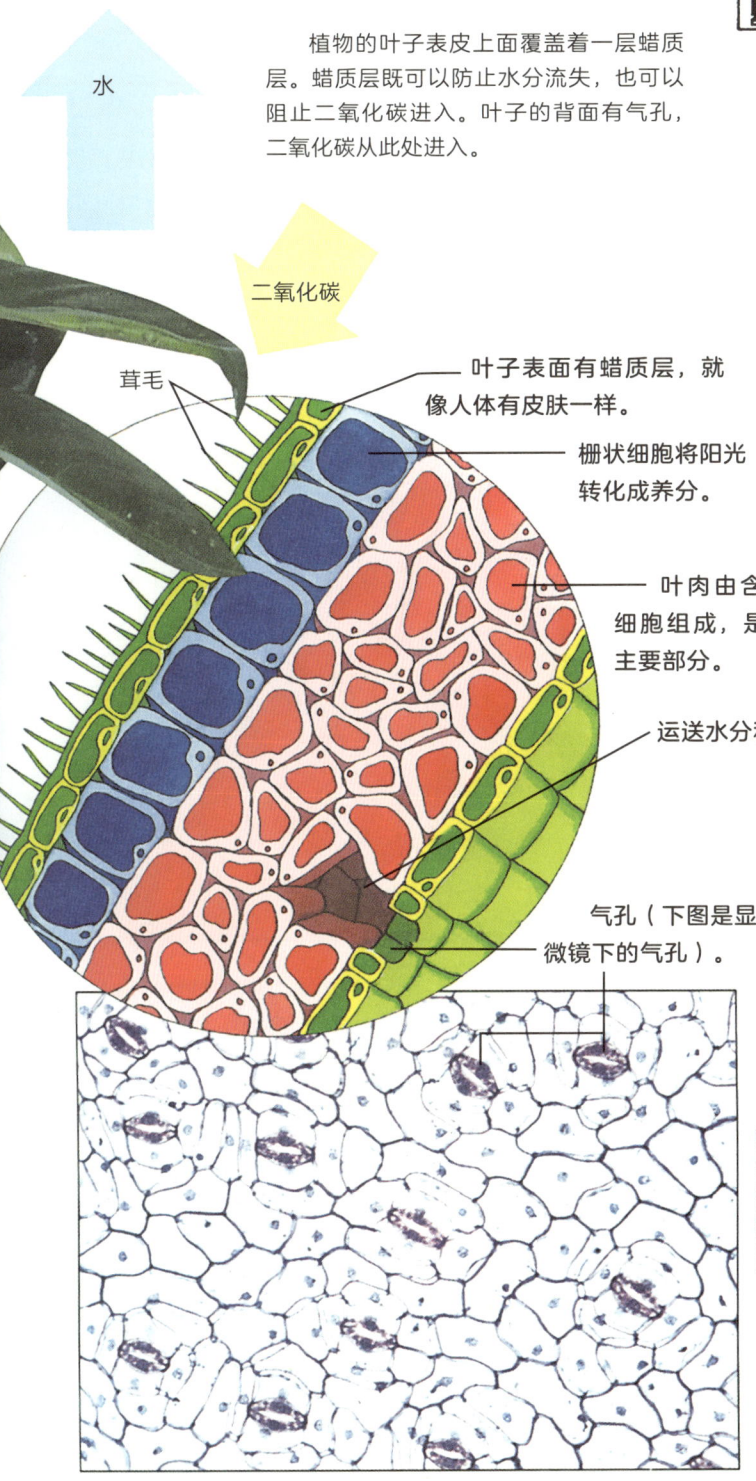

- 叶子表面有蜡质层，就像人体有皮肤一样。
- 栅状细胞将阳光转化成养分。
- 叶肉由含叶绿体的活细胞组成，是光合作用的主要部分。
- 运送水分和养分的细胞。
- 气孔（下图是显微镜下的气孔）。

水
二氧化碳
茸毛

植物的呼吸

水生植物从周围的水中吸收空气，陆地植物通过气孔吸收周围的空气。木本植物的茎部有突起的小孔，这种小孔叫皮孔，而不是气孔。气孔和皮孔都可以闭合，也能打开让空气和水进入叶子或茎部。叶子的气孔位于叶片背面，每平方毫米大概分布有20~1000个气孔。植物的种类不同，气孔的数量和密度也有差别。白天，植物的光合作用较频繁，气孔通常是打开的。

高山上的植物

高海拔地区空气稀薄，可供植物呼吸的氧气变少，用于制造养分的二氧化碳也变少。高山植物生长缓慢，周期长。在山坡处，白天阳光炽热，晚上空气寒冷，植物在生长过程中经历的温差很大，生存条件十分恶劣。山地植物通常十分矮小，而且贴近地面生长，这样更方便获取热量和水分。它们密集地生长在一起，彼此之间具有保护作用。

空气中的养分

植物利用阳光，将二氧化碳和水转化成养分，并释放出氧气，这个过程就是光合作用。植物制造的养分是有机物。在光合作用中，光能被转化为化学能，储存在有机物中。

风和天气

风能雕刻岩石、堆起沙丘、吹倒树木和房屋，还能改变地形和地貌。阳光照到地球上，有的地方接收的热量多、温度高，有的地方接收的热量少、温度低。空气受温度影响，呈现出两种完全不同的性质。暖空气温度高、质量小、密度小，容易上升并扩散，形成低压区；冷空气温度低、质量大、密度大，容易下沉并堆积，形成高压区。空气由高压区流向低压区，并由此形成了风。

低压区

大气中气压较邻近地区低的地带是低压区。暖空气上升，地表气压下降，形成低压区。暖空气到达一定高度后，温度降低，水汽减少。部分水汽液化成小水珠，小水珠不断聚集，凝结成大水珠。大水珠聚集在一起变成了云。当云层中的水珠大到一定程度时，就会变成雨落到地面上。

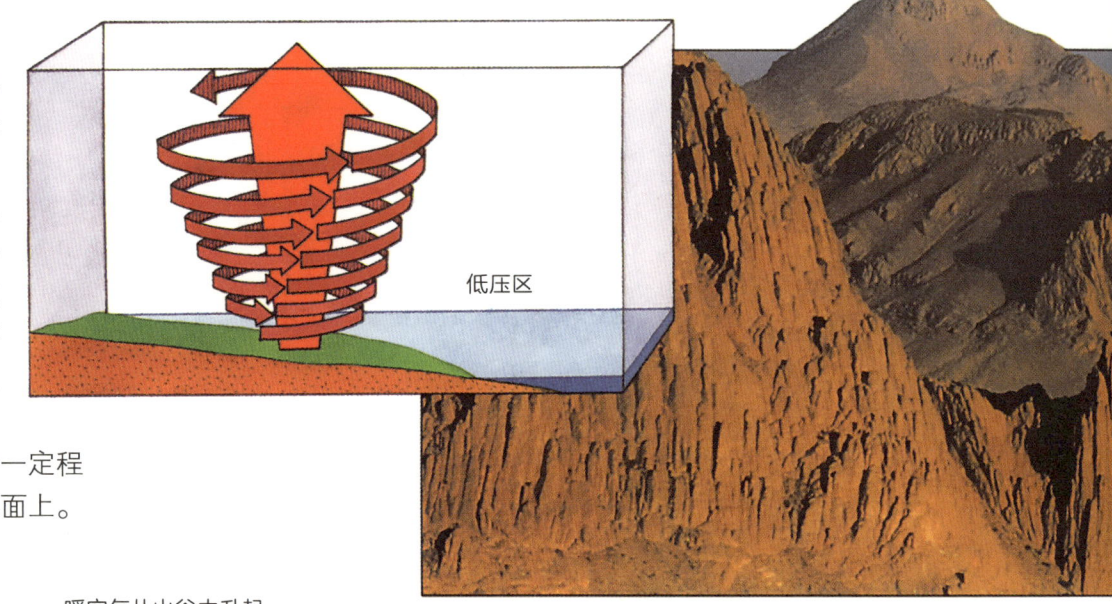

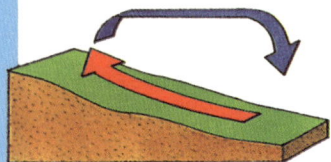

暖空气沿着山坡上升，在白天形成谷风。

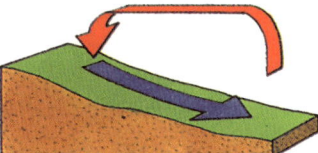

冷空气沿着山坡下沉，在夜晚形成山风。

白天的海风

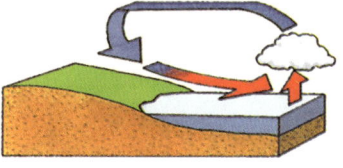

夜晚的陆风

山谷风和海陆风

白天，山谷里的空气迅速升温，并沿着山坡上升，形成了谷风。夜晚，山坡上的空气迅速降温，因重力作用而下沉到山谷中，形成了山风。在海边，空气的运动情况恰好相反。白天，地面温度比海面温度高，地面的暖空气上升，海面的冷空气补充过来，形成了海风。夜晚，海面温度比地面温度高，海面的暖空气上升，地面的冷空气补充过去，形成了陆风。

地球上的风

风从高压区吹向低压区。赤道温度高，热空气上升，并向两极移动，在赤道地区形成低压区。两极温度低，冷空气下沉，并向赤道移动，在两极地区形成高压区。在地球表面，高压空气和低压空气相向运动，形成了对流。受地转偏向力的影响，两极的风不是直线吹向赤道的，因为地球自西向东转动，所以风向东偏移。

暴风雨

英国戏剧大师莎士比亚晚年创作了《暴风雨》。这部戏剧故事发生在一座偏僻的小岛上，因为弟弟篡夺了米兰公爵的爵位，所以精灵艾莉尔用魔法帮他召唤了猛烈的暴风雨。在暴风雨中，米兰公爵的弟弟沉船失事了。米兰公爵终于夺回了爵位。

预测天气

对农民来说，天气预报非常重要。短期的天气预报可以预测未来24小时的天气状况，长期的天气预报可以预测未来8天的天气状况。气象学家从气象观测站、气象飞机、气象船、气象气球和气象卫星中收集数据，并利用这些数据分析和预测未来的天气状况。现代计算机可以通过复杂的数据运算，迅速推测出未来的天气变化。

高压区

大气中气压较邻近地区高的地带是高压区。冷空气下沉，在地表堆积，形成高压区。高压空气以旋风的形式向低压区移动。整体来看，北半球的风是顺时针转动的，南半球的风是逆时针转动的。在低压环境下，天气不稳定，常形成大风和阴雨。高压环境中的天气较稳定，一般是晴天或者微风习习。在气象图中，高压中心向外凸出，形成高压脊；低压区向外延伸出狭长的区域，形成低压槽。

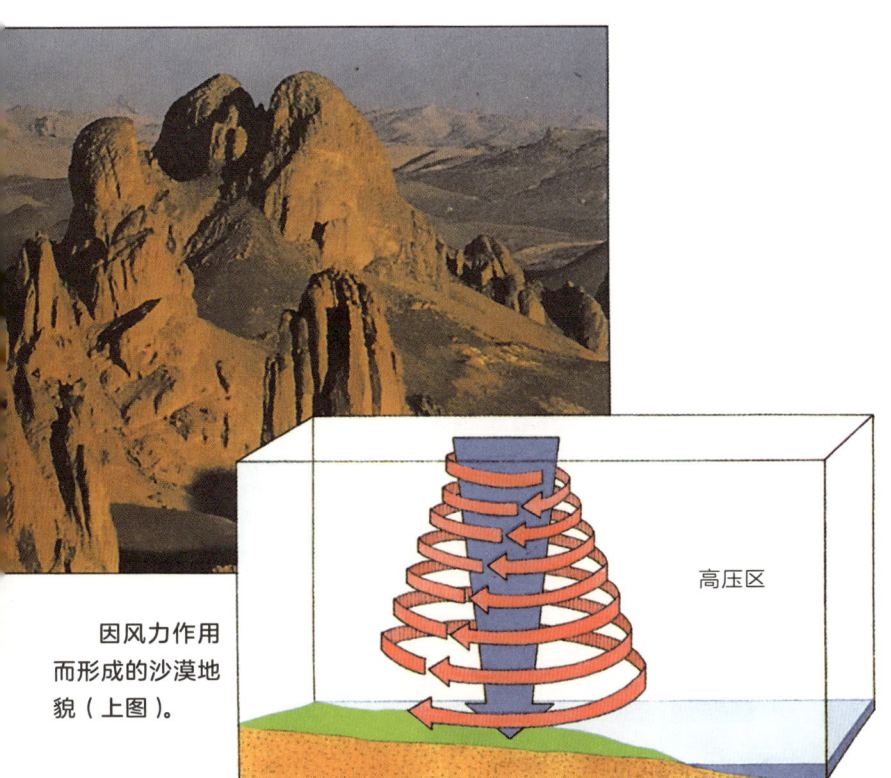

因风力作用而形成的沙漠地貌（上图）。

高压区

特殊的风

局部地区有时会形成小规模的特殊的风。密史托拉风是法国南部地区沿着下罗讷河谷吹向南方的一种干冷的强风。西洛可风是源自非洲北部撒哈拉沙漠的风，它炎热干燥，令人不适。奇努克风从美国北部的落基山脉上吹下来，是一股干燥的暖风。

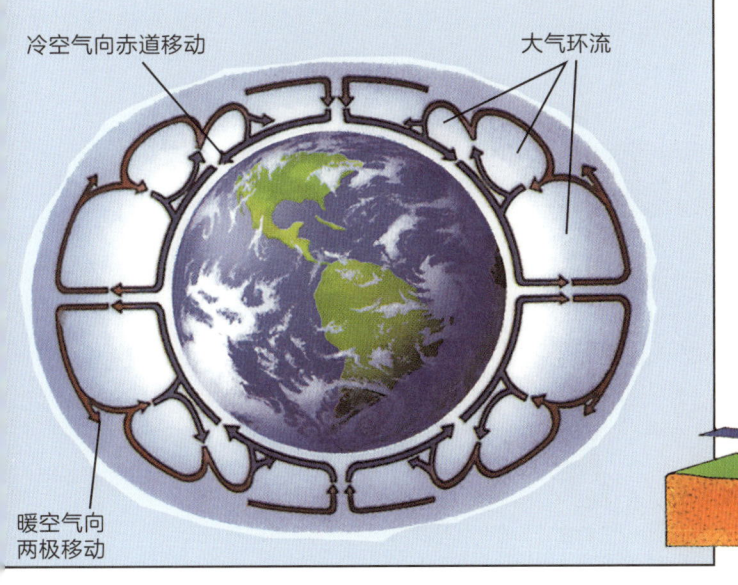

冷空气向赤道移动　　大气环流

暖空气向两极移动

密史托拉风　　奇努克风

空气助力滑翔

热气球、滑翔机和降落伞不需要机械动力就能滑翔。它们利用上升的暖气流升上天空,并依靠空气阻力减缓降落速度。物体在运动过程中会受到空气的阻碍,也就是阻力。有些动物也会滑翔。

热气球内部空气的密度比周围小,因此可以飘浮在空中。热空气上升时,带动热气球一起上升。

滑翔机

滑翔的鸟类

有些鸟类,如秃鹫和鹳等,可以利用上升气流在空中盘旋数小时。鸟类借助上升的暖气流滑翔,可以节省体力。所以,猛禽可以长时间盘旋在空中,以便搜寻地面上的猎物。信天翁和海鸥随着海浪和悬崖周围的上升气流滑翔。

降落伞从高空落下时,下方的空气形成阻力,减缓了降落伞的下降速度。

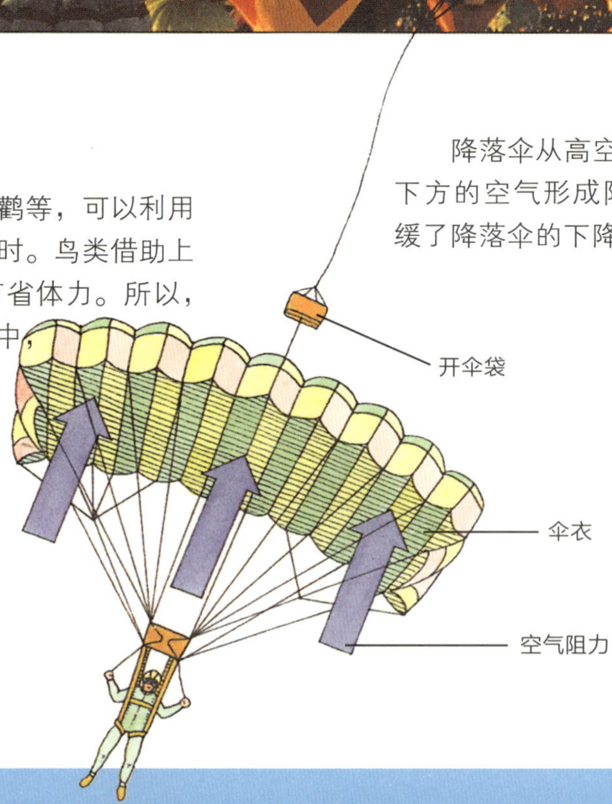

开伞袋

伞衣

空气阻力

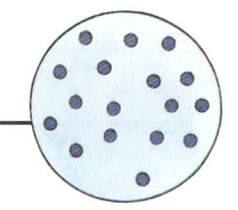

冷空气中的气体分子　　热空气中的气体分子

上升的热空气

空气中的气体升温后，能量增强，并逐渐分散到更远的地方。所以，热空气的体积变大，密度变小，质量也比冷空气小。因此，热空气会上升。

制作滑翔机

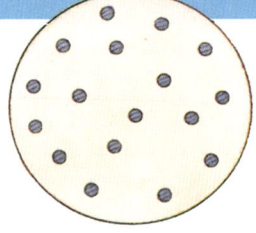

你想动手制作滑翔机吗？拿出卡片、剪刀、胶带、编织针和吸管，按照下面的提示开始操作吧！

1. 从卡片上剪下机翼、尾翼和 5 个襟翼。

2. 如图所示，将襟翼粘贴在机翼上。

3. 将吸管粘在机翼上，使机翼的顶部拱起来，就像翅膀一样。

4. 用吸管做机身，并用编织针将机翼固定好，然后将尾翼也固定到吸管上。

5. 上下弯曲襟翼，改变滑翔机的飞行轨迹。

滑翔的动物

有些动物不会飞行，却会利用空气阻力滑翔。飞鼠和树蛙从树上跳下来，借助空气阻力慢慢滑落到地面。它们的四肢进化成翼膜，可以像降落伞一样展开。降落时，空气在身体下方形成阻力，减缓了下降的速度。飞鱼从海中一跃而起，并可以在海面滑行数百米远。鼯猴是一种皮翼目哺乳动物，它可以在树枝间滑行 100 多米。鼯猴在地面活动时，由于皮膜面积太大，不能完全收缩到身体中，所以无法直立行走，只能缓慢地移动。

飞蛙有巨大的蹼状足，可以在树枝间滑行，每次滑行距离可达 12 米。

空气"工程学"——飞行器

人们很早就梦想飞上天空,但这个梦想直到近百年才得以实现。早期的飞机是用木材和布料做成的,现在已经出现了巨型的喷气式飞机和超音速飞机。在战争年代,战斗机的性能不断提升,民用飞机的速度和设计也取得了飞跃式发展。现代飞机仍采用翼型机翼,这种结构能提供足够的升力,使飞机升上天空并支撑机身的重量。

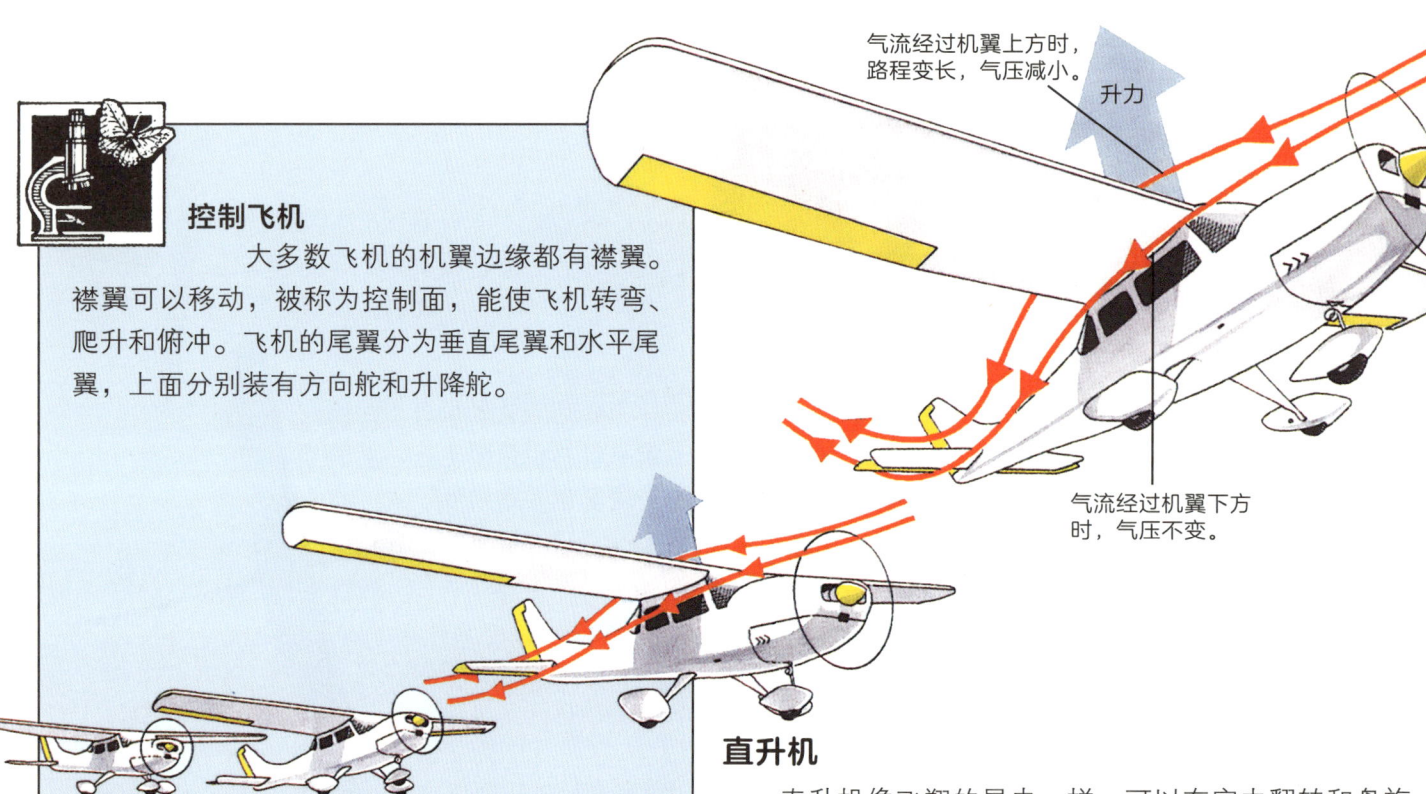

气流经过机翼上方时,路程变长,气压减小。

升力

气流经过机翼下方时,气压不变。

控制飞机

大多数飞机的机翼边缘都有襟翼。襟翼可以移动,被称为控制面,能使飞机转弯、爬升和俯冲。飞机的尾翼分为垂直尾翼和水平尾翼,上面分别装有方向舵和升降舵。

副翼是指安装在机翼末梢外侧的可动翼面,也被称为主操作舵面,可以控制飞机滚转。飞行员还可以操纵升降舵,控制飞机爬升或俯冲。

喷气式发动机

现代飞机的发动机一般都是喷气式发动机。喷气式发动机前部的风扇像吸尘器一样,可以迅速吸进大量空气,并将空气压缩到一系列涡轮机中,点燃喷射的燃料后,热气从发动机后部冲出,推动飞机向前进。这个原理就像给气球放气一样,一次性放出气球里面的空气后,气球就被推到了空中。

直升机

直升机像飞翔的昆虫一样,可以在空中翻转和盘旋。直升机比飞机灵活,但需要更多燃料。直升机的机翼是旋翼,通过旋转产生升力,不需要像飞机一样在跑道上起飞。飞行员调整旋翼的叶片角度,使直升机向上、向下、向前或向后运动。

直升机的尾翼与主旋翼朝相反的方向转动,使机身保持平衡,不至于失控。

协和式飞机

BAe 146支线运输机

F-14雄猫式战斗机

机翼的类型

协和式飞机的机翼是流线型的三角翼，飞机升空后可以保持 2300 千米/时的速度，但助飞时需要很长的跑道。BAe 146 支线运输机的机翼短而粗，因此可以在短距离内获得足够升力并起飞。F-14 雄猫式战斗机采用可变后掠翼，通过改变机翼的后掠角，可以在获得足够升力后快速起飞。

风洞实验

风洞是一种能产生人造气流的管道，主要用于研究和测试物体在气流中所形成的气动效应和耐热抗压能力等。科研人员将飞机、机翼或模型固定在管道中，然后用风扇或高压储存气体等手段产生人造气流，通过控制气流的速度、压力和温度等条件，来测试飞机在各种复杂状况下的空气动力学特性。

飞机发展史

1903 年，莱特兄弟的第一架飞机试飞成功。之后，飞行器不断发展，许多人成功进行了飞行试验。有些人驾驶飞机跨过海洋和山脉，有些飞行器打破了速度纪录和距离纪录。

"红男爵"三翼机

1909 年，路易斯·布莱里奥驾驶飞机，在 36 分钟内飞越了英吉利海峡。

1919 年，阿尔科克和布朗驾驶改装过的维克斯维米轰炸机穿越大西洋，完成了人类历史上第一次跨越大西洋的不间断飞行，飞行总时长达到 16 小时 27 分钟。

1927 年，查尔斯·林德伯格第一次独自完成穿越大西洋的飞行。

1930 年，艾米·约翰逊创造纪录，成为首位独自驾驶飞机从英国飞往澳大利亚的女飞行员。

1932 年，阿梅莉亚·埃尔哈特成为首位独自驾驶飞机穿越大西洋的女飞行员。

1937 年，第一架全增压式飞机洛克希德 XC-35 投入使用。

1939 年，埃格·西科斯基设计并制造了第一架直升机。

1949 年，第一架喷气式飞机哈维兰彗星型客机投入使用。

1969 年，协和式飞机成为第一架超音速客机。

1970 年，波音 747 大型喷气式客机投入使用。

1979 年，第一架人力飞机穿越英吉利海峡。
……

麦克唐纳·道格拉斯公司的 MD-12 客机

空气与工业

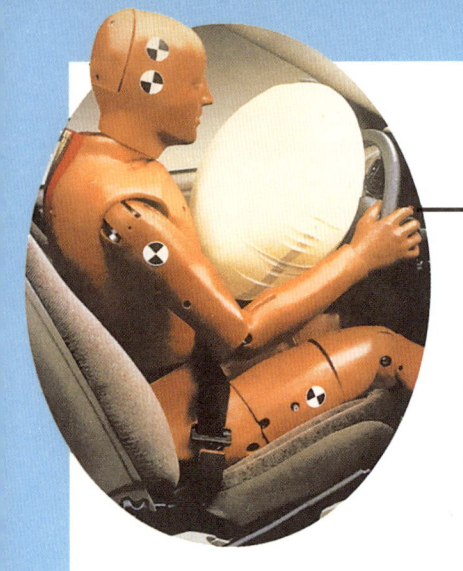

无论是日常生活,还是工业生产,我们都离不开空气。碳酸饮料中含有二氧化碳气泡,真空吸尘器和蒸汽拖把是利用空气的特性制造出来的,汽车上的安全气囊可以在突发事故中保护驾驶员和乘客的身体。在工业生产中,空气既可以用来给物体保温或降温,也可以通过设备捕获其本身的成分转化为空气燃料。压缩空气是风动工具的动力来源,其能量大,安全性高。

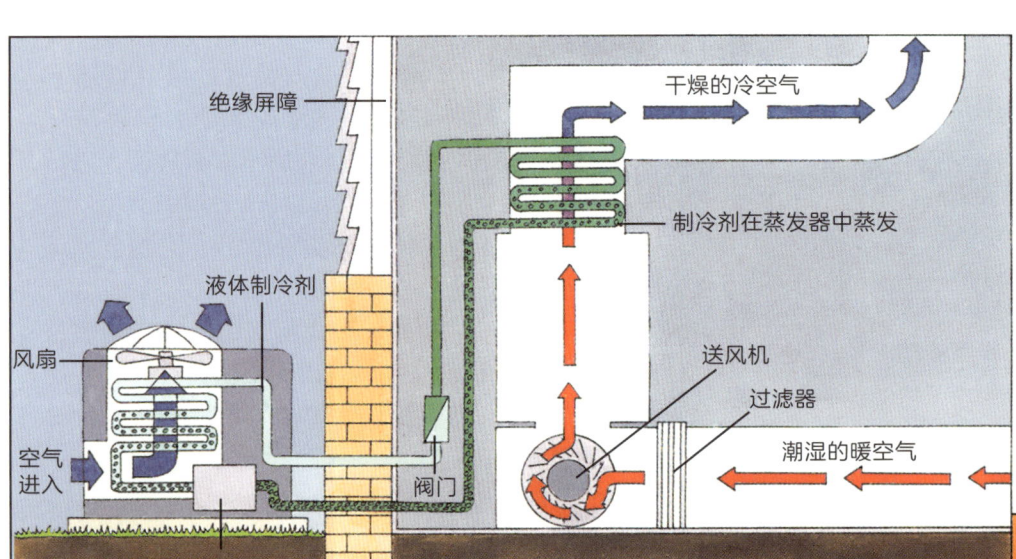

空调

空调的风扇将房间中的空气吸进去,液体制冷剂在吸收空气中的热量后蒸发,房间里的热量随之被带走,接着,冷空气从空调中排出来,从而使房间温度变低。变成气体的制冷剂又被压缩成液体,可以循环使用。

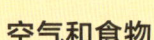

空气和食物

许多食物的制作过程都与空气有关。制作面包前需要揉制面团,在面团中添加酵母后会形成气泡,气泡里的气体是二氧化碳。烘焙蛋糕时,要使用苏打粉或碳酸氢钠,因为这样可以形成气泡。气泡在烘焙过程中膨胀,能使蛋糕和面包变得蓬松而柔软。如果不加入酵母,做成的面包就是硬邦邦的。慕斯和舒芙蕾等甜点非常蓬松,因为里面含有大量空气。

发泡聚苯乙烯

发泡聚苯乙烯是由苯乙烯悬浮聚合后加入发泡剂制成的,它密度小、导热率低、隔音、隔热、防震能力强,是性能良好的包装材料。

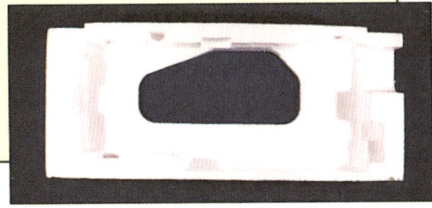

锻造钢铁

人们用高炉从铁矿石中提取纯铁。高炉是一种用钢板打造的冶炼设备,工人从炉顶装入铁矿石、焦炭和石灰石,经高温加热后可以除去铁矿石中的氧,从而得到纯铁。纯铁熔化后形成铁水,并从高炉底部的管道中流出,将其冷却后就可以用来锻造钢材。

喷枪艺术

喷枪喷洒出空气和颜料,在物体表面形成平坦而均匀的彩绘。喷枪中的空气来自推进剂里的压缩空气。推进剂既可能是气雾罐,也可能是插电的电动空气压缩机。压缩空气从喷嘴中喷出后,会在喷嘴里形成真空环境,这时颜料沿着管子填充过来,并随着空气喷洒而出。

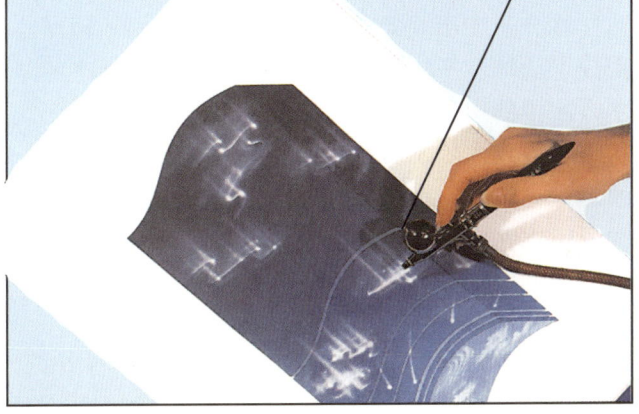

供气阀控制流经喷嘴的空气,让喷枪的操作更为精细。

双层玻璃

在一栋建筑中,大约 1/3 的热量会从墙壁逸出,大约 1/4 的热量会从屋顶逸出,剩下的热量会从地板和窗户逸出。为了防止热量损失,建筑工人必须为建筑物做好保温工作。双层玻璃之间的夹层是真空的,可以起到保温作用。绝缘材料上布满空气袋,将其装在墙壁和屋顶上也可以保温。两面平行的墙中间是空心的,有时会给那里面填充聚苯乙烯泡沫板来保温。

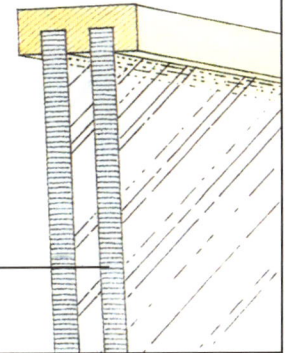

双层玻璃的夹层是真空的,温度较稳定。

压缩空气

空气被压缩后,可以作为气动工具的动力源。这种能源不会引发火灾,也没有触电的危险,所以是一种安全的能源。气动工具适合旋转作业,牙医打磨牙齿的工具就是一种气动工具。打气筒也是一种气动工具,它可以利用压缩空气为轮胎充气。

气垫船下面的压缩空气可以使其脱离水面。

什么是水

水是地球上最常见的物质之一，也是最不寻常的物质之一。水以固体的形式存在，也以液体和气体的形式存在。每滴水都由数百万个水分子组成，水分子由更小的原子组成。两个氢原子和一个氧原子结合，就形成了水。地球表面超过 70% 的面积都被水体覆盖。水无处不在，海洋、河流和湖泊中都有水。不仅地上有水，地下也有水，就连我们呼吸的空气中都有水。

水的形态

水分子在不同条件下的运动速度不同，因而形成了固体、液体和气体三种形态。冰是固态的水，冰中的水分子紧密地结合在一起，运动速度很慢。液态水的水分子运动速度较快。水蒸气是水的气体形式，在这种形态下，水分子运动速度快，可以在空中自由移动。

当你在寒冷的天气条件下呼吸时，呼出的水蒸气遇冷后会凝结成小水珠，并进一步形成雾气。

咸水

地球上大约 97% 的水都是咸水。海洋里的水是咸水，因为它们汇集了陆地上的矿物质和盐分。咸水的密度大，浮力也大。死海位于约旦、巴勒斯坦和以色列的交界处，是地球上海拔最低的湖泊，该湖水的含盐量比普通海水高 8 倍。人在死海中可以轻松地漂浮起来。

水生生物

大约35亿年前，地球生命发源于海洋。如今，海洋生物约占地球所有物种的20%，陆地上的沼泽和湿地中也分布有大量水生生物。法国南部的卡马格自然保护区是欧洲最大的湿地保护区之一，这里生活着许多野生水生动物。冬季时，鸟类成群地迁徙到这里，场景好不热闹；夏季时，粉红色的火烈鸟在这里觅食和繁衍。在湿地地区适度放牧可以防止乔木和灌木过度生长，有助于改善湿地环境。

与水有关的词语

日常生活中的很多词语都与水有关。水很深，意思是事情或环境非常复杂。花钱如流水，是指花钱没有节制和计划，非常铺张浪费。如鱼得水是一个成语，指某个人和自己非常投缘或者环境十分适合自己。你还能想到哪些与水有关的词语呢？

水能

很久以前，人们用水轮给农田排水和灌溉。水轮是一种以水流为动力的机械装置。现在，人们用波浪能或潮汐能发电。水是一种可再生能源，也是一种清洁能源，不会污染环境，也不会产生有毒的废弃物。不过，水力发电可能造成环境污染，因为建水坝会改变地形，也可能破坏河口，从而影响野生动物的生活、迁徙和繁衍。

傍水而居

人类聚居在水源旁边，动物也在水源附近筑巢生活。在水边生活时，交通、贸易和食物供给非常方便。有些地区的人们在水上建房子。历史上，随着住宅用地不断萎缩，人们曾填海造陆，在人工岛上建房子。

有些地区的房子建在水上。房屋的底部是一个平台，通过柱子固定在浅水区。这种建筑称为吊脚楼，一般离水面较远，以防止洪水侵袭时威胁人身安全。

威尼斯

威尼斯依水而建，是意大利东北部著名的旅游城市。威尼斯建在亚得里亚海北部的拉古纳湖中，城市建筑的地基落在松木桩上，并打入基岩中固定下来。城内运河交错，成为一条条水上通道。14 世纪时，威尼斯是欧洲的航运中心和贸易中心。现在，威尼斯是著名的旅游胜地，每年吸引数百万名游客去旅游。

动物建筑家

为了躲避天敌，也为了获取足够的食物，许多动物都在水面或水下筑巢。河狸在水中筑巢，苇莺将巢穴编织在芦苇的茎秆上，石蛾幼虫用棍子和石头在水中筑窝。有些昆虫的幼虫依附在漂浮于水面的叶子上，直到变成成虫后再离开。

昆虫幼虫生活在叶子的气泡中

苇莺

石蛾幼虫

填海造陆

荷兰超过 1/3 的国土面积都位于海平面以下。为了开垦土地，荷兰人在海边修建堤坝，建立完备的排水系统，开辟肥沃的低田。荷兰的最低点在鹿特丹附近，该处位于海平面 6 米以下。

海边　堤坝　低田

桥

人们很久以前就会建桥，铺在河两岸的树干是桥，铺在溪水中让人通行的石子路也是桥。后来，人们用绳索和石头建造拱桥。中国的赵州桥是保存最完整的古代单孔敞肩石拱桥。现代桥梁由混凝土和钢材等材料打造而成。悬索桥跨越的距离很长，由悬索、索塔、吊杆和桥面系等结构构成，悬索是悬索桥的承重构件。日本的明石海峡大桥是世界上最长的悬索桥，全长 3910 米，于 1998 年通车运营。

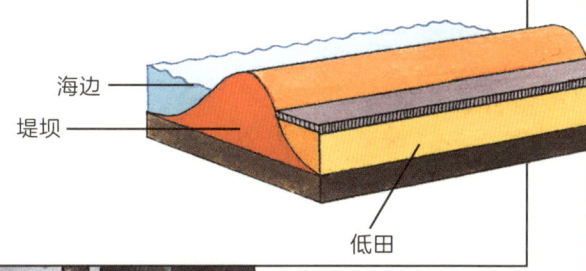

香港国际机场是全球最佳机场之一。这个机场位于大屿山以北的人工岛上，包括原赤鱲角岛、榄洲岛和填海所得的陆地。

阿拉伯人

阿拉伯人在伊拉克底格里斯河和幼发拉底河之间的沼泽地带生活了数千年。如今，阿拉伯人在沼泽地带的天然岛屿上建造芦苇屋，或者用泥土和芦苇建造人工岛。

河狸的巢穴

生活在水中的动物

海洋、河流、湖泊和池塘中有各种各样的动物。鱼是典型的水生动物，一直生活在水中。青蛙是两栖动物，有时在水中生活，有时在陆地上生活。鲸鱼是哺乳动物，它的体形非常庞大，必须借助海水托起巨大的身体。海水在运动过程中形成洋流，通过洋流将小型哺乳动物、鱼类和浮游生物带到世界各地的海域。大多数水生动物要么生活在淡水中，要么生活在咸水中，鳗鱼和鲑鱼却能同时适应这两种环境。

鸟类

鸭子、鹅和天鹅都有蹼状足，擅长在水中游泳。秧鸡和蹼鸡脚趾很长，擅长在软泥中行走。苍鹭和鹳的足很长，可以在浅水中行走。

甲壳动物

螃蟹、帽贝和贻贝都是甲壳动物，体表覆盖硬壳，可以保护柔软的身体。螃蟹是食腐动物，吃来自海底和海岸的各种食物。

昆虫

划蝽和龙虱生活在池塘或水流缓慢的溪水中。

鱼类

拟鲤和欧鳊是欧洲常见的淡水鱼，生活在湖泊和河流中。鳗鱼既可以生活在淡水中，也可以生活在咸水中。

海洋哺乳动物

海豚、海牛和鲸鱼都是生活在海洋中的哺乳动物，它们与海豹、海狮和海象一样，都是海洋哺乳动物。这些动物身上都有一层厚厚的脂肪，叫鲸脂，可以帮助它们维持体温。海洋哺乳动物和其他哺乳动物一样，也用肺呼吸空气。它们呼吸时会跃出水面，露出头顶上的气孔。

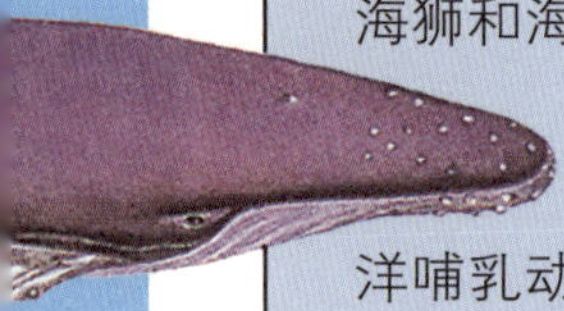

海豚和鼠海豚的身体呈流线型，方便水流从身边快速流过，所以它们游动的速度非常快。

美人鱼

美人鱼是传说中的海洋生物,其上半身像女性,下半身像鱼。以前,人们认为美人鱼用美丽的容貌和迷人的歌声诱惑水手,并趁其不备将水手杀害。但美人鱼实际上是不存在的。

在水中呼吸

所有动物都要吸入氧气才能生存。水中含有溶解氧,鱼用鳃吸收其中的氧气。鳃呈羽毛状,上面布满血管,氧气进入血管中与血液融合,并随血液循环进入身体的各个部位。鱼在呼吸过程中会产生二氧化碳,二氧化碳通过血液输送到鳃部,最后被排到水中。除了鱼类,章鱼和乌贼等软体动物以及虾和蟹等甲壳动物也用鳃呼吸。

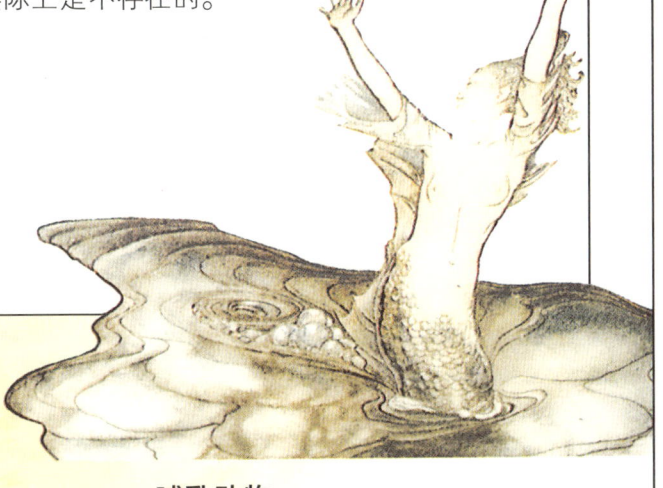

哺乳动物

水獭是哺乳动物,它既能适应陆地上的生活,也能适应水中的生活。水獭的皮毛十分柔软,可以防水、透气和维持体温。水獭的足上有蹼,方便它们在水中游动。

水獭

水蛭

古时候,医生认为人之所以生病,是因为体内积蓄了太多的血液。西方医生采用的放血疗法,就是把水蛭放到人体中,让水蛭吸食人体的血液。水蛭吸血时会分泌一种化学物质,可以阻止人体血液凝结,所以水蛭可以不停地吸血,水蛭一次吸入的血量大约为自身体重的3倍。

爬行动物

大多数爬行动物都在陆地上生活,但有些爬行动物也生活在水中,比如海龟、鳄鱼和短吻鳄等。它们爬到陆地上,寻找合适的地方产卵。海龟依靠像桨一样强有力的四肢在水下游动,鳄鱼和短吻鳄依靠强有力的扁平尾巴在水下游动。

鳄鱼和海龟是古老的爬行动物,它们已经在地球上生活了很长时间。

植物和水

就像动物一样，植物体内也有很多水。水帮助陆地植物生长，使它们能够直立。水是参与植物光合作用的关键物质，对植物制造养分十分重要。水还是植物内部重要的运输系统，可以将矿物质和养分传输到植物各个部位。干旱地区的植物叶片厚实，便于储存水分和防止水分流失；水生植物面临相反的问题，它们的叶片细长，以防止积存过多的水分。

吸收水分

你知道植物是如何吸收水分的吗？用康乃馨做一个实验吧！拿出一朵短茎白色康乃馨，放到装有水的容器中，将食用色素滴到水里，使水变色。几个小时后，观察康乃馨，看看哪个部位的颜色发生了变化？花瓣的颜色会变吗？

蒸腾作用和光合作用

陆地植物通过根系汲取水分，通过叶子排出多余的水分。水分沿着根和茎输入到叶子中，这个过程叫蒸腾流。水分从叶子上流失，这个过程叫蒸腾作用。植物的叶子背面布满小孔，称为气孔，水分就是从气孔中流失的。植物通过蒸腾作用给周围环境降温，然后再从土壤中汲取更多水分。

和动物不同，植物可以自主制造养分。植物制造养分的过程就是光合作用。植物的叶子上有叶绿素，叶绿素从阳光中吸收能量，并借助能量将二氧化碳转化为碳水化合物。碳水化合物是一种能促进植物生长的营养物质。

蜡质表皮

有些植物的叶子表皮是蜡质的。对陆地植物来说，这种叶子可以锁住水分；对水生植物来说，这种叶子可以防止吸收过多的水分。

毛茸茸的叶子

植物叶子上的茸毛有助于锁住水分，防止水分流失。

棘叶和针叶

有些植物的叶子是细长的或针状的，表面积很小，水分流失也较少。

根

植物的根埋在地下，并从地下汲取水分和养分。根的表面长有根毛，便于吸收水分。

树叶释放出水和氧气

二氧化碳通过树叶进入植物体内

养分随着水分输送到植物的各个部位

水将矿物质和养分输送到树叶上

海洋植物

地球上最早的植物生长在海洋中,有点像现在的海藻。海藻不需要强有力的根茎支撑身体,因为水流能让它们直立起来。海藻随水流弯曲、摇摆,韧性极强,不会被折断。

肉质植物

肉质植物又称多肉植物,其根、茎、叶肥厚而多汁,擅长储存水分。仙人掌和景天草都是肉质植物,多生长在水源贫瘠的地方,比如沙漠里。墨西哥和美国南部的炎热沙漠中遍布仙人掌。金钱树也是肉质植物,它的叶片厚实、多肉,且呈蜡质,便于储存水分。

金钱树的叶片

池塘中的植物

浮萍是漂在池塘水面上的植物,它的根和叶都长在水面上。毛茛和睡莲是水生植物,它们的叶子浮在水面上,根却深深地扎在池塘底部。

77

水能塑造地貌

水润万物而无声。水流也有强大的能量，有时甚至能改变陆地的形状。水流会磨损石头和山脉，也可能侵蚀山谷、峡谷和洞穴，还可以形成河口、三角洲和滩涂。水流大面积冰冻后形成冰川，冰川能撕裂岩石，形成山谷或山脉。海水日夜冲击海岸，不断改变海岸线的形状。

冰川地貌

地球经历过好几次冰川期。在冰川期，冰原从北极延伸而来，覆盖了地球的大部分面积。冰川融化后，地貌发生变化，留下冰川期的有力证据。比如，山谷变成 U 形，而不是正常的 V 形。因为冰川移动时会侵蚀山谷，使山体出现划痕或变得光滑。布里克斯达尔冰川（右图）位于挪威，是世界上最奇妙的自然景观之一。

河流

在河流的发源处，水流速度很快。水流汇集越频繁，速度越慢。河流蜿蜒前行，沿着河岸淤积泥沙，最后汇入大海。泥沙在入海口堆积起来，形成河口或三角洲。

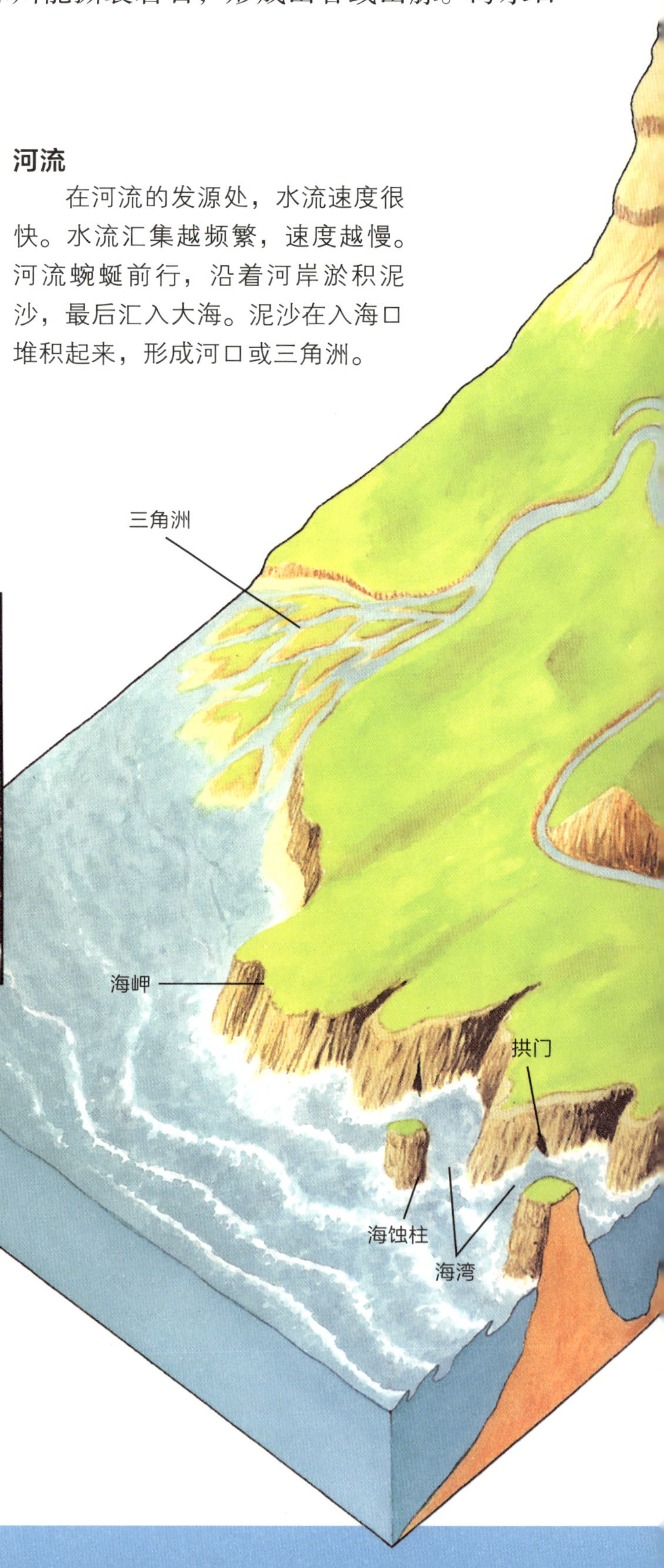

三角洲

海岬

拱门

海蚀柱

海湾

海浪

海浪裹挟碎石和鹅卵石，持续拍打着海岸。海水呈酸性，能够侵蚀海岸的岩石。较软的岩石被侵蚀后形成向内凹陷的海湾，较硬的岩石被侵蚀后形成向外凸出的海岬。在海岬两侧，海湾相接的地方可能形成拱门。海岸受海浪侵蚀后崩塌，形成与岸边分离的岩柱，称为海蚀柱。

峡谷

在干旱地区，水流从高处沿着山坡流下，侵蚀和切割山体，形成很深的山谷，称为峡谷。美国亚利桑那州的科罗拉多大峡谷是世界上最壮观的峡谷，它全长 446 千米，最深处达 1800 米。

冰封大陆

南极大陆被大面积的冰川所覆盖，大量淡水被困在冰川中。在南极洲，温度范围为 –50℃到 –60℃，风速达 160 千米/时。夏季，海岸的冰川融化，企鹅来到这里，沿着出露不久的海岸线繁殖和生活。

地下洞穴

石柱

钟乳石

石笋

地下水

地下水呈酸性，会侵蚀地下的石灰石，长年累月便形成了隧道和洞穴。地下水汇集成地下河流后，进一步侵蚀岩石。水从洞顶滴下，受热后蒸发，留下柱状的矿物质。矿物质溶解到地下岩石中，形成了石笋；洞顶的矿物质集结在一起，形成了钟乳石。经过很长时间之后，石笋和钟乳石交会，形成石柱。

冥河

古希腊人认为，地下世界是亡灵的世界，称为冥界。在现实世界与冥界之间，流淌着 5 条河流。冥河是其中最有名的一条河流，这里是生者与死者的界线。船夫卡戎划着渡船，收取佣金引渡灵魂，将死者带到冥界。古希腊人埋葬死者时，为了让死者顺利到达冥界，会在死者嘴里放入硬币。

瀑布

水流从河床或山壁的高处突然降落，可能会形成瀑布。山壁的岩石受到风或流水侵蚀后，较坚硬的部分保存了下来，最后形成陡峭的悬崖。水流从悬崖处翻滚而下，形成了瀑布。在被冰川增宽的河谷处，也可能形成瀑布。

下雨啦

地球的大气中充满水汽。水汽也叫水蒸气，是一种看不见的气态水。环境温度降低后，水蒸气变成微小的水珠，聚合成云、雨、薄雾或厚雾。地面温度下降到冰点时，周围可能会出现霜或雪。地球围绕太阳运转，因受热程度不同而形成了季节变化。在不同季节，同一地区的降雨量和降雪量有所差别。

水循环

在地球上，水的总量是不变的，因为水是不断循环且以各种形式存在的。水在各种形态及各个地区之间的转换称为水循环。阳光照射到地球上，湖泊、河流和海洋的水温升高，水变成水蒸气上升到大气中。海水蒸发过程中，盐分留了下来，上升到大气中的海水变成了淡水。空气中的水蒸气冷却后变成小水滴，聚合后形成云朵。这些水滴最终以雨、雨夹雪或雪的形式落到地面。地面的水汇集后形成湖泊或河流，水流从高处流向低处，最后汇入大海，完成水循环。

季风降雨

在东南亚地区，每年的某个固定时期都会有季风降雨。季风来自海上，带着咸咸的湿气，在陆地上形成暴雨。雨水对农作物的生长十分重要。古时候的中国人认为，龙王是水族的统领者，负责行云布雨，所以他们通过舞龙等活动来祈求平安和丰收。雨有时候很温和，有时候很狂暴，但它至关重要，因为它会带来珍贵的水资源。

天气预报
预测天气是一项十分复杂的工作，需要收集和分析来自卫星、雷达和气象站的相关数据。气象卫星盘旋在地球上空，通过电视摄像机拍摄云层的状况。右图是美国国家航空航天局拍摄的卫星气象图，我们可以从中看到热带风暴的风眼。

云
云非常常见，它是由数百万飘浮在空中的水滴或冰晶组成的。依据形状的不同，云分为三种类型：层叠状的层云、堆积状的积云和羽毛状的卷云。层云很厚，布满天空后会形成降雨。积云看起来很蓬松，通常是晴朗天气的标志。但积雨云庞大而灰暗，常带来风暴天气。层积云是一种低云，呈灰白色或灰色。棉絮状的高积云悬在天空中，常常意味着不稳定的天气状况。卷云非常高，呈丝缕状，薄而洁白，透光性好。

卷云

高积云

层积云

积雨云

积云

层云

气象灾害
恶劣的天气可能形成气象灾害，对建筑物等造成严重的破坏。雨水和潮湿的空气会使木材腐烂，也可能使砖石受潮和崩裂。人们在地板的砖石上放置厚厚的毛毡或塑料作为防潮层，防止水汽进入墙壁的砖石里。在寒冷的天气里，水管里的水可能凝固成冰，体积膨胀后挤压水管，造成水管破裂。冰融化后，水从裂缝中倾泻而出，可能会破坏附近的墙体。

雪或冰融化后再次冻结，形成了冰柱。

81

水与人类生活

从日常生活到农业生产，再到工业生产，水都发挥了重要的作用。制作纸张的过程需要用水，制造汽车的过程也需要用水。水电站用水力发电，实验室用水作冷却剂。左图是巨大的冷却塔，大量水蒸气正从塔口逸出。

水能

水从高处流向低处时会产生能量。水轮利用水流的能量推动磨石，把玉米或小麦磨成面粉。水力涡轮机是大型水电站的动力设备，重达数千吨，靠水力推动涡轮，并将水能转化为电能。水力涡轮机通常放置在大坝底部，这样可以充分利用水流产生的能量。

水轮

上图所示的水电站是伊泰普水电站，位于巴拉那河流域，由巴西和巴拉圭共同修建。水电站的大坝全长 7744 米，是世界第二大水电站，共装有 20 台发电机组，年发电量达到 900 亿度。

工业用水

工业用水的需求量非常大，如洗涤、清洁、冷却、溶解物质或运输材料等都需要用水。制造一辆汽车可能消耗 3 万升水，制作 1 升柠檬水可能消耗 8 升水。造纸、石油、化工和钢铁锻造等行业都需要大量用水。

大坝问题

建大坝和水电站能满足日常用电和工业用电需求，但大坝可能造成环境污染。大坝选址后，必须将生活在附近的动物迁走，这样可能影响动物的生存和繁衍。如果植物在水下腐烂，可能侵蚀大坝的结构。淤泥在大坝周围堆积起来，不容易清理，会影响水电站的正常运行。

漫灌是一种粗放的农业灌溉模式，水在地面漫流，借重力作用浸润土壤。漫灌常用于水稻种植中，因为水稻对水的需求量极大。

阿基米德螺旋泵是由古希腊科学家阿基米德发明的，这个装置可以利用螺旋将水运到高处。如今，世界上有些地方仍在使用阿基米德螺旋泵。

灌溉系统

小麦和水稻等农作物需要大量的水才能正常生长。在水源不足或主要依靠降雨供水的地方，农民开辟灌溉系统给农田浇水。灌溉系统由运河和沟渠组成，通过相通的水道将水运送到农田。喷灌机（下图）的喷头将水喷洒到空中，散落成细小的水滴，使其像蒙蒙细雨一样洒落到田间。

晒盐

盐是一种重要的食品调味剂，历史上曾作为通行货币使用。盐可以直接从海水中提取，晒盐就是指从海水中晒出盐的过程。将海水放入池子中，炽热的阳光使海水蒸发，而盐分结晶留存下来，形成粗盐。之后，粗盐被送到精炼厂，用机器粉碎、研磨和分类，制成精盐后打包出售。晒盐是一种古老的制盐方法，且一直流传到了今天。

无土栽培

在没有土壤的情况下可以用水栽培植物，这种方法称为无土栽培。人们将各种营养物质按一定的比例溶解到水中，然后通过悬浮的水箱将营养输送到植物根部。无土栽培不能提升作物的产量或质量，但在缺乏土壤或土壤肥力不足的环境中有较大作用。

词 汇 表

冰川期
即冰期，是指地球表面被大规模冰川覆盖的时期。

臭氧层
地球大气层中一种叫作臭氧的气体所形成的部分，能吸收大部分来自太阳的有害紫外线辐射。

大气层
分布在行星周围的气流层，可以减少部分有害辐射。

淡水鱼
生活在湖泊、河流等淡水环境中的鱼。

地下水
埋藏在地下的水，是水资源的重要组成部分。

惰性气体
在常温下很难进行化学反应的气体。

分馏
将沸点不同的混合物进行分离的过程和方法。

复色光
由几种单色合成的光，又叫复合光。白光是一种复色光。

灌溉
为农作物补充水分。

光合作用
指植物利用水、阳光、矿物质和二氧化碳来制造能量的过程。

襟翼
现代飞机机翼边缘的可动翼面。

冷空气
位于低温区的空气。

冷却塔
用水作为循环冷却剂来降低水温，保证系统正常运行的桶状装置。

毛毡
工业中的常用工具，一般用羊毛制成，用途广泛。

凝结
指气体遇冷变成液体的过程。

暖空气
位于高温区的空气。

气象飞机
为观测气象而设计的专用飞机，飞机中携载仪器可对大气进行探测。

喷枪
利用液体或压缩空气的迅速释放作为动能的设备，包括枪身和枪头，枪头中有喷嘴。

气动工具
利用压缩空气带动气动马达而对外输出动能的工具。

色素
任何可以给植物或动物细胞上色的物质，或能被磨成粉状用来充当绘画颜料和染色颜料的物质。

水分子
由氢和氧两种元素构成的无机物，也就是水。

湿度
表示空气中水汽含量的物理量。

水力发电
将水能转化为电能的过程。

心肺功能
心脏泵血及肺部吸入氧气的能力，影响全身器官及肌肉的活动。

液态氧
液态的氧气，也就是氧气的液态形态。

蒸发
液体受热变成蒸汽或气体的过程。

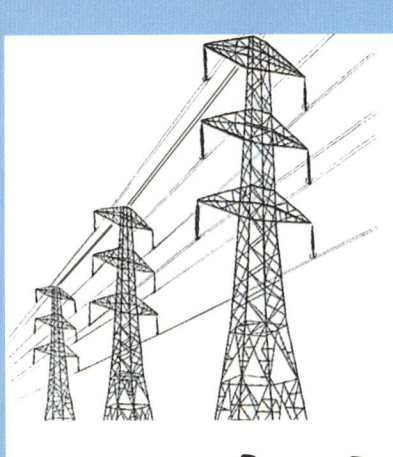

第四章
人类生存的物质基础：能源

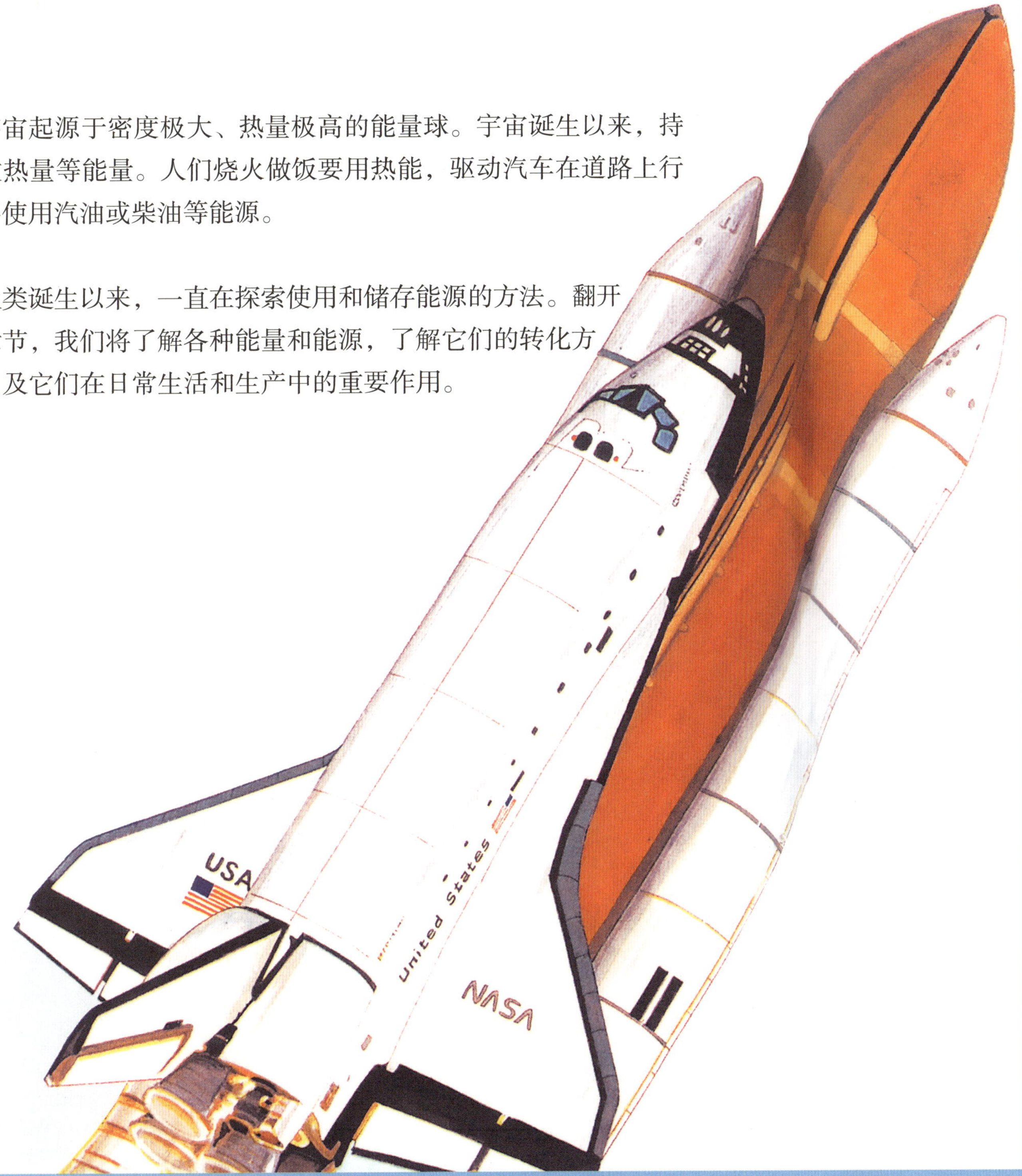

宇宙起源于密度极大、热量极高的能量球。宇宙诞生以来，持续释放热量等能量。人们烧火做饭要用热能，驱动汽车在道路上行驶需要使用汽油或柴油等能源。

人类诞生以来，一直在探索使用和储存能源的方法。翻开这个章节，我们将了解各种能量和能源，了解它们的转化方式，以及它们在日常生活和生产中的重要作用。

什么是能源

能源是指能够提供能量的资源。没有太阳释放的光和热,我们无法感受白天的到来;没有电力,我们开不了灯;没有石油,车辆无法上路。没有阳光,植物无法生长,雨水不会降落。有了能源,万物才能运转。能源以多种形式存在,并以不同的方式被储存和利用。

150亿年前,宇宙诞生了。宇宙最初是一个炽热的能量球,随后以惊人的速度迅速膨胀,并释放出大量物质,温度也渐渐降了下来。1万年以后,出现了原子。20亿年后,原子聚集在一起,形成了恒星和星系。50亿年前,旋转的气体和尘埃结合在一起,形成了行星。

能量和物质

能量和物质看似截然不同,但物质可以转化为能量。比如,太阳可以释放出巨大的能量,核电站可以产生庞大的电能,核弹可以造成破坏性的打击。伟大的物理学家爱因斯坦提出了质能方程,认为物质的总能量等于物质的质量乘以光速的平方。

食物能为我们提供能量。糖和脂肪所含的能量最高。食物在体内消化后释放出能量,经由血液流向肌肉。运动能促进能量的转化和吸收,所以经常锻炼的人需要补充更多的食物。

亚里士多德和伽利略

古希腊哲学家亚里士多德是最早对能量进行解释的学者之一。他认为，一块大石头的降落速度一定比小石头的快，但他从来没有亲自验证过。后来，意大利科学家伽利略通过铁球实验推翻了亚里士多德的理论。现在我们知道，就算两块石头的重量不同，它们的降落速度也是一样的，因为物体的降落速度不仅与物体本身有关，还与地球的重力有关。

亚里士多德

所有机器都需要能量来驱动。维京长船靠人力划桨，行驶速度有限。19世纪，科学家发明了发动机，它可以将汽油和柴油燃烧后产生的热量转化为动能，大大加快了交通工具的运行速度。随着交通工具不断发展，我们的生活方式也发生了巨大的变化。

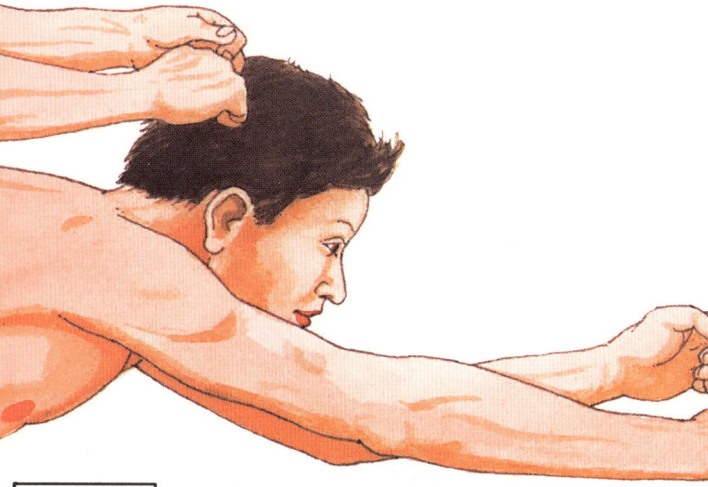

能量与词汇

在日常生活中，许多表达都与能量和能源有关。比如，处于水深火热之中是指处境非常艰难，开足马力是指付出全部努力做某件事，忽冷忽热是指对某件事或某个人的态度变幻无常。你知道烫手的山芋和油煎火烤分别是什么意思吗？

海啸

海底地震可能产生巨大的能量，从而撼动海水形成海啸。海啸在海上没有什么影响，但在近海处，海啸会迅速席卷海岸，对附近的建筑物造成毁灭性的破坏。海啸来临前，气象中心会发出警报，让人们远离海边。

声音是由物体振动产生的能量，比如敲击音叉发出的声音。声音在常温空气中的传播速度约为每3秒钟1000米。耳膜可以感知到声音在空气中的振动，并将信号传送到大脑。

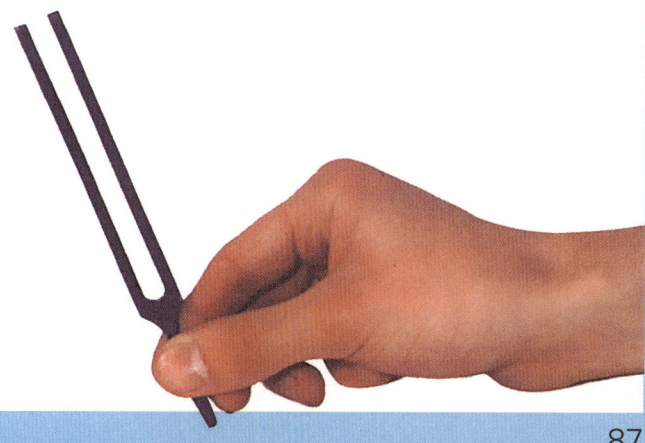

87

能量永动机——太阳

太阳源源不断地向太空辐射能量，其中部分能量以光和热的形式到达地球，促进植物生长。植物非常重要，它既是我们的食物来源，也是其他动物的食物。几百万年前的植物和微生物深埋在地下，经过长时间的演化后变成了化石燃料——煤和石油，所以植物还能为我们提供燃料。阳光使海水蒸发，水蒸气遇冷液化成小水珠，小水珠聚合成云朵并降下雨水，填满陆地上的湖泊和河流。水流被大坝拦截，成为水力发电的动力来源。

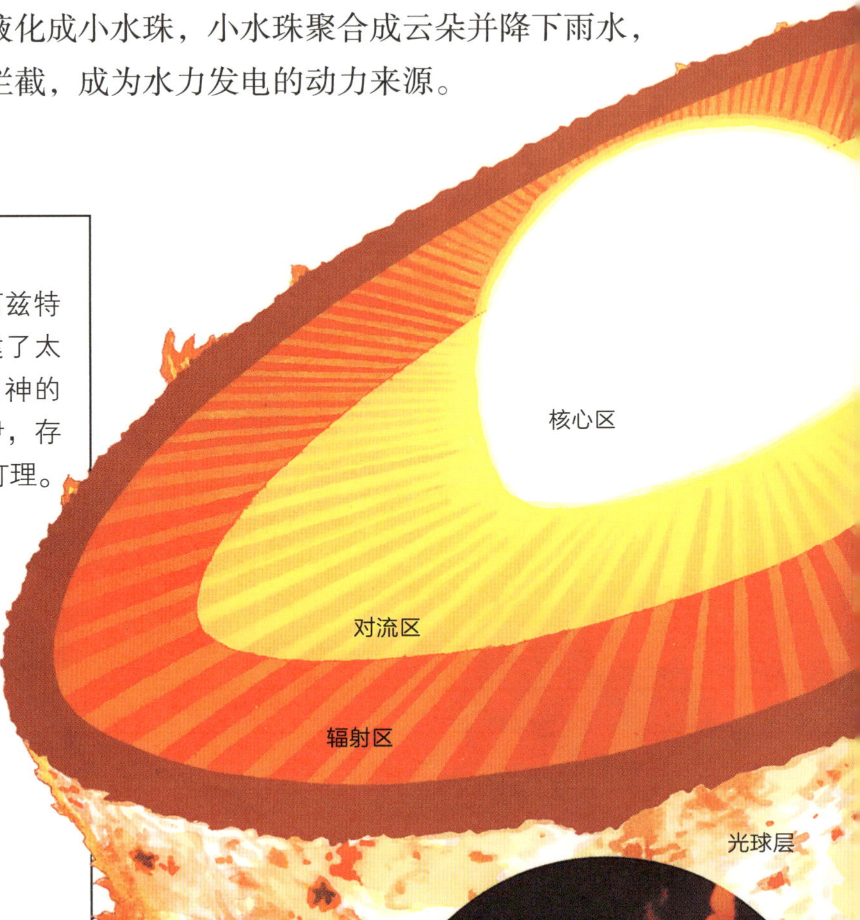

太阳崇拜

美洲的印加人、玛雅人和阿兹特克人崇拜太阳，并为太阳神修建了太阳神庙（下图）。印加人认为皇帝是太阳神的后裔，皇帝去世后，遗体被制作成木乃伊，存放在宫殿中，交给专门的人打理。

古埃及的太阳神

古埃及人信仰众多神灵，太阳神是其中之一。阿肯纳顿国王信奉新的太阳神，所以将皇宫从旧底比斯中迁了出来。

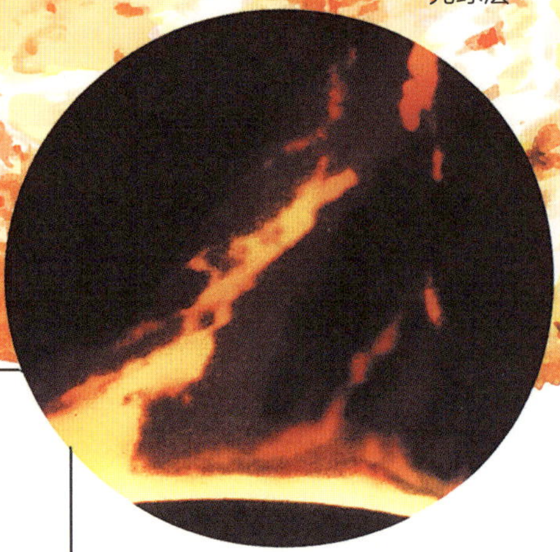

核心区

对流区

辐射区

光球层

太阳神车

在古希腊神话中，法厄同是太阳神赫利俄斯的儿子，他向父亲请求驾驶太阳神车。父亲答应了他，但他没有控制好脱缰的马匹，导致太阳神车坠向了地球。眼看地球即将被熊熊烈火烧毁，主神宙斯突然出现了，他劈下一道闪电，摧毁了燃烧的太阳神车。

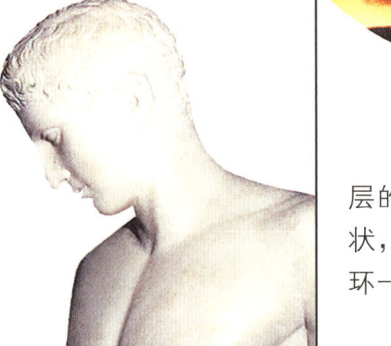

日珥是发生在太阳色球层的强烈太阳活动，呈火舌状，就像戴在太阳表面的耳环一样。

食物的能量

不同的食物可以为人体提供不同份额的能量，能量的计算单位是千卡。每天，人体需要从食物中获取2200~2900千卡的能量。1克脂肪大约包含9千卡能量，1克面粉或蔗糖包含不到4千卡的能量，1克鱼肉包含1~2千卡能量。人坐着每分钟要消耗1.1千卡能量，步行1分钟消耗3~4千卡能量，快跑1分钟消耗15千卡能量。运动员的食谱经过严格控制，可以为他们的身体提供适合的能量。

光球层是太阳大气层的最底层，我们接收的太阳能量基本上都是从光球层发出的。太阳内部进行着剧烈的核聚变，使光球层的亮度极高。太阳光看起来是白色的，但它其实是一种复色光，可以被分解为红、橙、黄、绿、蓝、青、紫等颜色。

单个植物细胞

植物利用太阳的能量进行化学反应，这个过程就是光合作用。叶绿素吸收阳光，将根输送上来的水分和吸收的二氧化碳转化为糖分。根还会从土壤中汲取氮、钙、磷和钾等营养元素。

谷物

小麦、水稻、玉米、大麦、燕麦和黑麦都是谷物，可以为人体提供大部分能量。小麦适合在寒冷、低温的地方生长，可以用于制作面包，是西方人的主要食物来源。水稻适合在温暖、湿润的地方生长，成熟后产出稻米，是世界上大部分人口的主要食物来源。

能量是如何转化的

能量无法被创造，也无法被消灭，只能从一种形式转化为另一种形式。火将燃料中的化学能转化为热能，蒸汽机将水蒸气的热能转化为机械能，手电筒将电池的电能转化为光能。储存和使用能量的方法多种多样，但能量的变化始终遵循能量守恒定律。

生火

两个物体相互摩擦时，摩擦力做功转化为热能。原始人就是利用这个原理学会了钻木取火。他们将木棍插进硬木板的洞里，再将木棍缠在用动物头骨和皮带制成的火弓上，让木棍在硬木板的洞中迅速旋转。底部的洞越来越热，开始冒烟，最后生出火来。

火箭将燃料中的化学能转化为动能。航天飞机一般装载五艘火箭，其中两艘火箭使用固体燃料，另外三艘火箭使用由氢气和氧气混合而成的气体燃料。燃料燃烧后从火箭的喷嘴中喷射而出，推动火箭向前运动。

詹姆斯·焦耳

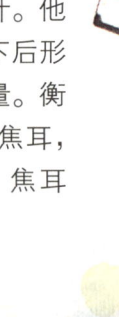

詹姆斯·焦耳是英国科学家，他对热能的研究非常深入，甚至在结婚度蜜月的时候也随身携带温度计。他花了大量时间研究瀑布从不同地方落下后形成的水温，从而证明热量也是一种能量。衡量热量的物理单位焦耳，就是以詹姆斯·焦耳的名字命名的。

艺术和能量

英国画家约瑟夫·玛罗德·威廉·特纳生活在第一次工业革命时期，那时的新机器正在全方位地改变人们的生活。他的绘画风格深受时代影响，不论是关于海上风暴和阿尔卑斯山的风景画，还是关于蒸汽火车的实物画，都以明亮的色彩为特征，并以印象派风格展示了能量的魅力和自然的力量。

射箭手把弓拉满，将箭搭在弓弦上，形成势能。射箭手放松弓弦，势能释放出来，并转化为动能，箭就嗖地飞出去了。

升起和降落

当你拿起一个物体时，便给这个物体赋予了势能。物体降落的时候，势能转化为动能。伽利略证明，大质量的物体和小质量的物体的降落速度是一样的。你想证明这个说法吗？拿出两颗尺寸不同的滚珠，让它们同时滚下斜坡。你会发现，当空气阻力相同时，两颗滚珠同时落到了地面。在真空中，所有物体的降落速度都是一样的，也就是羽毛的降落速度和弹珠的降落速度一样快。

击鼓时，鼓槌将鼓面的动能转化为声音。声音也是一种能量。击鼓时越用力，鼓面振动幅度越大，声音的响度就越高。

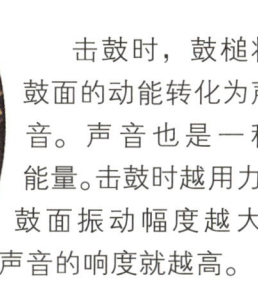

老忠实温泉

美国加利福尼亚州的老忠实温泉以有规律地喷水而闻名。每天，一柱柱热泉从泉底喷涌而出。地下水受热后水压升高，所以会喷涌而出形成泉水。老忠实温泉是一座间歇泉，受火山活动影响而间歇喷发。

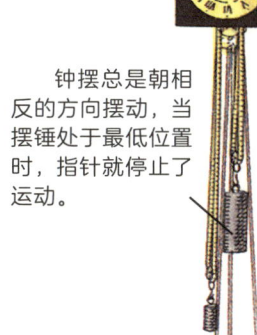

钟摆总是朝相反的方向摆动，当摆锤处于最低位置时，指针就停止了运动。

克里斯蒂安·惠更斯是荷兰物理学家，他改进了计时器。惠更斯仔细研究摆动角度的问题，设计出严格等时的摆钟结构。后来，惠更斯将重力摆引入机械钟，使钟表的精确度提高到每周大约只有1分钟的误差。

热量是怎么产生的

以前，人们认为热量是一种流体，可以从炎热的地方流向寒冷的地方，但事实并非如此。实际上，热量是一种动能，由物体的分子和原子来回振动而产生。物体越热，表明原子的振动越剧烈。热量将能量从炎热的地方传递到寒冷的地方，一杯热饮的能量会渐渐散逸到周围的空气中。物体内部的热量可以用温度来衡量。

太阳的热量通过辐射的方式到达地表。热量辐射以直线的形式进行，其中部分能量被地球大气吸收或反射。

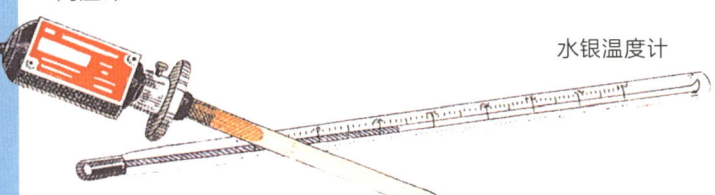

高温计

水银温度计

高温计和水银温度计都是用来测量物体的温度的。辐射高温计将热能转化为电能，通过二次仪表显示物体的温度值；光学高温计检测物体的颜色，并根据颜色判断物体的温度值。

红外线辐射

含有热量的物体都会以红外线的方式辐射热能。红外线位于可见光谱的红光区域以外，因此而得名。红外线能被对红外线波长敏感的胶片检测到。红外线图像能显示微小的温度变化，适合用来评估农作物的生长情况和测量森林的面积范围。

地球的红外线卫星照片

美国陆地卫星 5 号是探测地球资源与环境的卫星系统，它可以用于调查矿藏资源，判断农作物的产量，预报各种自然灾害和环境污染等。

体温计

体温计是一种水银温度计，作用是测量人体的温度。将体温计夹在胳肢窝里，玻璃管中的水银会沿着刻度上升，从而显示出人体的温度。一般情况下，人体的温度是恒定的。你知道这个温度是多少吗？用体温计测量一下自己的体温吧！

物体受热后膨胀。因为高温物体的原子振动快，彼此之间相互分离，所以体积变大。不同物体的膨胀程度各不相同。在天气炎热的时候，埃菲尔铁塔可能会变高 18 厘米。

热量以对流的形式在液体中传递。位于热源附近的液体温度高，密度小，呈上升趋势，并逐渐被周围温度较低的液体取代。

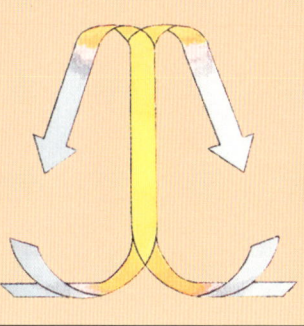

热量以传导的形式在固体中传递。原子在温度高的一侧剧烈振动，并不断扩散，从而使热量传递到邻近的地方。

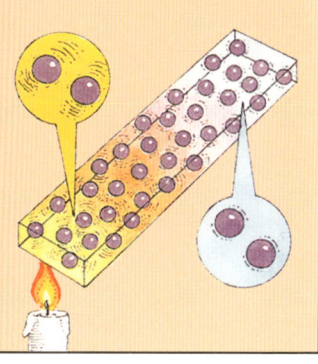

动物的热量

有些动物是温血动物，有些动物是冷血动物。鸟类和哺乳动物的体温是恒定的，受环境温度影响小，称为温血动物。在寒冷的天气里，鸟类和哺乳动物依靠毛发和脂肪储存热量，并依靠肌肉运动产生热量。爬行动物、两栖动物、鱼类和无脊椎动物是冷血动物，体温受环境温度影响大，冬天时行动缓慢或者直接进入冬眠状态。

冷色调

不同颜色给人不同的温度感受，而且可以传达出不同的情绪。红色给人燥热而危险的感觉，因为物体温度特别高时是红色的。蓝色是冷色调，天空和海洋是蓝色的，给人平静和安宁的感觉。美国黑人发明的蓝调音乐，传达了思乡之情，表达出乐观的态度和情感。

藏在火焰里的能量

火因化学反应而产生,在高温条件下,可燃物与氧气结合后就会形成火。火中的大部分能量是热能,还有部分光能和声能。所以,火既能被感觉到,也能被看到和听到。火持续燃烧时需要高温和足够的氧气供应,所以灭火的过程其实是屏蔽其中一个因素的过程。水、沙和泡沫都可以隔绝空气,抑制火势的蔓延。

普罗米修斯

在古希腊神话中,普罗米修斯创造了人类,并教会人类许多知识和技能,还为人类盗取了火种。为此,宙斯用铁链将普罗米修斯束缚在陡峭的悬崖上。普罗米修斯忍受饥饿和风吹日晒,每天被老鹰啄食肝脏。最后,大力神赫拉克勒斯用箭射死老鹰,用石头砸碎铁链,救出了普罗米修斯。

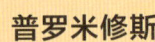

火柴头是由容易摩擦起火的物质做成的。在粗糙的物体表面摩擦火柴头,可以产生足够的热量,从而点燃火柴。

伦敦大火

1666年,伦敦市中心发生大火,火势沿着狭窄的街道快速蔓延,烧毁了许多木房子。当时,英国没有采取专门的救火措施,只是等待大火自然熄灭。后来,人们返回城市,发现房子和热闹的市中心都化成了灰烬。

水不能灭掉所有类型的火,如果大火是因油燃料引起的,水反而会让火烧得更旺。机场中配备了泡沫灭火器,用来扑灭可能突然发生的火灾。

有些物体燃烧得非常慢。大量旧汽车轮胎堆积在一起，可以燃烧很多年，并不断释放出黑雾和脏兮兮的液体。而且，这种火势很难被扑灭。

二氧化碳

大部分可燃物都含有碳，碳也是构成生命体的基本物质。煤、木柴、石油和天然气的主要成分是碳，这些物质燃烧时，碳与氧气结合后形成二氧化碳，并像烟雾一样飘出来。二氧化碳是一种温室气体，人体呼吸时会排出二氧化碳。如果大气中的二氧化碳含量过高，会导致环境温度上升，形成温室效应。

氧气

内燃机

19世纪晚期，内燃机出现了，并逐渐取代了蒸汽机。内燃机在气缸内燃烧汽油和空气的混合物，以较小的动力推动活塞。蒸汽机在气缸外燃烧可燃物，使锅炉内的水沸腾后产生高压蒸汽，推动活塞做功。如今，一级方程式赛车一般装备8~10个气缸。赛车可以用涡轮增压机将燃油喷入气缸中，通过燃油的燃烧产生更强的动力。

地狱之火

西方人认为，地狱中充满熊熊烈火，持续炙烤着邪恶的死者。中世纪的艺术家经常围绕地狱之火进行创作，荷兰画家希罗尼穆斯·波希就是其中的典型代表。他描绘的地狱非常恐怖，里面满是怪物，简直是惩罚人类的最可怕的地方。

蜡烛燃烧

燃烧过程需要持续的氧气供应。为了证明这一点，我们可以动手做一个实验：在装了水的茶碟上点燃蜡烛，然后罩上耐高温的玻璃罩。玻璃罩要置入水中，以封闭周围的空气。请家长帮忙一起做这个实验，点燃蜡烛时要小心哦！

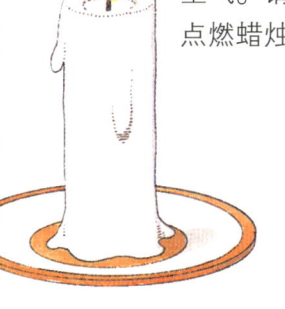
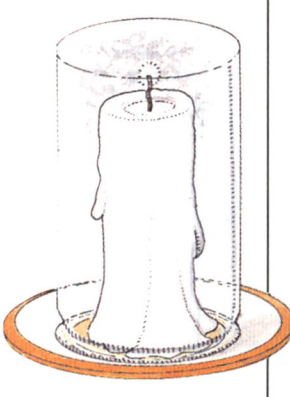

蜡烛燃烧过程中会消耗玻璃罩中的空气，其中的氧气耗尽后，蜡烛就熄灭了。

不可再生的化石燃料

煤、石油和天然气都是化石燃料。数百万年前,植物和微生物被埋藏在地底下,经受地球热量和压力的改造,逐渐变成了化石燃料。植物通过光合作用将太阳能储存在叶子中,化石燃料其实也是一种经储存和转化的太阳能。化石燃料是重要的工业能源,也是珍贵的不可再生能源。

凡·高

荷兰著名画家凡·高从事绘画创作之前,曾以传教士的身份在煤矿区待了一段时间。他深入观察矿工的生活,创作了《博里纳日煤矿》《旷工归来》和《矿工之妻》等作品,用图画描绘了矿工的真实生活场景。

矿床的位置不同,煤矿的品质也会有所差异。有些煤矿接近地面,可以通过露天开采获取;有些煤矿深埋在地下,需要挖通竖井来获取。采煤过程中,有时也需要挖掘一些隧道或地道。

单井采油系统

在海上开采石油时,通常需要建立大型生产平台。如果油井较小,这种方式就显得铺张浪费。这时,通常只需在海底安装一个井口,就可以把石油开采上来,这种装置就是单井采油系统。开采的石油会被抽送到上方的油轮中,一艘油轮的容量一般为30万桶石油,可以满足小型油井的装载需求。

单井采油系统

地震车

地震车集卫星通信、短波通信、移动通信和光纤通信于一体,能将周围的震区图像传回指挥中心。地震车可以探测地震状况,还可以对地震波和声波进行分析,帮助勘探人员找到石油和天然气。

煤气逐渐被天然气这种清洁能源所取代。天然气的主要成分是甲烷，与石油一起储藏在地下岩石的储集层中。家用天然气的价格并不贵，其主要作用是采暖和供热。

煤气照明

1792年，英国工程师威廉·默多克将煤气通到灯中进行燃烧，发明了煤气灯。1814年，伦敦的街道开始采用煤气灯照明。1885年，德国化学家在煤气灯的灯头加上特制灯罩后，大大提高了煤气灯的亮度。

沼泽森林

大约3亿年前，地球上遍布植物，动物的数量也非常多。那时，地球的大部分面积被沼泽森林覆盖。这种涝渍条件使植物和动物的尸体逐渐腐烂，并埋入地层中，经过漫长的演化后变成了煤和石油。

原油是一种黏稠的液体，必须经过分解和提炼后才能投入使用。原油中各种成分的沸点是不一样的，所以可以通过蒸馏提炼出石油。原油经过提炼后，一部分成为汽油，另一部分成为化工产品的原料。

石油产量远不如煤产量，因为只有地壳上层部分地区储存有石油。勘探钻机在冰川和海底钻探石油，并通过油管和油轮将石油运走。石油是一种价值昂贵的自然资源，沙特阿拉伯因大量出口石油而发展为亚洲非常富裕的国家。

戴维·赫伯特·劳伦斯

煤矿业是19世纪的支柱产业，许多矿井附近都形成了煤矿区。采煤是一项非常危险的工作，需要矿工相互合作。戴维·赫伯特·劳伦斯是20世纪英国小说家，他出身于矿工家庭，创作了许多以煤矿区为背景的故事。

电力，超乎想象的发明

电能是最便捷的能源之一，只要轻按开关，就能将电转化为光、力或热。电力主要由涡轮发电机转化而来，涡轮发电机依靠煤、燃油、可燃气体或核能在锅炉中产生蒸汽来驱动。风力和水力也可以驱动小型发电机，满足日常用电要求。1882年，美国纽约出现了最早的公共供电系统。如今，世界上大部分国家都用上了电，电的出现极大地改变了人们的生活。

自然电

闪电和生物电都是自然电。电鳐的头胸部两侧各有一个发电器，发电器排列成六角柱体，称为电板柱，内含200万块电板。电板的神经末梢分为正负极，在神经脉冲的作用下释放电流。鲨鱼能感知周围鱼类的微弱电流，并根据电流信号追踪猎物。经过法拉第的研究，人们明白闪电其实是一种自然放电现象，它产生的电和电池产生的电是一样的。

燃料电池（上图）将化学能转化为电能。这种发电装置使氢气和氧气结合在一起，通过化学反应生成水和电。人们很久以前就知道了其中的原理，但燃料电池直到很久以后才变成现实。现在，燃料电池也可作为小型电源装置来使用。

电池的工作原理是将化学能转化为电能。电池内部分为两个金属部分，上面分别覆盖特殊的化学物质。电路启动后，电池内部的化学物质发生反应，形成带电粒子。负电子在电池的一端聚集，正电子在电池的另一端聚集。带电粒子从负极流向正极，形成了电流。

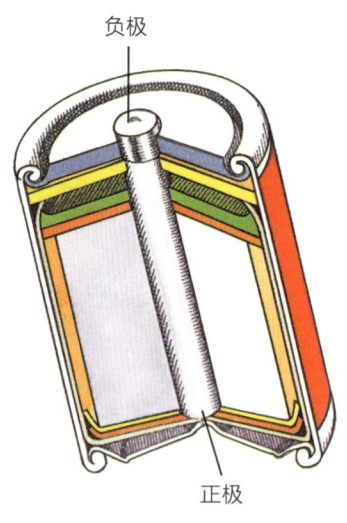

负极

正极

在燃煤电站（上图）里，煤作为燃料在巨大的锅炉下燃烧，锅炉高热部位的管道中充满了水，水在高温下变成水蒸气。水蒸气被持续加热到极高的温度，然后被注入汽轮机。发电设备在能量转化中会散失部分热能，最终仅有35%的能量可以转化为电能，其他能量通过冷却塔散逸出去，有时可作为储备能源为现代建筑供暖。

迈克尔 法拉第

迈克尔·法拉第是英国著名的物理学家、化学家，在电磁学方面做出了重要贡献，被誉为"电学之父"和"交流电之父"。在英国伦敦皇家研究所工作时，法拉第发现了电磁感应现象，并发明了人类历史上第一台发电机。他在实验中将两个线圈绕在铁环上（右图），当第一个线圈的电流接通或切断时，第二个线圈中也会产生瞬时电流。

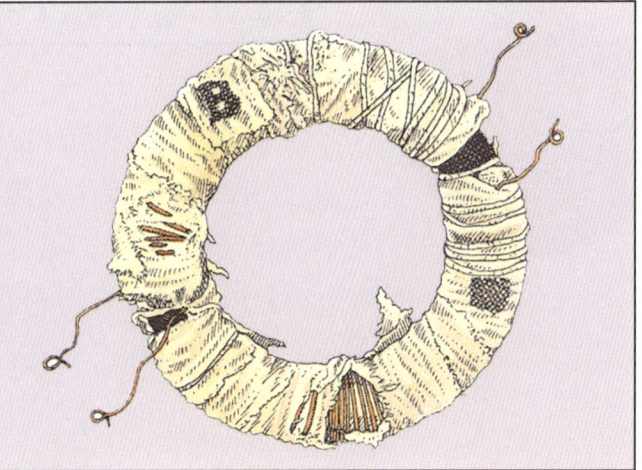

汽轮机由一系列轮子组成，轮子处于密闭的气室中，轮子上装有叶片。高压蒸汽从锅炉中进入汽轮机内部，经过叶片时体积膨胀，使叶片转动起来。叶片下的轮子与长轴相连，长轴直通发电机。高压蒸汽冷凝后，又被送回锅炉中。

《弗兰肯斯坦》

1818年，英国作家雪莱创作了长篇小说《弗兰肯斯坦》，也就是《科学怪人》。那时，科学家已经证明，用电流电击青蛙的肌肉会使青蛙跳起来。所以，弗兰肯斯坦博士用电流电击科学怪人，希望他能活过来。

制作电磁铁

你想制作电磁铁吗？准备1根铜线、1枚钢针和1节电池。将铜线绕在钢针上，并用铜线连接电池的正负极，用指南针测试通电后产生的磁场。移开钢针，磁场会发生什么变化呢？

发电站通过粗电缆传输电力。电缆通常悬挂在距离地面很远的电缆塔（右图）上。电缆中的电压很高，通过变压器减压后才能转化为家庭用电和办公用电。

99

替代能源

目前，化石燃料很充足，但总有一天会耗尽。在此之前，我们不得不开发新的替代能源。风能、波浪能、地热能、太阳能、核能和潮汐能都是新能源，而且是可再生能源。这些能源很有潜力，人们已经投入大量资金进行研究，希望将它们发展成经济又安全的替代能源。目前来看，开发价值最高的是太阳能，其次是风能。

地热能

在地球的某些地方，地热能也是非常重要的能源。间歇泉喷出大量高温蒸汽，可以用于发电。人们在地下岩石中钻洞，并朝里面注水，这样可以开发人工地热能。

核电站

科学家尝试用更安全、更高效的钍来运营核电站。在这样的核电站中，钍经过中子的撞击后形成铀，从而成为可供使用的核燃料。

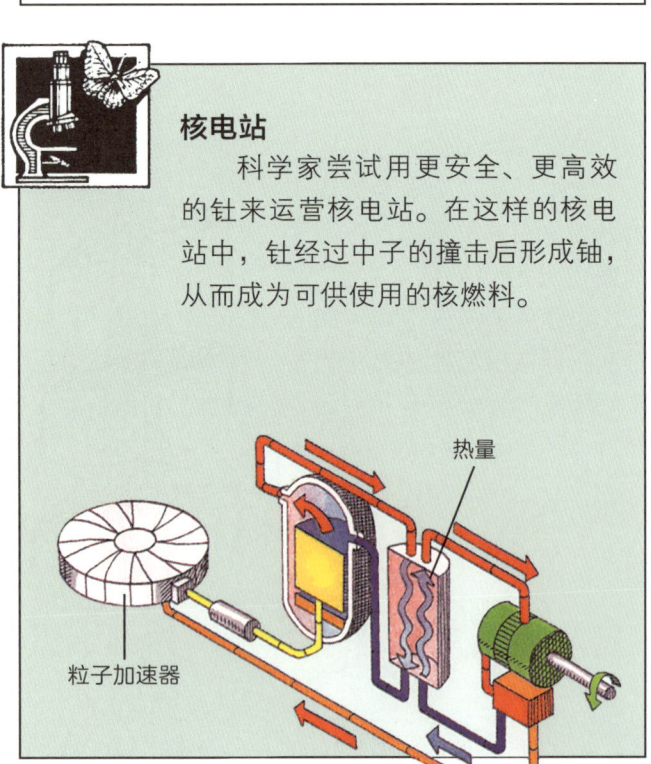

粒子加速器　　　热量

风能很实用，也便于获取。在美国，约有60万户家庭的供电来自风力发电。风力发电厂建在风力强劲的地方，通过风力涡轮机来收集风能。

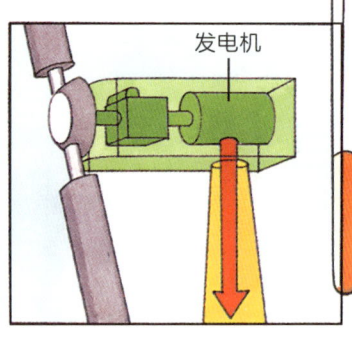

发电机

风力涡轮机有两片或三片桨叶，用于驱动发电机发电。之后，电力经由电缆输送到公共供电系统中。

核能

核能非常强大，而且铀燃料充足。制造核能的成本很高，但其产生的能量是其他能源无法比拟的。与此同时，核能较危险，泄漏后会产生严重的核辐射，危害人体，污染环境。因此，核电站的选址和建设都应十分小心。

波浪能

潮汐发电站是横跨河口的大坝，涨潮时它能将水纳入大坝中，让水流过涡轮机，将水的动能转化为电能。1967年，法国修建了朗斯潮汐发电站，这是历史上第一座潮汐发电站，也是世界上规模最大的潮汐发电站。

植物燃料来自木材，木材经过砍伐和加工后制成木屑（左上图），然后放到炉火中燃烧。木材作为燃料，可以用于家庭等。这些以生物为载体的能量叫作生物质能。

太阳能电池可以将太阳能转化为电能，但这个过程只能转化大约10%的能量。太阳能电池由硅等材料制成，分为好几层。太阳光在硅材料中产生电荷，电荷在各层之间流动，形成电流。

太阳能

在阳光充足的地方，太阳能电池的发电成本较低。法国奥德约太阳能发电站是世界上第一座太阳能发电站。伊凡帕太阳能发电站位于美国加利福尼亚州的莫哈维沙漠中，占地8平方千米，是世界上规模最大的太阳能发电站。这座发电站架设了30万块太阳能板，以用于反射和聚焦太阳光，吸收太阳能后进行发电。

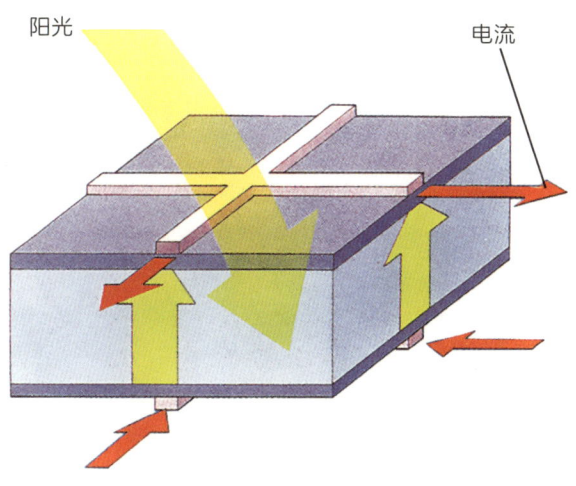

阳光　　电流

交通工具与能源

我们乘坐交通工具四处旅行，但驱动交通工具需要能源。几乎所有交通工具的能源都来自石油，石油经过提炼后成为汽油、柴油或航空汽油。这种能源燃烧后会产生具有污染性的气体，如氧化氮等，所以人们正在研制可以使用清洁能源的交通工具。催化式排气净化器可以净化车辆排出的废气。许多国家都制定了汽车的废气排放标准，希望从源头控制汽车产生的有害气体。

燃料成本是航空业需要重点考虑的因素之一。协和式飞机耗能少，速度快，载客量大，是投入商业使用的主要超音速客机。

20世纪30年代，帆船发展为快艇，不再像以前一样承担远洋运输任务。有些船主在货船上安装太空帆（下图），太空帆由计算机进行控制，一方面可以节省燃料动力，另一方面也规避了帆船过度依赖风力的缺陷。

替代燃料

石油在地球上的分布并不均匀，有些国家恶意哄抬油价，造成市场不稳定。巴西极度缺乏石油资源，为了减轻对高价石油的依赖，巴西人利用植物研发出了新的能源——乙醇。植物发酵后会产生乙醇，乙醇可以单独使用，也可以和汽油混合使用。乙醇汽油是一种新型的清洁能源，应作为可再生能源重点发展。

莫奈

莫奈是19世纪法国印象派画家，擅长光与影的表现技法。《圣拉查尔火车站》是莫奈1877年绘制的作品，描绘了巴黎火车站在日常生活中的场景。这幅画营造出了光线穿过玻璃顶棚射向蒸汽烟雾的效果，描绘出了当时的机车和车厢的形状。

自行车

自行车是最常见的交通工具之一。右图是奥运冠军克里斯·博德曼在巴塞罗那奥运会骑过的自行车，这辆自行车的框架由增强的碳纤维制成。风洞实验表明，这种材料和框架在流体中能实现更快的速度。

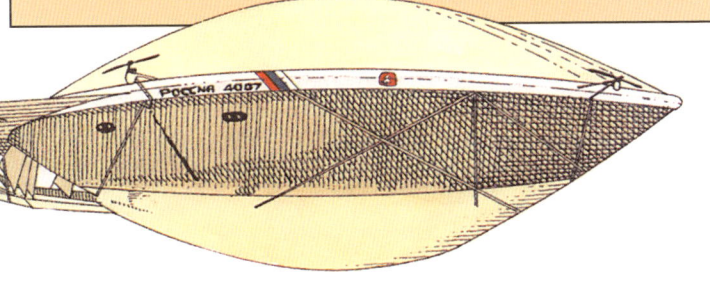

1937 年，"兴登堡"号飞艇在美国新泽西州失事坠毁，大型飞艇的时代走向终结。后来，人们尝试用氦气取代氢气作为飞艇的燃料。

未来，磁悬浮列车也许会更加流行。磁悬浮列车是一种现代高科技轨道交通工具，这种技术是通过电磁力实现列车与轨道之间的无接触悬浮和导向，再利用直线电机产生的电磁力牵引列车运行。

汉瑟姆出租车

汽车出现以前，城市交通工具多使用马车，街道上通常塞满了各种各样的马车。19 世纪 30 年代，汉瑟姆出租车成为伦敦最受欢迎的交通工具。驾驶员坐在乘客上方的驾驶位里，通过车顶的活板门与乘客进行交谈。

混合动力汽车将电动机和传统内燃机结合起来，既可以减轻对化石燃料的依赖，也可以减轻环境污染。这种汽车的电动力系统包括高效强化的电动机、发电机和蓄电池。发动机和电动机形成互补，内燃机始终处在最佳工作状态。混合动力汽车耗油低，不需要外部充电系统，低速行驶时仅用电动机驱动即可。

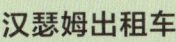

催化式排气净化器（左图）是现代汽车排气系统的重要组成部分，它能净化汽车排出的废气，减轻环境污染。这种装置的工作原理是用催化剂加快物质间的化学反应，进一步燃烧汽车废气中未完全燃烧的汽油和一氧化碳等气体。

能源变革推动工业发展

没有能源就没有工业。热能将矿石熔化，并从矿石中提取金属，机器再将金属打造成金属制品。早期的工厂多建在河边，方便从水流中获取能量。蒸汽机发明以后，工厂多建在煤矿资源丰富的地方。如今，人们为工厂选址时也要考虑周围的石油、天然气和电力供应等。

阿拉斯加输油管道

勘探人员在阿拉斯加地区发现石油后，便于1977年在这里建起了全长接近1300米的输油管道，也就是阿拉斯加输油管道。这条管道穿越了三座山脉、无数大小河流以及永冻层。管道中的石油以超过50℃的温度运输，管道支架上安装有热交换器，方便对流散热。地面的管道呈之字形，在冻土区架空兴建。部分地区的管道被包在冷冻绝缘层的坑中，其中注入冷盐水，用于吸收土壤的热量。

炼钢需要消耗大量能量。铁矿石和焦煤混合在一起被送到高炉（右图）中进行熔炼。高炉中的温度非常高，焦煤所含的碳在这种环境下燃烧，使铁矿石转化为生铁。接着，氧气被注入高炉中，与碳结合后形成二氧化碳，生铁就被炼成了钢。

电视和电脑等电子设备制造业的能量消耗要远远小于煤炭和钢铁等传统行业，前者主要依靠电力。电力是19世纪中晚期的发明，电力的出现深刻地改变了人们的生活。有了电视和电脑，新闻报道变得更加便捷，消息的传递也变得十分迅速。

工业革命

工业革命以机器取代人力，以大规模工业化生产取代手工作坊。1765年，织工哈格里夫斯发明了珍妮纺织机，标志着第一次工业革命的开始。蒸汽机的广泛使用是这次工业革命的主要标志。珍妮纺织机取代了手工纺织机，瓦特改良的蒸汽机推动了机器的普及和发展，使人类社会进入蒸汽时代。

水能

对缺乏普通能源的国家来说，水力能源是较好的选择。水能是一种清洁能源，对环境污染小。水坝蓄水，既可以防洪灌溉，也可以用于水力发电。我们日常使用的大约 1/5 的能源是通过水电厂提供的。中国三峡水电站是世界上规模最大的水电站和清洁能源基地。

化工厂（右图）将原油、硫酸和二氧化硅等原料制成各种各样的化工产品，如炸药、肥料、塑料和玻璃等。

英国大铁桥

世界上第一座铁桥位于英国什罗普郡的科尔布鲁克代尔，这里是工业革命的发源地，采矿区、铸造厂、工厂、车间和仓库都在这里汇集。

酸雨

煤和石油含有少量硫，燃烧后会生成二氧化硫，二氧化硫进入空气中形成酸雨。酸雨会破坏建筑物，抑制植物生长。为了控制污染物和有害物的生成，发电厂必须使用含硫量低的燃料，或者安装过滤器，将废气净化后从烟囱排出。

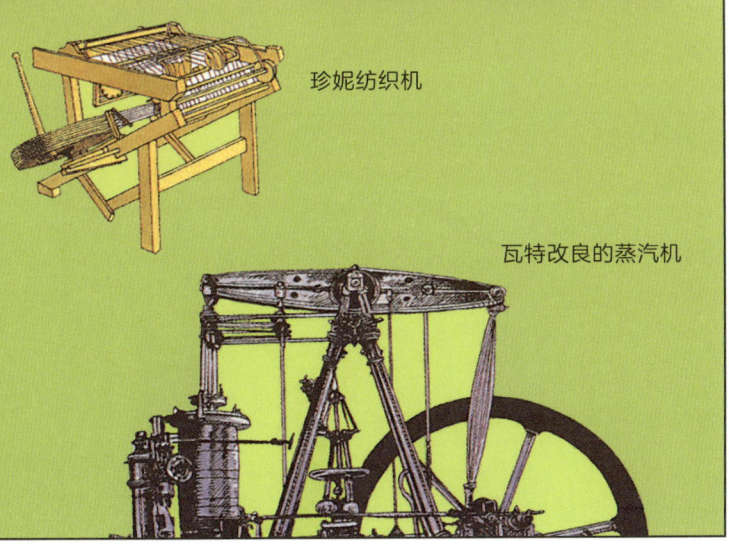

珍妮纺织机

瓦特改良的蒸汽机

日本的发电厂

家庭生活中的能源

在家庭生活中，我们使用能源取暖、照明、烹饪、清洁、听音乐、看电视和打电话等。如今，几乎所有日常活动都离不开能源。很久以前，人们没有能力大量开发能源，那时候的人们过着节奏缓慢的生活，习惯了日出而作、日落而息。

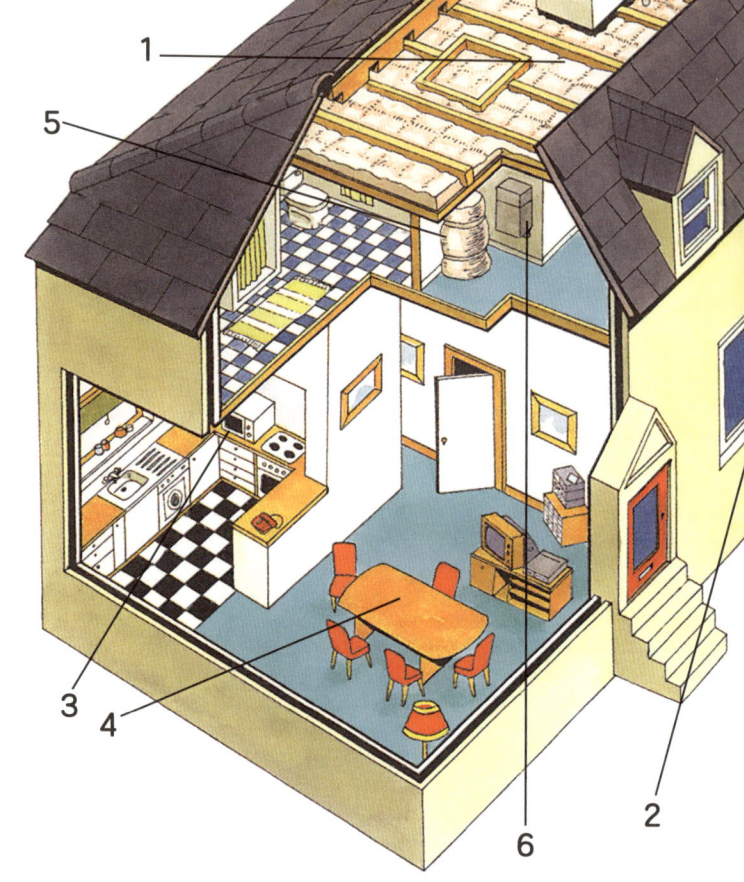

吸尘器

在火车站看到清洁工利用空气给火车吹尘除灰后，英国工程师休伯特·布斯于1901年发明了真空吸尘器。他觉得，把灰尘吸到容器中进行处理，比直接把灰尘吹出去要好。1907年，詹姆斯·默里·斯潘格勒在地毯清扫机上安装电扇马达，并申请了第一个家用吸尘器专利。后来，他将专利卖给威廉·胡佛。1908年，威廉·胡佛成立商业公司，在美国和欧洲售卖吸尘器。胡佛吸尘器深受消费者的喜爱，在20世纪90年代前几乎垄断了英国的吸尘器市场。

现代家庭的各个角落都有使用不同能源的设备。能源无处不在，但并非每种能源都得到了高效利用。上图展示了房子各处的能源设备，你知道它们分别利用了哪些能源吗？

微波炉

最早的微波炉是于1945年发明的，当时叫雷达炉。电气工程师帕西·斯潘塞在做实验的过程中，发现一根磁控管将他口袋里的巧克力融化了。他认为，磁控管可以产生大量带有热量的微波，这些微波可以用于加热食物。在此基础上，他发明了世界上第一台微波炉。

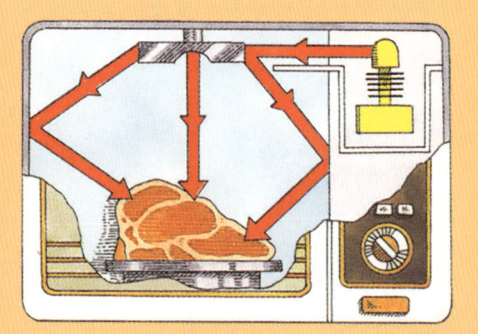

能源消耗

有些设备在运行过程中会消耗大量能源,有些设备仅需少量能源就能运行。灯泡的耗电量小,电饭锅的耗电量大。电视机的耗电量大,闹钟的耗电量小。

1. 保温阁楼
2. 双层玻璃
3. 微波炉
4. 餐桌和餐椅
5. 保温水箱
6. 节水系统

一个世纪以前,家庭照明多使用蜡烛、煤油灯或煤气灯。燃气灶出现后,不少家庭还是用铁炉子做饭。电力是极其伟大的发明。电灯照亮黑夜,延长了人们的活动时间,让人们可以在晚上读书、打牌、听音乐或看电视。电力越来越普及,我们的日常生活已经离不开它了。

天气炎热时,在房间里开空调会让人感觉非常舒适。如今,空调已经十分普遍。在有些国家,建筑物的墙壁会被涂抹成浅色,这样有助于反射阳光,减少室内热量的吸收。

毁林种地

在不少贫穷国家,人口众多但耕地面积有限,人们不得不进入森林,砍伐树木,开垦土地,种植庄稼。森林面积越来越少,新的耕地也越来越少。现在人们已经意识到,这种农业扩张方式会破坏森林环境,对生态系统造成极其恶劣的影响。

办公楼多装有大面积的玻璃窗,如果没有空调,办公楼内将非常炎热。通过调节楼栋间距和楼层间隔等,可以提高办公楼中能源的使用效率。

107

节约能源，人人有责

石油是当前最重要的能源之一，但石油是不可再生资源。除了极力开发新能源外，人们开始思考节约能源的对策，包括提高能源利用率、减少浪费并促进循环利用等。家用电器有不同的功率，按耗能程度可分为一级节能、二级节能和三级节能。汽车尾气排放也有相应标准，随着技术不断进步，标准也越来越严格。

有些工厂会对旧材料进行回收利用。制造一辆新车时，约有 1/4 的材料来自旧车。用过的纸可以漂白，也可以化成纸浆。回收的纸不像新纸一样洁净挺括，但也能投入使用。

隔热材料

隔热材料有利于提高能源利用率，我们可以通过一个小实验来证明这个观点。准备两个一模一样的马克杯，并用旧围巾包住其中一个。朝两个马克杯中倒入相同温度的等量热水，一段时间后，同时测量并记录马克杯中的水温。哪个马克杯中的水温更高呢？

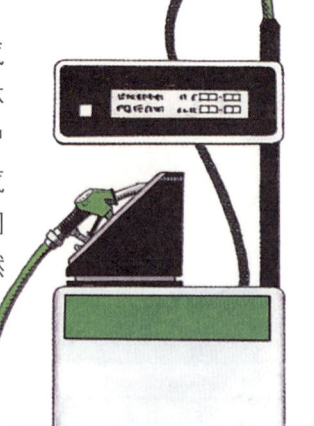

宝马公司曾推出一款可以完全回收的汽车，该汽车身上的每个零件都能被拆卸并重复利用。

自行车

自行车是最节能的交通工具。自行车不需要燃料，而且方便灵活，在交通堵塞时更容易通行。美国西雅图的警察曾骑乘自行车执勤。但自行车的速度较慢，而且遭遇交通事故时容易被撞毁。

科学研究表明，汽车尾气中含有铅，这种物质对人体有害。为了减轻污染，人们曾在汽车工业中使用不含铅的汽油。但这对节能并无益处，因为不含铅的汽油不能充分燃烧，因此会比含铅的汽油造成更大的浪费。

瓶子回收厂

 **紧凑型荧光灯**

紧凑型荧光灯的灯泡能输出与普通灯泡一样的光，但其消耗的能量约为普通灯泡的 1/5。相比而言，紧凑型荧光灯的照明时间更长，成本更低。除了用于室内照明外，它还可以用作台灯、夹具灯和应急灯等。近年来，紧凑型荧光灯逐渐被 LED 灯取代。

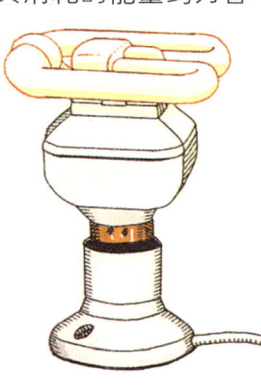

回收生活垃圾十分重要，但如果驱车几千米将空瓶子送到回收站就显得不划算，因为路程中会消耗大量汽油。垃圾分类是必要的，这样能将可回收的垃圾分拣出来，有利于提高垃圾的回收利用率。有些废品的回收和加工费用太高，导致利润太低，有时甚至连成本都收不回来。

地球上有大量煤储备，但石油和天然气的储备较少。石油资源看似取之不尽，但总有一天会用完。因为我们对石油资源的需求在不断增加，所以石油公司在不停地开采石油。

核燃料燃烧后还有残余，我们可以从中提取出钚和铀。核燃料后处理工厂（上图）将使用过一次的核燃料放到硝酸中进行溶解，从而将废料分离出来。

太阳能印刷机

1882 年，法国工程师在巴黎展示了他们的新发明——太阳能印刷机。阳光照到印刷机的一面镜子上，使光束聚集到蒸汽锅炉中，锅炉中的水被加热后产生蒸汽，蒸汽驱动引擎，带动印刷机工作。

109

新能源是未来的必然选择

有一天，太阳内部的核燃料消耗殆尽了，就会停止燃烧。到那时，地球上的生命将不复存在。不过，这至少是50亿年后才会发生的事情。但在此之前，我们很可能会将地球上的化石燃料消耗殆尽，因为我们开采和利用化石燃料的速度比它们形成的速度要快得多。我们需要新的能源来维持生活和发展，所以我们必须不断去寻找和开发新能源。

极地冰帽

人类活动可以改变地球的环境，也可以改变地球的气候。大气中有些气体就像温室中的玻璃，擅长吸收热量，但缺乏散热的能力。有些人类活动会产生大量温室气体，其在大气中广泛分布，并逐渐改变周围环境的温度。人们燃烧化石燃料也会产生大量温室气体，导致全球气候变暖，造成极地冰川融化。也许有一天，曾经的极地冰帽会消失不见。

你知道吗？科学家已经尝试在太空建立太阳能发电站。但是，地球引力非常强，将材料运到太空要消耗大量人力和物力，而且后期的维护工作难以开展。未来，我们可能在月球或火星上开采资源，或者直接在月球上建设发电站。

宇宙会怎样结束呢？宇宙起源于大爆炸，之后迅速膨胀，演化出星系、恒星和行星等。宇宙会永远膨胀下去，还是会在某个时间点开始收缩，并最终以大坍缩走向终结呢？试着想象一下，你认为宇宙会经历怎样的命运呢？

大量工业污染物被排放到大气中，严重破坏了平流层中的臭氧层，使臭氧层空洞不断扩大，导致更多紫外线辐射到地球，危害人类和动植物的安全。如今，世界各地的工厂都在控制污染物的排放量，臭氧层也许能够逐渐恢复。

海洋温差发电

在海洋中，深层海水的温度比表层海水的温度低得多。海水的温度差可以形成能量，海洋温差发电厂就是利用这种能量发电的。表层海水使沸点低的化学液体汽化，驱动汽轮发电机；深层海水将蒸汽冷凝为液体，形成系统循环。这种发电方式利用的是太阳能，但并不依赖太阳光，因为海水具有储热的能力。

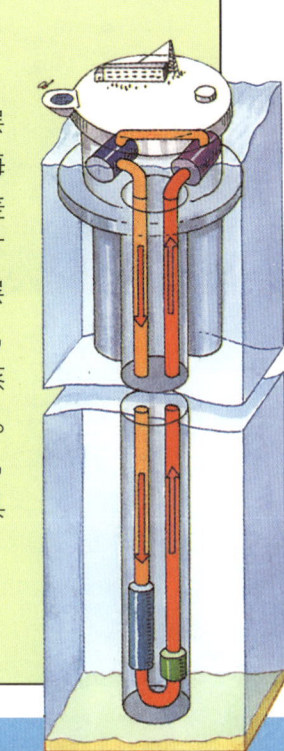

获取和利用太阳能的最佳位置也许不是地表,而是大气之上。太阳能电池是太阳能卫星的重要组成部分,被安装在离地 3 万千米以上的太空轨道中。太阳能电池吸收太阳能,并将太阳能转化为微波传送到地球,最后再转化为电能,供人们使用。

未来的能源

许多科幻作家都在作品中构想了未来世界,其中不少构想甚至对现实中的科技发展产生了借鉴意义。阿瑟·克拉克创作了许多科幻作品,他是最早提出通信卫星概念的科幻作家,并证明了通信卫星的技术可行性,被誉为"世界通信卫星之父"。

因所处地域不同,世界各国的能源储备不同,每个国家的能源消耗量也不同。一般来说,发达国家的能源消耗量远远超过发展中国家。就能源储备来说,俄罗斯的煤和天然气储备非常丰富,中东地区的石油储备非常丰富。

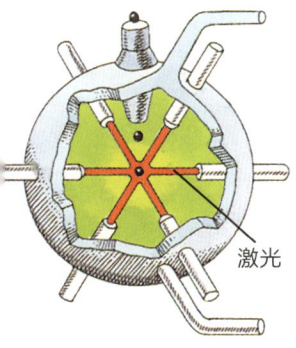

高功率激光器上的热量可以引发核聚变。激光聚焦在瞬时燃烧的微小燃料球上,将燃料球送入核反应堆,就会引发核聚变。

核聚变

未来,科学家也许能在高温下结合两种氢原子,使它们发生核聚变反应。托卡马克是一种利用磁约束实现受控核聚变的环形容器。这个容器的中央是一个环形真空室,外面缠着线圈。通电后,容器内部产生巨大的螺旋形磁场,将其中的等离子体加热到很高的温度,从而实现核聚变的目标。

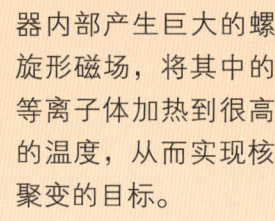

词 汇 表

变压器
一种装置,用来改变交流电的电压。

潮汐
在太阳和月球引力的作用下形成的海水周期性涨落,早晨的称为潮,晚上的称为汐。

催化式排气净化器
安装在车辆尾气排放系统中的一种装置,能够及时将发动机所产生的有害气体清除掉,避免排放到空气中污染环境。

电磁铁
一种通电后能产生电磁的装置。

动能
物体因做机械运动而具有的能量。

隔热材料
能阻止热流传递的材料,如玻璃纤维、石棉等,又称热绝缘材料。

海洋温差
指海洋表层海水与深层海水之间的温度差。

核电站
利用核能进行发电的电站。

化石燃料
像煤、石油和天然气一样的燃料,是动植物的残骸经过几百万年的演变而形成的。

交流电
可以朝反方向流动的电流。

可燃物
可以燃烧的物质。

可再生能源
可以在自然界循环再生的能源,取之不尽、用之不竭。

矿床
矿产在地壳中的集中产地。

能量守恒定律
能量不会凭空产生,也不会凭空消失,它可以从一种形式转化为另一种形式,也可以从一个物体转移到另一个物体,而且能量的总量是保持不变的。

气候
指一个地区大气的多年平均状况,具有稳定性,可以概括该地区的总体天气特征。

替代能源
指可以替代当前广泛使用的煤、石油和天然气等矿产燃料的能源。

微生物
个体无法用肉眼观察到的生物,包括真菌和少数藻类等。

涡轮机
由蒸汽、水或空气驱动的轮子或发动机。

引力
两个物体之间的吸引力。引力的大小取决于物体的质量。

宇宙
所有空间、时间和物质的总称。现在一般认为宇宙起源于大爆炸。

第五章
奇妙的电和磁

宇宙形成之初,电和磁就存在了。电和磁以各种各样的形式分布在自然界中,地球本身就是一个磁体,我们身体中也充满微弱的电流。近百年来,我们已经掌握了利用电和磁的方法,这两种能源极大地改善了我们的生活。

如今,我们的通信、交通、工业和休闲都离不开电和磁。翻开这个章节,走进电和磁的世界,了解它们的工作原理,看看科学家如何生成、储存以及利用电和磁。

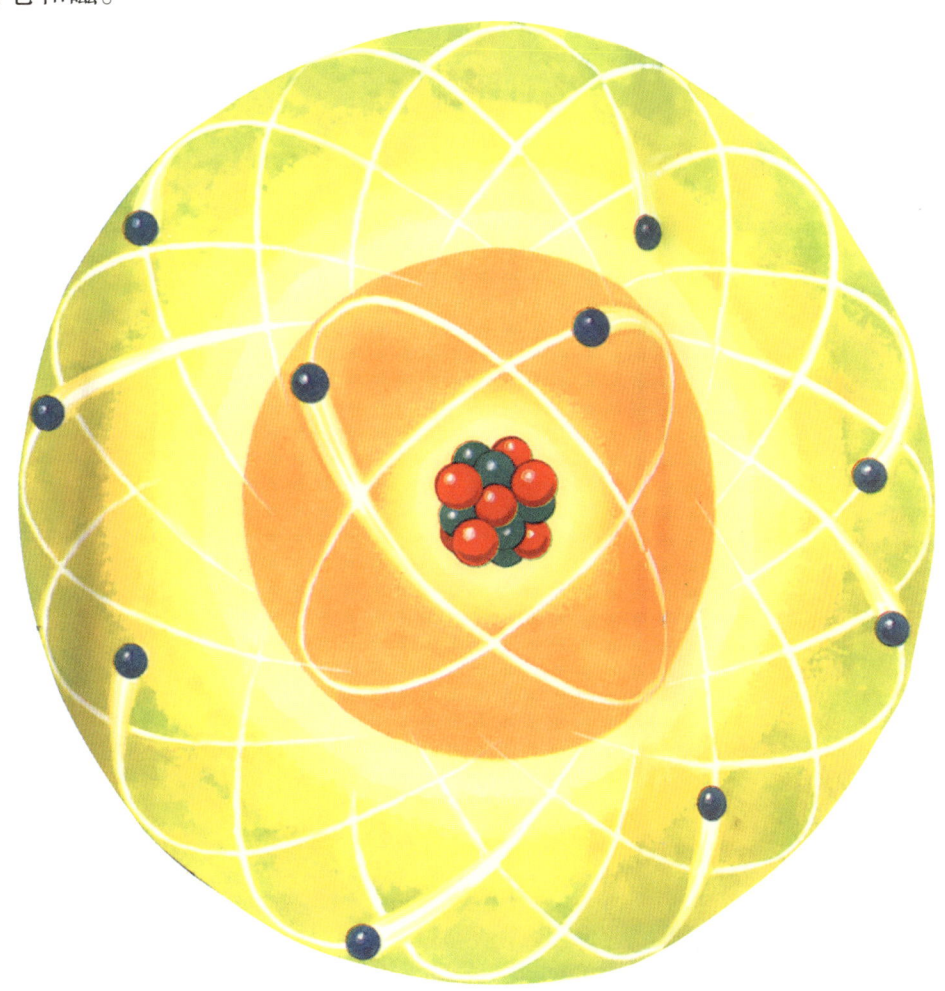

什么是电

电是由静止或移动的电荷产生的物理现象，电流是指单位时间内通过导体横截面的电荷量，以电能为动力的能源就是电力。原子是化学反应中的基本粒子，由原子核和电子组成。电子是一种带负电荷的亚原子粒子，绕着原子核运动。原子核中的质子带正电荷，电子和质子向相反的方向运动，于是产生了电。电是一种强大的能源，但有时也非常危险。

原子核由质子和中子组成。

发现电

早在 2000 多年前，古希腊人就发现了电。泰勒斯是古希腊的哲学家，他认为水是世界的本源，他曾用磁石和琥珀做实验，发现这两种物质对其他物质具有吸引力。在英语中，电是 electricity，这个词来源于古希腊语 elektron（琥珀）。

1600 年，英国女王伊丽莎白一世的御医威廉·吉尔伯特出版了《磁石论》，这是物理学史上第一部系统阐述磁学的科学专著。他在著作中提到了电，并通过实验证明钻石、玻璃和蜡等物体具有和琥珀类似的性质。

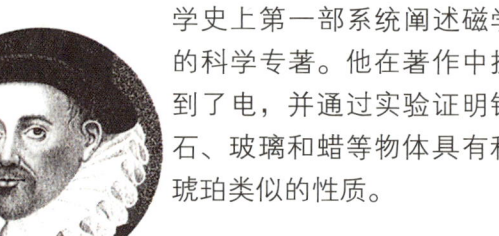

无线电波

太阳和其他恒星向宇宙发送无线电波。无线电波是一种电磁波，以光速在太空中穿行。射电望远镜可以接收无线电波，并将无线电波转换成电信号，科学家从电信号中分析遥远星系的相关信息。

研究静电

静电是处于静止状态的电荷,物体摩擦时可能产生静电。静电也分正电荷和负电荷,同种电荷互相吸引,异种电荷相互排斥。用布摩擦纸、塑料、金属和橡胶,看看它们相互吸引还是相互排斥？记录你的实验结果,并把结果做成图表吧！

无处不在的电子

粒子加速器（上图）是产生高速带电粒子的装置,可以用于研究原子的内部结构。科学家用物理设备撞击原子,发现了 200 多种比原子还小的粒子。电子显微镜可以聚焦电子,通过电子光束将观察到的物体放大数百万倍。

带负电荷的电子

灯光

荧光灯可以发出不同颜色的灯光,因为灯泡里面填充了不同的气体。电流可以使氖气发出红光,使钠气发出黄光,使汞气发出蓝光。

生物电流

生物在活动过程中,身体可能产生微弱的电流和电位变化,这是生物活性组织和细胞的基本特征。有些动物依靠电信号探测周围的情况,有时还利用电信号控制身体的运动。神经细胞组成神经网络,动物通过神经网络收集电信号并传送指令,章鱼的神经网络非常复杂。

人体的神经网络更为复杂。大脑是神经系统的最高级部分,它通过生物电流将指令传送到身体的其他部位,触发心脏搏动,调动肌肉活动,维持身体机能。

115

什么是磁

有些石头和金属具有吸引或排斥其他物体的性质，这是因为它们具有磁性。磁是一种看不见但能感受到的自然力量。地面的岩石可能有磁性，铁和镍等金属也有磁性。能够产生磁场的物质或材料就是磁体，磁体可以吸引铁、镍、钴和大部分钢材，但不能吸引紫铜、铝、金、银和铅等金属。有些磁体的磁性很强，只有温度过高时才会失去磁性。磁体作用巨大，有些发电厂甚至用大型磁体来发电。

发现磁体

大约 2000 年前，人们在土耳其境内发现地上的岩石是天然的磁体。大约 1000 年前，中国人发现用绳子悬住某些石头后，石头的两端始终指向南方和北方。这些石头具有磁性，可以将其制作成指南针，在航海中为船员指示方向。

电磁铁

电流通过某些物体时，会使这些物体产生磁性，并像磁体一样工作，这样的装置就是电磁铁。电磁铁通常是条形或蹄形的，电流经过线圈产生磁场时，会将铁芯磁化。电磁铁断电后，磁性就消失了。电磁铁的应用范围很广，有时甚至用来提高发电机的功率。

磁极

地球是一个巨大的磁体，而且磁场分为南北两极。地球的磁场在两极处最强，但因为地轴是倾斜的，所以与地理上的极点稍有偏差。詹姆斯·克拉克·罗斯是苏格兰海军军官，于1831年在加拿大北部埃勒夫灵内斯岛发现了地磁北极。1909年，欧内斯特·沙克尔顿带领的探险队发现了地磁南极。这是沙克尔顿组织的第一支南极探险队，这次探险过程异常艰险，他们依靠93天的食物存量，在寒风呼啸的南极坚持了122天。为了节省体力，探险队抛下雪橇，在荒无人烟的冰川地区步行了2000多千米。

磁力和磁极

磁体被看不见的力环绕，并形成了磁场。磁场可以吸引物体，所以铁屑会不断靠近磁体。磁场的力叫磁力，有强弱之分，磁力最强的地方就是磁极。每个磁体都有两个磁极，磁体静止时，一个磁极始终指向南方，另一个磁极始终指向北方。

磁体的作用

如今，磁体的应用范围越来越广泛。磁盘是计算机的主要存储介质，可以大量存储二进制数据。信用卡上的磁条也是一种磁体，可以确认持卡者的身份。身份证、公交卡和电话卡上都有微芯片，微芯片也是一种磁体。医疗卡和银行卡中也设有磁条，可以保存人们的医疗记录和消费记录。

磁共振成像

原子核会在强磁场内发生共振，科学家利用计算机将这种信号转化为图像，应用到医疗诊断和救治中，即磁共振成像。与X射线成像不同，这种成像方式不会产生有害辐射，所以非常安全。另外，磁共振成像获取的信息量远高于其他成像技术，因此在医学诊断中具有明显的优越性。

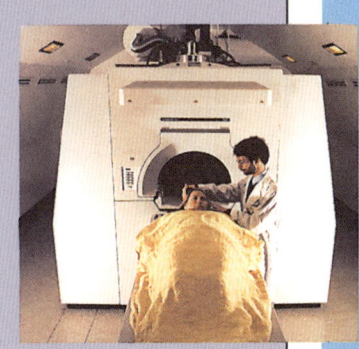

地球的天然磁场

地球诞生之初就包含了丰富的电和磁。在古希腊神话中，众神之王宙斯经常用闪电惩罚犯错的神和凡人。地球的磁场区叫磁气圈，也叫磁层，是包裹在地球周围的肉眼不可见的带电粒子层，可以保护地球免受太阳风的冲击。地球磁场不是孤立的，会受到外界的影响，磁极的位置也不固定，而且与地理极之间存在磁偏角。

寻找方向

指南针的磁针是一块小型磁体，静止时总是指向地球的固定磁极。有了指南针的帮助，我们能立即清楚自己所处的方位。将指南针放到地图上，转动地图，直到指针的方向指向地图的南极箭头，你就能分清地图所指的方向啦！

地球磁场

有些科学家认为，地球的磁性很可能是由地核中的熔融铁高速旋转而形成的。铁之所以熔化，是因为地核的温度非常高。地球不断转动，熔融铁中形成了电流，并进一步产生了磁场。这种设想与磁力发电机的工作原理是一样的。

构成地球磁场的磁力线

过去的线索

数百万年来，炽热的岩浆在地幔中沉沉浮浮，有时以熔浆的形式喷射到地表，形成熔岩流和熔岩。在海洋的大洋中脊处，熔岩一般根据地球磁场的方向进行排列。由于地球磁场不断发生变化，不同时期的岩浆排列方式各不相同，这为科学家研究地球的地质历史提供了依据。

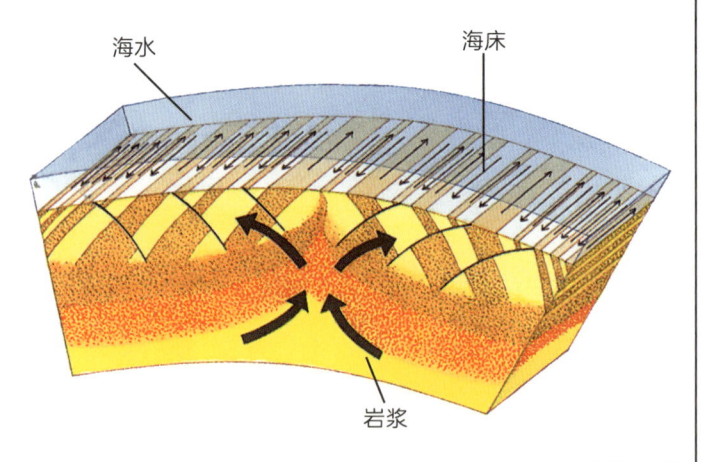

海水　海床　岩浆

带电的鱼

有些鱼类身上有特殊的肌肉，内部的液体细胞负载电荷，可以产生电场。象鼻鱼的尾部有一个梭形器官，可以连续发出电脉冲，从而在身体周围形成微弱的电场。象鼻鱼依靠电信号辨别方向、寻找食物，并与同类交流。电鳗是放电能力极强的淡水鱼，有时甚至可以把人电晕。鲨鱼能接收鱼类身上的电信号，并依据电信号捕捉它们。

空气放电

闪电是由空气中的静电产生的大型电火花。空中的小水滴不断聚集，雷雨云变得越来越大。小水滴和冰晶相互摩擦，形成聚集的电荷。当电荷变得足够多时，云层下的负电荷以电流的形式奔向地面，并与云层上的正电荷相接，由此形成了明亮夺目的闪电。美国发明家本杰明·富兰克林用实验证明，空气中的闪电确实是电火花。他在雷雨交加的天气里放飞风筝后，让闪电沿着风筝线劈下来，从而观察到电流在风筝末端的金属钥匙上激起了小小的电火花。之后，人们在建筑物顶部设计直通地面的避雷针。闪电袭击房屋时，电流顺着避雷针到达地面后消失，不会对建筑物造成破坏。

动物迁徙

为了寻找食物、躲避恶劣的天气或者寻找合适的繁殖地，有些动物会在特定的时节展开长距离的迁徙活动。有些科学家认为，这些动物能感受到地球磁场，所以不会迷路。澳大利亚的罗盘白蚁是技艺高超的建筑家，为了躲避直射的阳光，它们通常将蚁巢建在坐北朝南的地方。

太空中的磁场

除地球外，太阳系中的其他行星也有磁场。根据太空探测器检测到的结果，科学家在水星、木星、土星和天王星等行星附近都发现了磁场。木星附近的磁场能困住大量粒子云，比地球的磁场强得多。

119

电流和电路

电流就像水管中的水流一样，可以沿着电线输送到任何地方，所以使用起来非常方便。电流中包含许多带电粒子，带电粒子在完整的线路中流动，这种线路就是电路。电路的材质会影响电流的速度，因为不同材料对电流有不同程度的阻碍作用，这种作用就是电阻。电流在电线内传输，电荷的运动范围是可控的。电在电池或发电站的驱动下形成电流，电流在电线内运行时会形成电压。

电的相关命名

安培是法国物理学家，在电磁研究方面做出了重要贡献，被誉为"电学中的牛顿"。他发明了电流计，用于测量电流。后来，安培成为国际单位制中表示电流的基本单位，简称安。

亚历山德罗·伏特是意大利物理学家，他于1800年发明了世界上第一个电池组发电器——伏打电堆。他将锌片、铜片和被盐水浸湿的纸片叠在一起制成电堆，从而产生了电流，这个装置后来被称为伏打电堆。为了纪念他的贡献，人们将伏特规定为电压的国际基本单位。

詹姆斯·瓦特是英国工程师，他改造出了第一台有实用价值的蒸汽机，国际单位制中的功率单位瓦特即是以他的名字命名的。乔治·西蒙·欧姆是德国物理学家，他发现了电流与电压在电阻中的正比关系，国际单位制中电阻的基本单位欧姆即是以他的名字命名的。

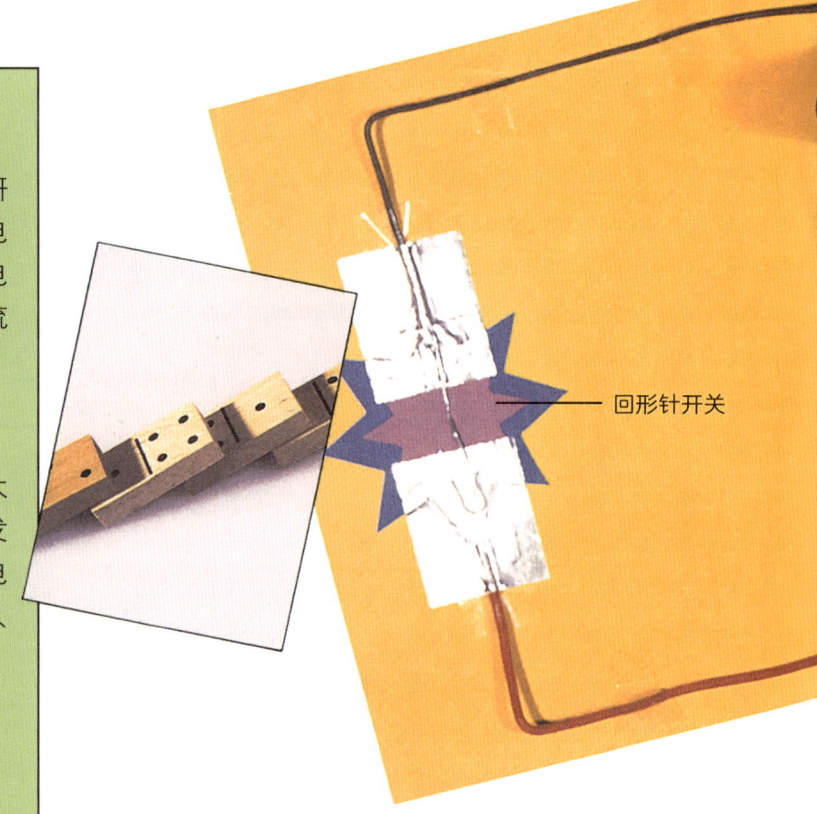

回形针开关

多米诺骨牌效应

单个电子无法在电路中自由流动。原子不停地运动，周围的电子从一个原子跳到另一个原子，由此形成了电荷。就像多米诺骨牌效应一样，第一张多米诺骨牌倒下后，后面的多米诺骨牌受到冲击也依次倒下。原子中的电子如此相继运行，就形成了电流。

导体和绝缘体

金属材料的导电性强，其中的电子能够自由移动，使电流迅速流过，这种导电性强的材料就是导体。塑料的导电性弱，电子被困在原子中，无法形成有效电流，因此几乎不能导电，这种材料就是绝缘体。在家庭用电和工业用电中，一般会用橡胶或塑料包裹用于导电的金属线。

组建电路

用电线连接灯泡底座两端，就可以形成一个简单的电路。把灯泡的螺丝钉拧紧，将电线的一头接到电池正极，另一头接到电池负极。电路连接好之后，灯泡就会亮啦！你也可以在电路中设置一些缺口（左图），并将其用其他材料连接起来，作为开关来使用。将两枚书钉钉在一张卡片上，在其中一枚书钉下面插入回形针，使回形针能自由滑动并与另一枚书钉接触。这样，回形针就变成了电路开关，可以自由闭合电路，这种电路就是断电电路。

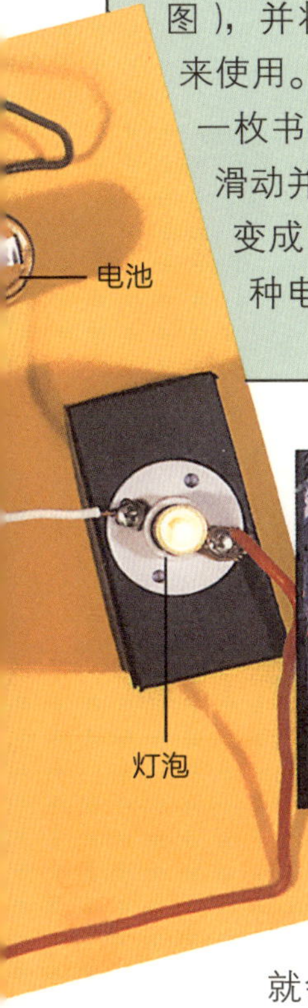

测量电流

电流的单位是安培。当导体每秒通过的电荷量是1库伦时，电流的强度就是1安培。电压的单位是伏特，1安培的电流通过电阻为1欧姆的导线时，导线两端的电压是1伏特。电力的大小取决于电流的大小和电压的强弱。电流越大，电压越强，电力就越大。电力的单位是瓦特，瓦特的数值等于伏特和安培相乘的数值。电阻的单位是欧姆，欧姆的数值等于电压除以电流的数值，电压相等时，电流越大，电阻越小。

电池

灯泡

交通信号灯

如果电路中存在缺口，电流无法通过，就会被断开。开关相当于电路中的缺口，可以通过开闭来控制电路中的电流。交通信号灯的电路非常复杂，它分为很多条，有些电路接通后红灯亮，有些电路接通后黄灯亮，有些电路接通后绿灯亮。

阻碍电流

电流在电路中的速度取决于电线的材质、长度和厚度。电线越薄，单位时间内通过的电荷越少，所以电流速度越慢。厚电线拓宽了电荷的流动渠道，阻力相对较小，是更优良的导体。

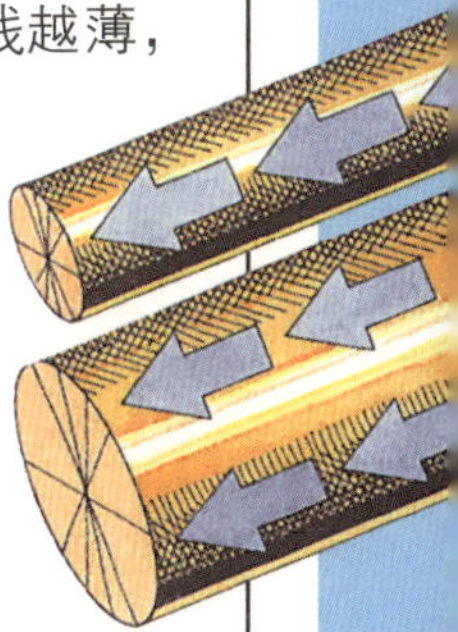

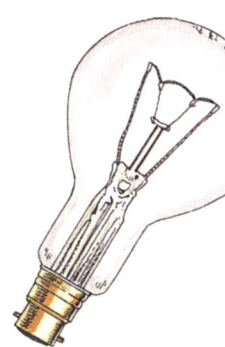

电阻使灯泡发亮。灯丝很薄，一般由耐高温的金属钨制成。电流努力冲破阻力，使灯丝受热后发出光芒，形成我们看到的灯光。

触电事故

电有时非常危险。人体含有水分，也可以导电。人如果在没有防护措施的情况下直接接触电，很可能会遭到电击，从而感到浑身酥麻，甚至会死亡。要当心电源，不要用湿手接触任何带电的物体。

电阻器应用到电视遥控上，可以控制电视机音量的大小。用遥控器调大音量时，电路中的电线变短，积累的电荷变多，电视机的音量就变大了。

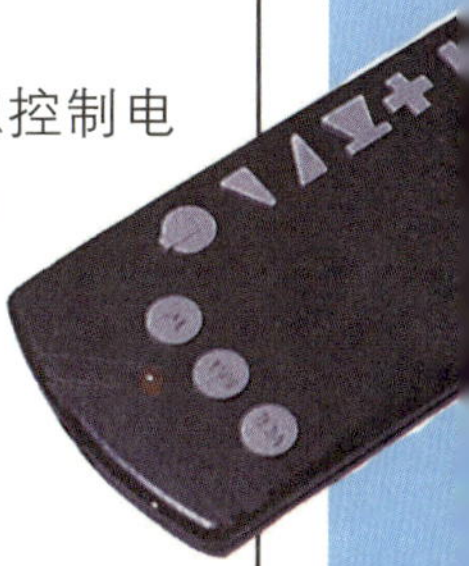

电磁转换

电流可以产生磁场，磁场中也可以产生电流。磁体中的原子含有磁性，原子指向同一个方向（左上图）。在非磁性物质中，原子指向不同的方向，它们的磁场相互抵消了。电流经过非磁性物质时，使原子指向同一方向，从而形成磁场。只要存在电流，就可以给物质赋予磁性。

电磁效应

汉斯·克里斯蒂安·奥斯特是丹麦物理学家和化学家，也是最早发现电流磁效应的科学家。他将导线一端与电池正极连接，让导线沿南北方向平行地放在小磁针的上方，当导线的另一端连接到负极时，小磁针发生偏转，并指向东西方向。

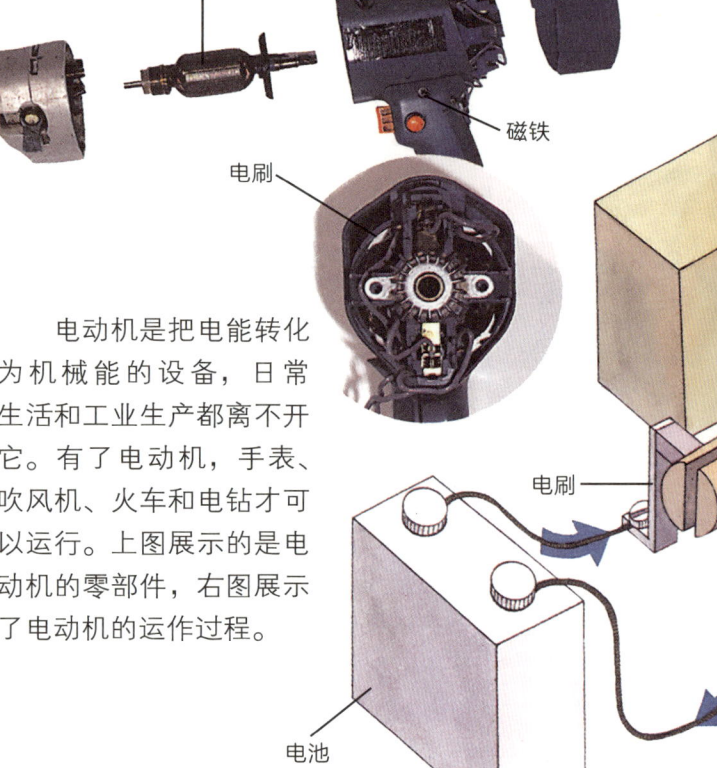

电动机是把电能转化为机械能的设备，日常生活和工业生产都离不开它。有了电动机，手表、吹风机、火车和电钻才可以运行。上图展示的是电动机的零部件，右图展示了电动机的运作过程。

迈克尔·法拉第是英国物理学家和化学家。他觉得，如果电流可以建立磁场，那么磁场中应该也可以产生电流。他发现，在电线附近移动磁铁时，会使电线产生电流。他在这个基础上，利用移动的磁铁发明了发电机。自行车利用这种发电机给车灯供电：踩踏板使车轮转动，车轮带动线圈中的磁铁跟着转动，从而产生了电流。

医用电磁铁

如果人眼中进入含磁性的物质，外科医生会用电磁铁把它吸出来。这种治疗方法很安全，不会对眼睛造成伤害。右图是一个微型医疗机器人，是专门为精细的眼部手术而设计的。

金属分类回收

电磁铁可以应用到废料厂的金属分类中,因为它可以将钢制的罐子和铝制的罐子区分开。电磁铁开始工作时,就像一个威力巨大的磁石,能吸起许多带磁性的金属,所以可以区分铝等不带磁性的金属。人们把这些废弃金属分类储存后运送到不同的回收工厂中,整理加工后回收再利用。

电动机的运转

在电动机中,磁铁在导线旁边形成电磁场,可以使导线旋转。电池连接导线,电荷沿着导线的一边流动,电压将导线的另一边抬高。如此往复循环,导线便在磁铁之间旋转。电刷接触旋转导线的末端,让电流可以在电磁铁中进出。

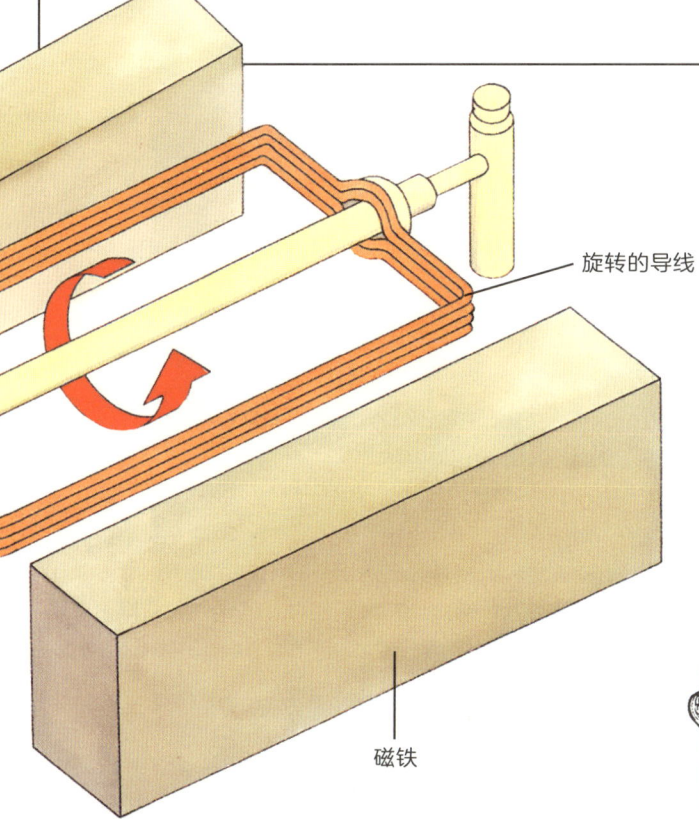

电力火车

19世纪70年代,德国西门子公司制造了最早的电力火车。1879年,这家公司在柏林工业博览会上展示了第一台电力机车和第一条窄轨电气化铁路。电力机车从铁轨中间获取电力,驱动火车前行。当时,电力火车没有流行起来,后来却演变成了有轨电车(下图)。

与电磁相关的表达

电和磁是生活中常见的事物,我们有时也用它们来表达情绪和感情。触电般的感觉,是指对某件事物或某个人非常满意和喜欢。来电是指有人给你打电话,有时也指对某件事情非常感兴趣。像吸铁石一样凝聚人心,是指将大家的思想紧紧联结在一起。富有磁性的声音,是指声音低缓中带点沙哑,非常动听。

123

能量转换——发电

我们现在使用的大部分电力都来自发电站（左上图）。在发电站中，发电机由水轮机、汽轮机和柴油机等动力机械驱动，这些机械先将水流、气流、化石燃料或核裂变的能量转化为机械能，传送给发电机，再由发电机将这些能量转化为电能。在发电机中，电磁铁在线圈内部转动，使线圈产生电流。电流先朝一个方向流动，再朝另一个方向流动，这种电流就是交流电。如果电流始终朝一个方向流动，就是直流电。

发电机

19 世纪 60 年代，蒸汽涡轮机等高效发动机出现之后，电的使用范围才逐渐扩大开来。早期的发电机多是一些小型装置，只能满足最基本的用电需求。19 世纪末，大型发电站出现了，电力的覆盖范围变广，电的使用更加普及。

如今，大部分发电厂主要燃烧煤（上图）、石油和天然气。这些燃料是由数百万年前的动植物遗骸演化而成的，称为化石燃料。

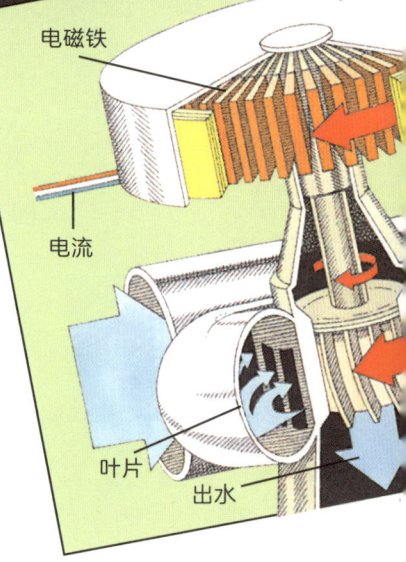

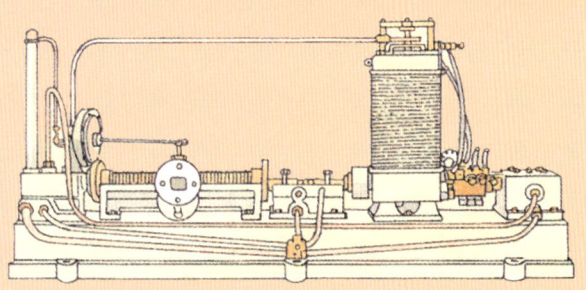

19 世纪末，英国工程师查尔斯·帕森斯发明了轴流式反应涡轮机，这种涡轮机由高压蒸汽驱动，噪音小、效率高。轴流式反应涡轮机的叶片和发电机同轴，蒸汽经过一系列分级膨胀后通过几个转子降低了涡轮机的转速，使其更容易受控。

1905 年，英国海军战舰都使用帕森斯的涡轮机作为动力装置。后来，这种涡轮机还应用到发电厂的发电装置中。

水轮机

水轮机（上图）也叫水力涡轮机，是将水能转化为机械能的装置。水轮机由细叶片风扇组成，在密封箱内运转。水流持续不断地注入水轮机，形成强大的水压，水压使一排排细叶片风扇转动起来，水轮机便开始工作了。所有细叶片风扇都与一个转轴相连，而转轴直接通向发电机。

燃料电池

燃料电池直接将化学能转化为电能。在燃料电池内部，氢气和氧气结合，形成电和水。燃料电池轻便、灵活，易携带，损耗少，有些公交车使用的就是燃料电池。

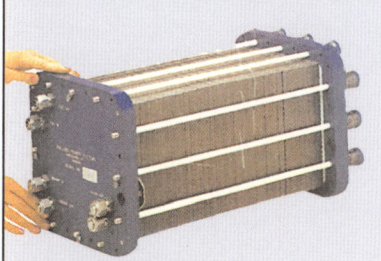

电力和环境

发电厂燃烧煤和石油等，释放出大量二氧化碳气体，排到空气中会加剧温室效应。二氧化碳是一种温室气体，会像毯子一样吸收太阳的热量，而且会阻隔地表反射到太空中的热量。二氧化碳逐渐增多，环境温度变高，温室效应越来越明显，全球变暖势不可挡。

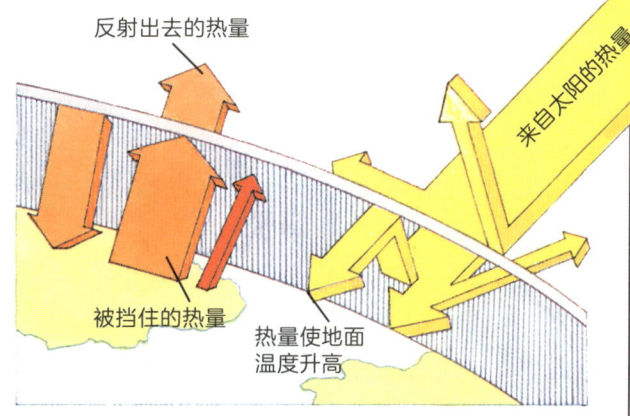

反射出去的热量
来自太阳的热量
被挡住的热量
热量使地面温度升高

发电厂还会排放一种叫二氧化硫的气体。二氧化硫与空气中的水汽结合后形成硫酸，导致雨水的酸性增强。酸雨危害野生动植物的生长，对建筑物造成破坏。英国威尔斯大教堂的雕像（右图）长期遭受酸雨的侵蚀，其中部分石块已经崩裂了。

在水电站（上图）中，水流使涡轮机转动，继而将动能转化为电能。水流通常被大坝拦截起来，然后从大坝顶部冲向底部，形成强大的水压。水压冲击涡轮机，带动发电机发电。

垃圾发电

固体垃圾是一种可回收资源。有些发电厂回收固体垃圾，用它们作燃料来加热特殊锅炉，使锅炉中的水沸腾后产生蒸汽，蒸汽推动汽轮机，带动发电机发电。这种发电方式既可以节约资源，又可以减轻环境污染。

太阳能

太阳源源不断地释放能量，但获取和利用这些能量的成本比较高。伊凡帕太阳能发电站位于美国加州的沙漠中，是世界上规模最大的太阳能发电站。这座发电站架设了 30 万块太阳能电池板，每块电池板都是一块太阳能镜面，可以收集和聚焦太阳光，并将太阳光反射到 140 米高的塔顶。在那里，水加热后变成水蒸气，为动力涡轮机提供驱动力。

电力到我家

发电站发电后，通过粗电缆将电输送到各个用电终端。粗电缆架设在空中，借助电缆塔上的金属架支撑和连接。电缆有时被埋在地下，但这样安装成本和维护成本会大大提升。为了应对电流损耗，电缆中的电压非常高，因此必须经过变电站的变压器调节之后，才能供给家庭生活和办公使用。目前，我国家庭用电的标准电压是220伏特，正常波动范围为200~240伏特。

交流电还是直流电？

交流电是指大小和方向随时间做周期性变化的电压或电流，直流电是指方向始终不变的电压或电流。尼古拉·特斯拉是塞尔维亚裔美籍科学家，于1891年获得高频率交流发电机的专利。同时期的爱迪生是直流电的狂热拥趸，他与特斯拉成为竞争对手，引发了电流之战。后来，尼古拉·特斯拉发明了感应电动机（下图），使交流电远距离高压传输的优势展现出来，解决了普通机器不能使用交流电的难题。

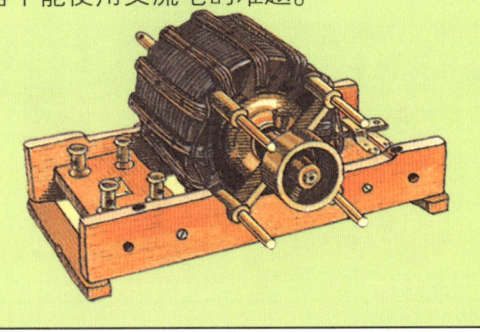

变压器

变压器是利用电磁感应改变交流电电压的装置，由初级线圈（输入端）、次级线圈（输出端）和磁芯组成。发电站的变压器将电压增至20万~40万伏特，有助于突破电流在长途运输中受到的电缆阻力。

全民用电

如今，电的应用非常普遍，人们的日常生活已经离不开电了。电出现之后，不断改变着人们生活的方方面面。实际上，许多电器的历史可能还不超过100年。20世纪30年代，电灯的应用才变得相当平常；20世纪50年代，电视在全世界范围内还是稀有品。随着电动机的发展，加热器和食品搅拌器出现了。电器应用是一个逐渐发展的过程，电力安全也逐渐得到保证。

用电量

你知道自己一天用了多少电吗？尝试绘制一个图表，记录下自己的用电量。从你睁开眼睛的时候开始算起，床头的闹钟要用多少电？客厅里的电视呢？做早餐的电器呢？刷牙和打开水龙头会耗电吗？不同的天气对耗电量有影响吗？想一想，你可以做哪些事情来节约用电呢？

发明电灯

1801年，英国化学家汉弗里·戴维发明了弧光灯。这是一种强光灯，利用电极之间的电弧发光，电火花越过间隙，在两根金属棒的末端跳来跳去。1878年，英国化学家约瑟夫·斯旺制成了以碳丝通电发光的真空灯泡，获得了第一个白炽灯专利。1879年，美国发明家爱迪生制作出碳化棉丝白炽灯，后来他又用钨丝作灯丝，对电灯进行改造，发明了沿用至今的钨丝灯。

电网

电缆和电缆塔将各地的发电站连接起来，并通过变压器将电流转化为可供使用的电力。这是一个完整的系统，称为电力网，简称电网。如果某个发电站瘫痪了，导致电力供应中断，电网中的另一个发电站还可以发挥作用，避免发生停电故障。电网可以在村与村之间，可以在农村与城市之间，也可以在国与国之间。

电力贸易

电力也是重要的国际贸易资源。有的国家大规模建设发电站，一年可以生产大量电力，国内根本用不完，这样便可以将电力出口到别的国家。瑞士是一个典型的季节性用电国家：春天高山上的冰雪融化，河水流速快，水力发电产生的电量多，可以出口到别的国家；秋冬季节河水结冰，水力发电产生的电量少，就需要从别的国家进口电力。

在一些欠发达地区，电力还未普及，很多人围在一起看电视。有些村庄配有小型发电机或备用电，可以提供短时间照明。沼气是一种安全、环保的资源，也可以用于发电。

储存电力，未雨绸缪

电池和电容器可以储存少量电力，收音机和洗衣机也有类似的储电装置。如果想要储存大量电力，那就相当麻烦。科学家正在研究这个问题，希望找到有效的方法。如果可以大量储存电力，就能减轻我们对化石燃料的依赖，环境污染问题也能得到妥善解决。

巨大的电火花

1929年，美国科学家罗伯特·范德格拉夫发明了一种收集和储存大量静电荷的仪器，称为范德格拉夫起电机。一根接触电刷并不断移动的传送带，将静电荷传送到中空的金属球表面。金属球下面连接着一个绝缘的圆柱体，能产生超过1000万伏特的电压！

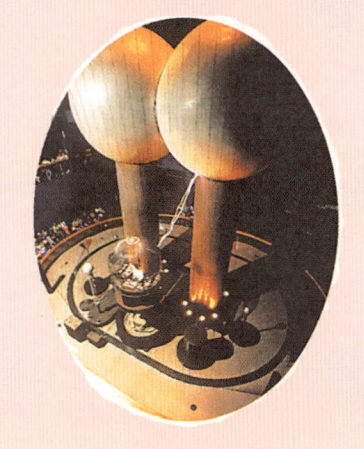

迪诺威克抽水蓄能电站

迪诺威克抽水蓄能电站位于英国北威尔士境内，于1974年动工兴建，于1984年全部建成投入运营。当地电力需求低时，水被定期抽上去；当地电力需求高时，水冲下来，用于水力发电。

最早的电池

伽尔瓦尼是意大利的医生和动物学家，有一次，他在实验室中解剖青蛙时，不小心让刀尖触碰到了蛙腿上的外露神经。这时，蛙腿剧烈地痉挛，并出现了电火花。他意识到，因为青蛙身上本来就有电，所以才会痉挛并发出电火花。伏特认为，蛙腿之所以发电，是因为里面的盐分和金属刀片连成了回路。事实证明，他们的想法都是正确的。动物体内的确含有微弱电流，而且连接金属后确实会形成回路。在这一发现的基础上，伏特发明了伏打电堆，并建立起电生理学。

随处可见的电池
电池的大小和形状各式各样，手表内的电池又小又圆，手电筒内的电池是圆柱形或方形的，电动车的电池看起来很大。尽管外形不同，但所有电池的工作原理是一样的，即将储存的化学能转化为电能。电池的蓄电能力不强，含电量少，比较安全，而且方便携带。如果电池内的化学物质耗尽了，电池就不能发电了。不要随意丢弃废弃电池，因为电池里面的化学物质很难降解，需要经过垃圾分类后再专门处理。

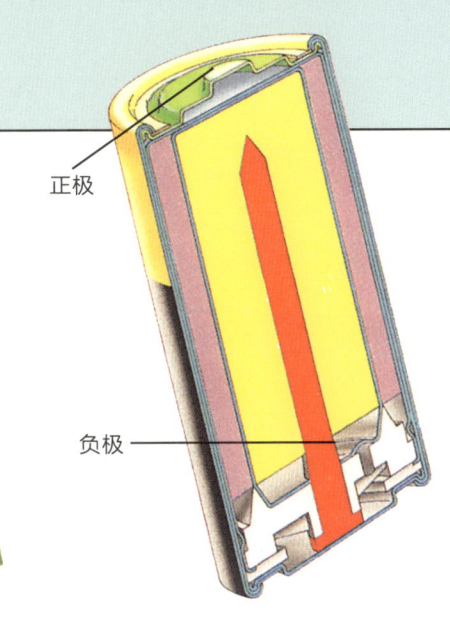

正极

负极

电池的工作方式
电池内部发生化学反应，使负电荷聚集到一端，正电荷聚集到另一端。所以，电池两端分别标示了正负极。当电池两端分别连接金属导线时，电子会经过金属导线，从负极流向正极，从而形成电流。

电容器
电容器是由两块电极板及之间的介质材料构成的。两块电极板之间距离很近，能够储存少量且位置固定的电荷。收音机中装有电容器（左图），点击或旋转按钮便可以更改频道。转动收音机旋钮的过程，就是改变电容量的过程，这样可以让收音机接收到不同频率的信号。

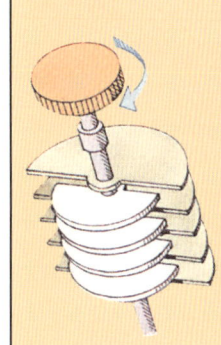

1860 年，法国的雷克兰爵士发明了碳性电池。这种电池的电解质具有黏性，且取代了危险的硫酸，因此更安全且容易制造。1887 年，英国人赫勒森发明了干电池，这种电池安全且方便携带，因此应用范围越来越广。

制作柠檬电池
你想动手制作简易电池吗？准备一个柠檬、两片金属片和两根电线，尝试制作简易电池吧。将金属片插入柠檬中，确保两片金属片不会接触。再用电线将两片金属片分别连接起来。然后将电线放到舌头上，你会有刺痛的感觉。因为柠檬、金属片、电线和舌头之间形成了回路，让舌头导电了。金属片和柠檬汁之间发生了化学反应，这种化学反应和电池的发电原理相似。

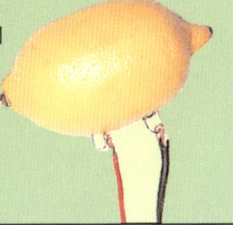

电与现代生活

没有电，工业生产就会停摆。如今，生活中的大部分消费品都是用电力机械制造的，产品零件经钻机或机械臂加工和模切后，在传送带上进行组装，最后被起重机放到车厢中运走。无论采矿还是金属加工，电动机都为工人提供了精确而安全的电力操作。计算机等电子设备的出现，使我们的生活和工作发生了翻天覆地的变化。

生还是死？

战区医院和灾区医院的电力供应不稳定。在这样的条件下，医生诊断病情时没有先进的仪器设备可以依靠，手术时也可能缺乏良好的照明，但医生和护士还是保持自己的专业水准，尽力救死扶伤。

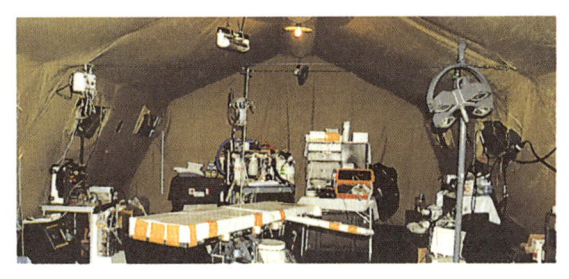

电解

在电池中，化学物质通过化学反应产生电流。同样地，电流也可以激起化学反应，使化学物质进行再分解，这个过程就是电解。电解技术可以应用于金属提纯，比如对铝土矿进行电解后，可以提取出纯度更高的铝金属。

电弧焊

电弧焊是一种用于焊接金属的工具，它以电弧为热源，利用空气放电的物理现象将电能转化为热能和机械能。电弧焊中的两个导体之间存在强电流，电流释放出高热，从而将金属熔化后焊接在一起。

电力和农业

在刀耕火种的年代，人们不知道什么是电。电的发明，对农业和农民的生活产生了深刻的影响。挤奶机模拟牛、羊的吸奶动作，将牛奶和羊奶吸出来，而不需要牧民手工挤奶。谷物收割机和脱皮机将农民从繁重的体力劳动中解脱出来。计算机控制牲畜的进食量以及周围环境的温度和湿度，让牲畜的生活环境更为优良。在花田里，电钟控制人工照明的时长，调节花卉的生长周期。在温室中，电脑帮助调节室内温度，使温室作物始终处在适宜的生长环境中。

自动升降

自动扶梯和直梯都是由电动机驱动的。在自动扶梯内，电动机启动驱动轮，使连接阶梯的链条转动起来。在直梯内，电动机驱动皮带轮，控制与电梯厢连接的缆绳，使直梯上升或下降。

夜以继日

工厂的机器不停歇。下图中的炼油厂在晚上依旧灯火通明，一派繁忙的劳作景象。

电解技术

汉弗里·戴维是英国化学家，迈克尔·法拉第曾担任过他的助手。他们是最早使用电解技术的科学家，通过这项技术他们发现了钾、钠和钙等新的化学元素。纯钾是一种银色金属。戴维收集植物燃烧后的灰烬，并给它们通上电，最终从碳酸钾中提取出了纯钾。

电镀

为了防止金属氧化，可以利用电解技术在金属表面镀上其他金属的薄层，这个过程就是电镀。如果要给金属镀上银膜，可以将金属与供电设备的负极相连，然后将其浸入含有银离子的液体中。银离子是带正电荷的阳离子，电流经过时会向负极移动，如此就可以为金属镀上一层外衣。我们平常使用的锡罐，其实就是在钢罐表面镀了一层锡。

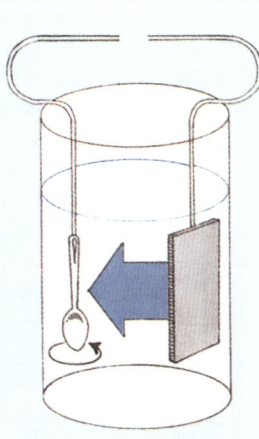

电喷雾为植物提供适量水分，土壤电暖灌溉能促进植物根系的生长。在电动控温的培育室（下图）中，环境温度得到了合理控制，小鸡等动物发育得很快。

电影中的电

在无声电影《摩登时代》中，我们可以清楚地看到电动机对人们的生活产生了深刻影响。卓别林在电影中饰演的流浪汉走起路来滑稽可爱，他好奇又无知，面对各种新机器时显得有些手忙脚乱，令人忍俊不禁。在《科学怪人》中，电是非常重要的元素，因为弗兰肯斯坦就是被闪电的能量激活的。

电与交通工具

有了电,交通工具才能运行。电车的动力来自电池的化学反应,汽车的动力来自电火花引燃汽油后产生的能量。电力火车、有轨电车和无轨电车的动力都来自电,电磁悬浮列车也离不开电。柴油发电机驱动火车,也驱动货船和油轮。另外,飞机和轮船上还装有电子导航系统。

车载电脑

车载电脑是针对汽车的行驶环境而开发的产品,具有抗高温、抗尘和抗震等特性。车载电脑几乎能实现所有家用电脑的功能,支持上网、影音娱乐、卫星定位和语音导航,能发出道路施工和交通堵塞的警报,为司机规划最佳的行驶路线。

太阳能汽车(上图)和太阳能飞机(左图)装有太阳能电池,可以将太阳能转化为电能。

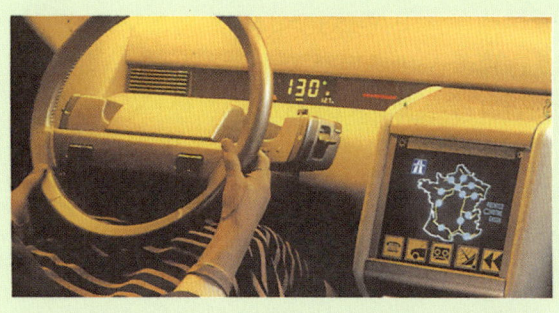

飞机和轮船依靠电子导航系统识别方向。计算机程序能控制飞机自动飞行,不需要飞行员手动操作。飞机通过无线电接收地面导航台的信号,地面导航台通过卫星信息测算飞机的位置。

电动自行车

1992年,英国发明家克里夫·辛克莱尔发明的电动自行车上市了,并取名为Zike。这款自行车有一个集成镍镉电池系统和一个850克重的永磁电机。电池由把手上的简易开关控制,可以充电。

电力火车

1895年，世界上最早的干线电力火车在美国巴尔的摩和俄亥俄铁路上开始运行。当时，电力火车的动力来自顶部的供电电缆和轨道旁的电线杆。虽然不需要携带燃料，但电力火车必须靠近电缆或电线杆才能运行。和普通火车轨道相比，电力火车轨道的修建和维护成本很高。有些电力火车也使用柴油带动发电机，依靠发电机推动连接车轮的发动机，从而驱动电力火车前行。如今，火车的种类越来越多，速度也越来越快。

法国高速列车的速度达483千米/时，磁悬浮列车的速度达402千米/时。

核潜艇（左图）是以核反应堆为动力来源的潜艇。原子核反应堆产生热量，驱动涡轮机传导电力。核潜艇可以行驶很远的距离，且中途不需要添加燃料。核电是一种昂贵的电力资源，其安全性也遭到质疑。日本的大和1号试验船是世界上第一艘超导磁流体推进船，这种电磁结合技术也应用到了新型核潜艇中。

电力和环保

大城市的街道上车来车往，汽车尾气无处不在，这不仅会造成环境污染，还可能危害人体健康。相对而言，电力交通工具更加环保，它不会向空气中排放有害气体。当然，目前大部分电力是通过发电厂燃烧化石燃料后获取的，所以产生电力的过程也会对环境造成污染。太阳能和水能都是清洁能源，科学家们正在深入研究，希望找到更多可供使用的新能源。

可充电电池

有些电池可以重复使用。电池中的蓄电耗光后，只要再次充电就可以维持化学反应。电动轮椅的电池是可以反复充电的，汽车的电池也可以。汽车行驶过程中，电池先将动能转化为化学能；汽车再次启动时，便将化学能转化为电能，以驱动发动机，使汽车前进。

133

电力通信让沟通更便捷

自19世纪电报机发明以来,电改变了我们的生活方式和沟通方式,让相隔甚远的人也能接收彼此的信息。电子设备将声音和图像转化为电信号,电信号沿着电缆传输到世界各地;在电话、传真、电视和收音机的接收方,电信号又重新转化成了声音和图像。现在,我们可以通过电脑和网络与世界各地的人聊天、视频或发邮件。

电信号

1876年,亚历山大·格拉汉姆·贝尔发明了电话机。在拨电话的一端,声波被转化成电信号;在接电话的一端,电信号重新转化成了声波。1884年,萨缪尔·莫尔斯用莫尔斯电码发送了世界上第一份电报,这份电报从美国华盛顿发出,传送到了海港城市巴尔的摩。

萨缪尔·莫尔斯是莫尔斯电码的创立者。莫尔斯电码是通过时断时续的无线电信号来传送的信号代码,可以通过信号长短及停顿来表达数字、英文字母和标点符号等。

收音机和电视机

在无线电台和电视台中心,声音和图像被转化为电信号,发射机将电信号转化为无线电波,并通过天线将其发射到空中。接着,无线电波被收音机或电视机接收。收音机将接收到的无线电波转化为电信号,再将电信号转化为我们听到的声音;电视机将接收到的无线电波转化为电信号,再将电信号转化为图像和声音。

无线电塔向太空中的卫星发射信号。

可视电话

可视电话可以让通话双方在通话过程中看到对方。可视电话要求电话线具有较大的承载能力，技术难度比较高。随着数位电子学的发展，图像可以转化为编号代码，从而减轻图像信息的传输压力。然而，随着电脑和手机的出现，可视电话逐渐被取代了。

卫星从中继站接收信号，并将信号传送到有线电台。

通信卫星

通信卫星在太空中围绕地球旋转，并从地面的巨大碟状天线接收无线信号，再将信号发射到地面的接收天线。

有些电视频道是通过电信号传输的，电信号经过一根特殊的电缆，直接传输到家庭中。这种通过电缆传送电视节目的系统叫有线电视。通过有线电视，观众可以看到世界各地的实时新闻播报，了解体育比赛的现场状况等。

从乐队的现场演唱到录音棚的唱片制作，电的出现改变了音乐的储存方式。以前，音乐保存在唱片、光盘或磁带里；现在，我们只要打开电脑或手机的播放器，就能听到音乐。

线上作画

电脑让线上作画变得更加方便。在绘画程序中，我们可以找到各种材质的绘画颜料，比如油画颜料或水彩颜料。我们可以将各种颜料涂抹在一起，也可以选择画笔的粗细，甚至选择笔刷刷毛的数量。在电脑上作画时，我们可以不断地修改和润色，还可以在各种版本之间进行对比。当然，这要求电脑必须有较高的显色能力和较大的存储空间。

未来世界

从智能计算机到小型机器人,再到虚拟现实和增强现实,电磁学不断发展,衍生出了许多激动人心的新技术。电脑实现全球联网后,地球变成地球村,世界各地的人们都可以在线交流、分享信息和观点。技术进步也使我们找到了新的发电方式,比如核裂变发电。对电磁学研究越深入,人们发现的惊喜越多,生活也变得更加缤纷多彩。

昆虫机器人

科学家研发了各种各样的机器人,这其中不仅有人工智能高级机器人,还有类似昆虫的小型机器人。小型机器人没有思考能力,只能像昆虫一样依靠本能行动。这些机器人体形小,体重轻,适合执行需要精细操作的任务。小型机器人成本低,制作简单,能代替宇航员参与太空探索,还能处理家务活。

智能计算机

有些科学家致力于神经网络的研究,希望将人工智能和计算机结合起来,研发出智能计算机。在科学家的构想中,智能计算机处理问题的方式和人脑相似,能运算、联想、思考和预测。

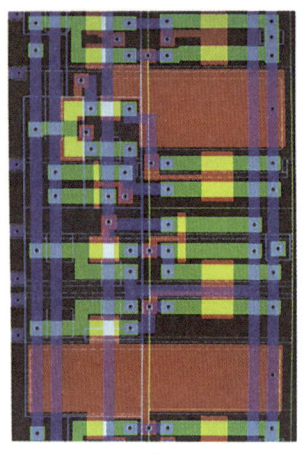

核裂变与核聚变

核电站使铀或钚发生核裂变并产生能量,这种能量就是核能。太阳的能量由核聚变产生,科学家也可以将氢和氦结合在一起,形成核聚变。相比于核裂变发电,核聚变发电耗能少,而且不会产生有害辐射,所以更环保、更安全。

太空通信

未来，卫星链路和光纤网络可能覆盖全球所有家庭。光纤由玻璃纤维制成，以光脉冲的形式传递信息。许多国家都在研究建立太空通信的方法，尽管彼此之间存在竞争，但国际合作也很常见。太空浩瀚无垠，对人类来说是一个全新的未知领域。国际合作必不可少，除了太空通信，各国在太阳能开发方面也有合作。

锡冷却到极低的温度后，对电流几乎没有阻力。像锡这样导电能力非常强的材料被称为超导体，因为它几乎不会造成电流损失，所以是制作电缆的最佳材料。但是，要使这些材料始终处于冷却状态非常不容易，而且运作成本非常高。科学家正在寻找让它们在常温或高温下也能发挥同等作用的方法。

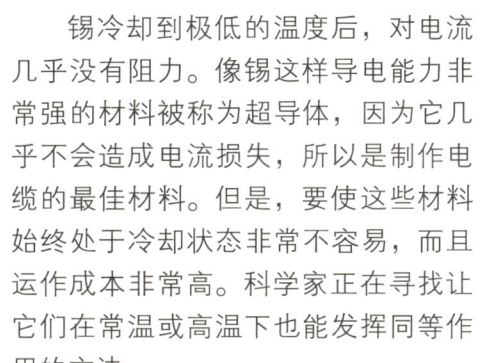

电子监控

如今，街头和公共场所一般都设有监控器，用于抓拍违法犯罪行为。在有些国家，犯罪嫌疑人的脚腕处戴有电子追踪器，用于控制犯罪嫌疑人的活动范围。电子追踪器对应无线电接收器，如果犯罪嫌疑人距离接收器太远，信号变弱，警报系统就会响起。

科学家曾在美国普林斯顿的科学实验中短暂地释放了几秒钟的核聚变能量。这个实验是在托卡马克上进行的。托卡马克是一种利用磁约束来实现受控核聚变的环形容器，容器中央是真空室，周围的线圈通电后会使内部产生巨大的螺旋形磁场，磁场将等离子体加热到很高的温度，可以使其实现短暂的核聚变。

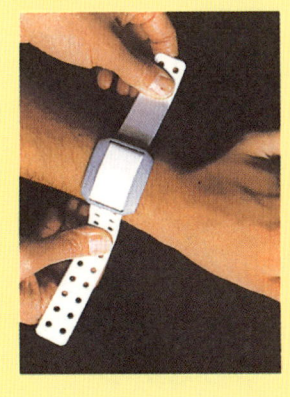

词 汇 表

安培
衡量电流的单位。

磁力线
对分布在磁体周围的力的假设性描述，发源于磁体的北极而终于磁体的南极，构成了磁场。

导体
像铜之类可以让电流经过的物质。

电磁学
研究电和磁的科学。

电动机
把电能转化为机械能的设备。

电荷
一种带电的粒子结构，带正电的粒子叫正电荷，带负电的粒子叫负电荷。

电极板
用碳钢材料制成的装置，具有导电性。

电解质
指溶于水溶液中或在熔融状态下就能导电的化合物。

电路
电流经过的连续的线路。

电容器
一对可以储存少量电流的电极。

电生理学
电学的一个分支领域，主要以生物体所发的电和作用于生物的电为研究对象。

电子
带有负电荷的微小粒子。

发电机
利用磁力和运动来产生电能的机器。

伏特
衡量电流压力的单位，可用伏安表测量。

光脉冲
光源按照一定时间间隔时断时续地发光。

核电
核聚变或裂变过程中释放大量热量，通过机械设备将热量转化为电能。通过这种方式产生的电力就是核电。

核反应堆
指能维持可控自持链式核裂变反应以实现核能利用的装置，又称原子能反应堆。

静电
通常由摩擦所产生的静止的电荷。

绝缘体
不能导电的材料。

粒子
构成物质的微小结构。

欧姆
衡量电阻的单位。

水电站
将水能转换成电能的水利枢纽工程。

酸雨
人为向大气中过量排放酸性物质而导致的灾害性天气。

瓦特
衡量功率的单位。

温室气体
指大气中会吸收和释放红外线辐射的气体，如二氧化碳等。

卫星链路
指卫星通信系统中信息传输过程中的所有信道。

直流电
一直朝一个方向流动的电流。

质子
带有正电荷的微小粒子。

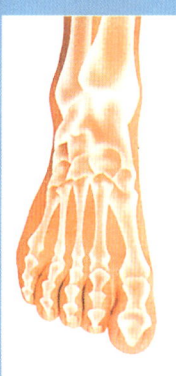
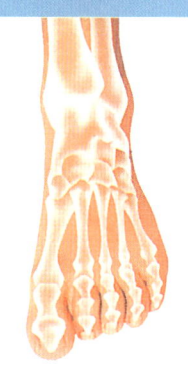

第六章
复杂而精妙的人体

人体相当于一个小宇宙，结构非常复杂。每个人都有自己的身体，却没有关于身体的使用手册。翻开这个章节，走近人体，了解人体的结构和组织等生物学知识，了解人体的历史信息和世界各地的风俗文化等。

读完这个章节，我们将了解艺术作品中曾经出现的人体形象，也将学到许多关于人体的短语和习语。了解人体就是了解我们自己，这可以帮助我们形成正确的自我保护意识，也有利于推动科学技术的进步。

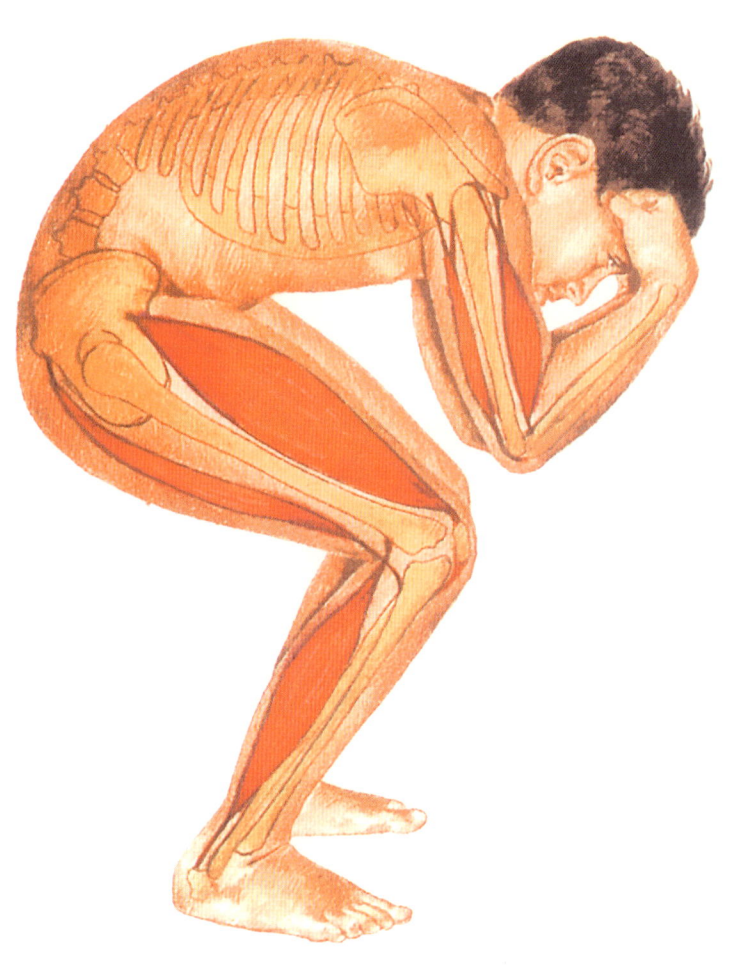

组成人体的小部件

人体结构非常复杂，大脑是人体的高级神经中枢，其运作精妙，让人不可思议。科学家在观察和解剖的基础上研究人体，试图弄清人体的结构和运作方式。和其他生物一样，人体是由细胞组成的。细胞是人体的最小单位，种类繁多，各司其职。同类细胞结合成人体的某个组织，各种组织形成人体的主要结构和器官。器官之间相互协作，构成人体的运作系统。

人体细胞

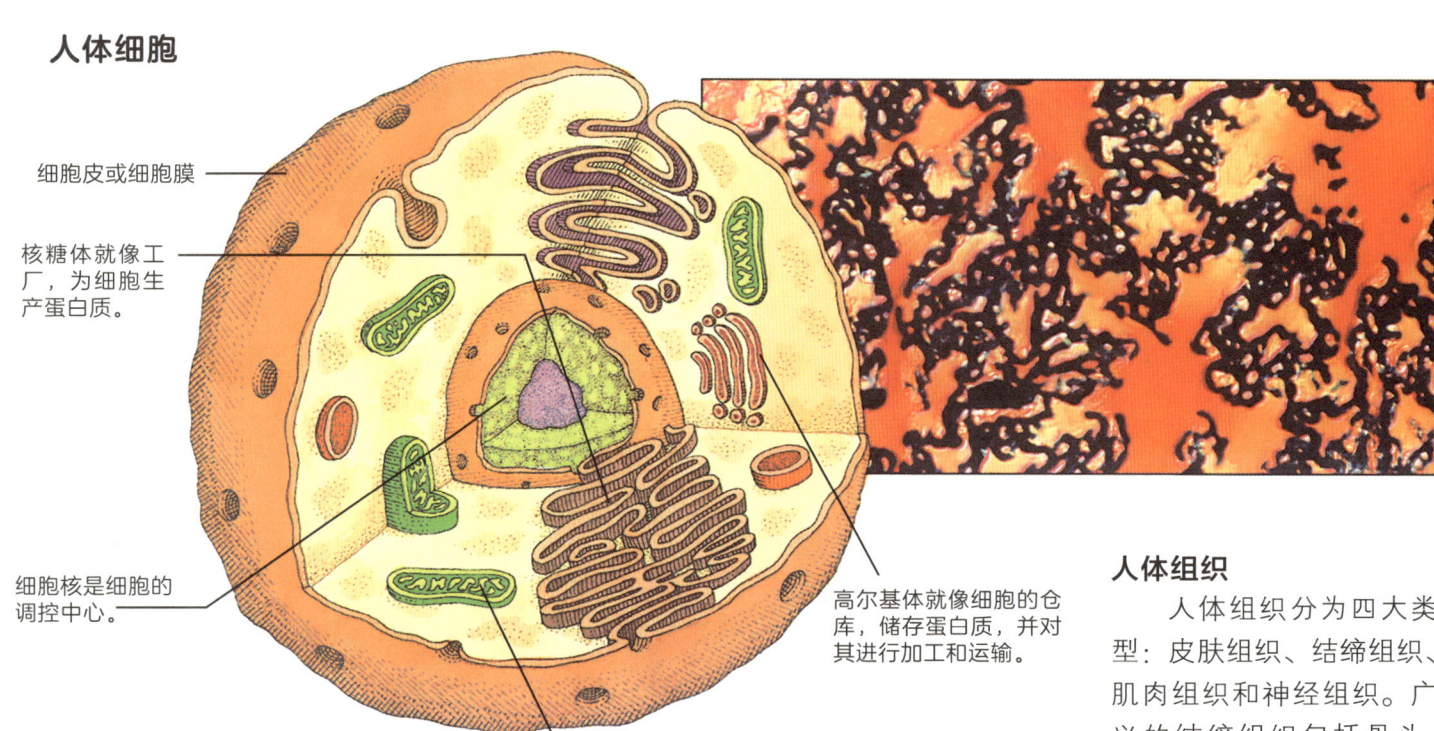

- 细胞皮或细胞膜
- 核糖体就像工厂，为细胞生产蛋白质。
- 细胞核是细胞的调控中心。
- 高尔基体就像细胞的仓库，储存蛋白质，并对其进行加工和运输。
- 线粒体就像发电站，为人体提供能量。

细胞的结构

细胞器是细胞质中具有特定形态和功能的微结构或微器官，比如核糖体。细胞核是细胞内最大、最重要的结构，是细胞遗传与代谢的调控中心。

人体组织

人体组织分为四大类型：皮肤组织、结缔组织、肌肉组织和神经组织。广义的结缔组织包括骨头、血液和淋巴等。

人体细胞

细胞是人体和其他生物的基本构件，也是生物体的最小基本功能单位。沙漠由一粒一粒的沙子组成，人体由数不清的细胞组成。细胞很小，人眼看不清，只能用显微镜观察。人体约包含40万亿~60万亿个细胞，细胞的平均直径约为10~20微米。

古老的解剖学

很久以前，人类不了解自己的身体，也不知道身体是如何运转的。当时，受宗教文化影响，人们认为解剖尸体是邪恶的犯罪行为。古罗马医生克劳狄斯·盖伦是解剖学先驱，他曾在竞技场上为受伤的角斗士疗伤。他对动物进行解剖，获得了许多丰富的经验。在长期的行医过程中，他发现了许多关于人体的知识。他撰写了大约300本书和手册，内容涵盖人体的结构及运作原理。他的某些理论现在看来完全是错误的，但在当时却极大地促进了医学的发展和进步。

人体器官

人体器官由多种组织构成，每个器官承担着特定的职责。有些器官位于体腔内，比如心脏和肺位于胸腔内，胃、肠、肝、肾和生殖器官位于腹腔内。有些器官遍布全身，比如骨骼和肌肉等。

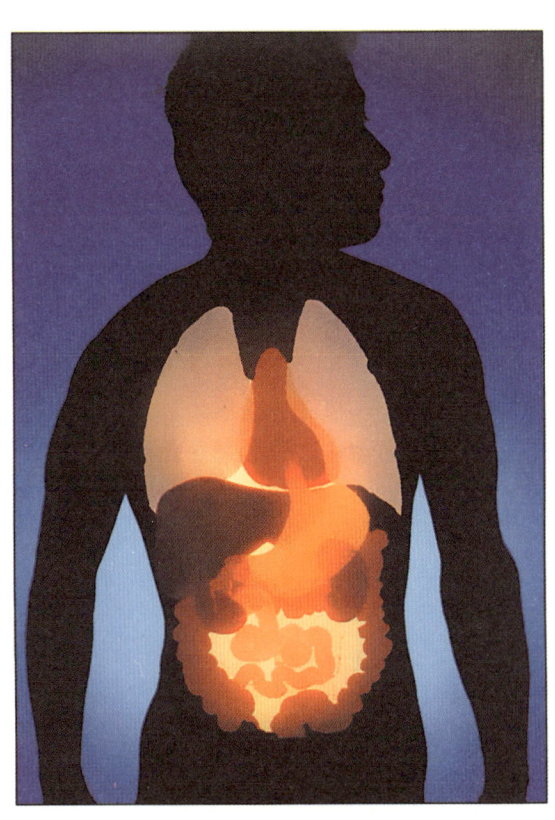

人体系统

器官之间相互协作，构成了完整的人体系统。比如，肺和呼吸道组成了呼吸系统，心脏、动脉、静脉和其他血管及血液组成了循环系统，脑和神经组成了神经系统。人体由九大系统构成，其他系统还有运动系统、消化系统、泌尿系统、生殖系统、内分泌系统和免疫系统。

体液学说

在古希腊和古罗马，医生认为人体是由四种不同的液体混合而成的，这四种液体分别是血液、黏液、黄胆和黑胆。他们认为，空气、水、火和土四种元素构成了世间万物，四种体液与四种元素紧密相连。体液贯穿人的生长发育过程，在体内生成、消耗、重生，体液平衡的时候人体是健康的，体液失衡的时候人体就会生病。

调查人体

列文虎克是微生物学的奠基人，他曾用显微镜观察肌纤维和微血管等。17世纪末，意大利解剖学家马尔比基用显微镜发现了毛细血管，因此成为近代组织学的奠基人。上述科学家的研究为微观解剖学的发展奠定了基础。现在，医生用各种仪器扫描和观察人体的内部结构。有些扫描仪可以显示肌肉和神经的状况，X射线成像可以显示骨骼的生长状况，磁共振成像可以显示大脑、脊柱和面部组织的情况。

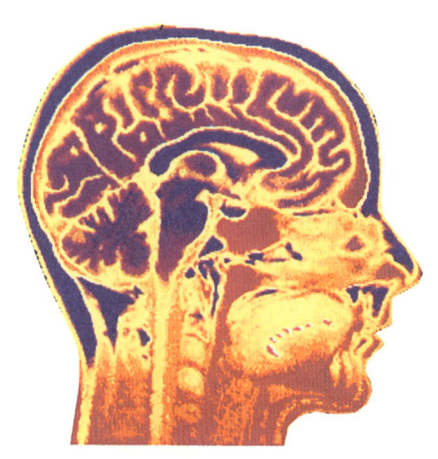

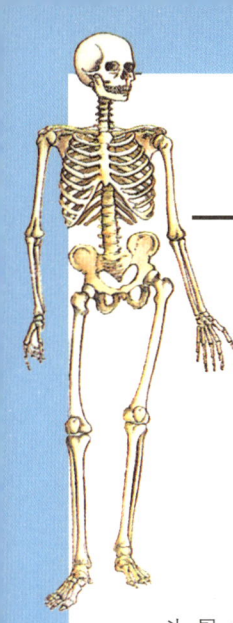

观察人体"骷髅"

骨头坚硬而结实，构成人体的框架——骨骼。单根骨头是僵硬的，不能弯曲和偏折。骨头之间通过关节连接，关节非常灵活，可以转动。有了肌肉和关节，人体才可以移动和弯曲。人体的骨头不仅含有水分，还含有钙等矿物质结晶体和胶原蛋白等蛋白质。骨头里也有血液供应和神经细胞，就像肌肉周围一样。

头骨由脑颅和面颅组成，脑颅中的8块骨头构成了颅腔，面颅中的15块骨头构成了口腔，脑颅和面颅中间还有鼻腔和眼眶。

骨骼

人体一共有206块骨头，少数人的骨头多于或少于这个数量。正常情况下，人有12对肋骨，但有些人有13对肋骨。骨头的形状各不相同，但作用都是支撑和保护周围的软体组织。颅骨包围大脑，对脑部起支撑和保护作用。人的双手有54块骨头，包括腕骨、掌骨和指骨。中国人的第五趾骨只有2节，欧美人却有3节。成年人的脊柱由26块椎骨构成，主要起支撑躯体、保护内脏和脊髓的作用。人体最大的骨头是位于腿部的股骨，最小的骨头是位于耳朵中的听小骨。

髌骨位于膝盖处，是保护膝关节前部的一块小圆骨。

2岁幼儿的手部X射线彩图。

骨头工具

在石器时代，原始人用动物骨头做工具和装饰品。用骨头打造的工具可能是史前人类最早使用的工具之一。

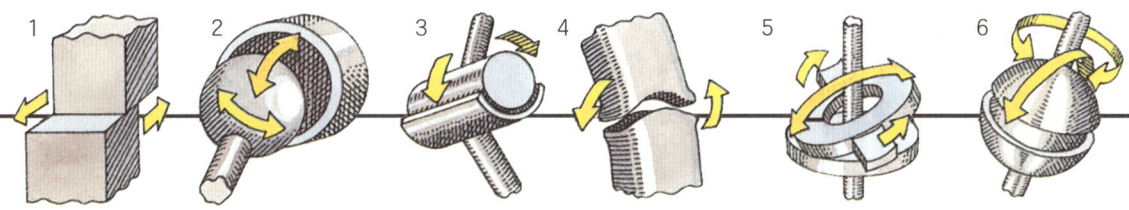

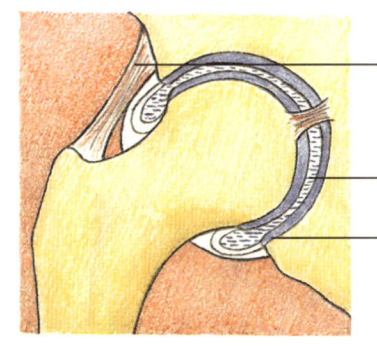

- 弹性韧带将骨头连接在一起。
- 关节囊中含有润滑关节的液体。
- 光滑的软骨覆盖在骨头的末端。

关节的种类

人体有许多不同种类的关节，其中最重要的是平面关节（图1）和球窝关节（图2）。平面关节的曲度接近平面，活动范围小，可做回旋运动和滑动运动；球窝关节是最灵活的关节，可以塞入骨头的凹槽中，朝所有方向转动。滑车关节（图3）呈滑车状，见于手指间；鞍状关节（图4）包含两个U形表面，彼此呈直角嵌合，见于拇指和手指骨的交接处。车轴关节（图5）与韧带形成连接，就像车轴和轴承一样，使手臂可以旋转；椭圆关节（图6）的关节窝为椭圆凹面，腕部关节就是椭圆关节。

骨骼和X射线

骨头由弹性韧带连接在一起，所以不影响行动。在X射线成像中，骨头呈白色。医生通过观察X射线图像，分析骨头的异常发育状况。下图是成年人的手部X射线图像，将其与左边的儿童手部X射线彩图进行比较，看看你能得出哪些结论！

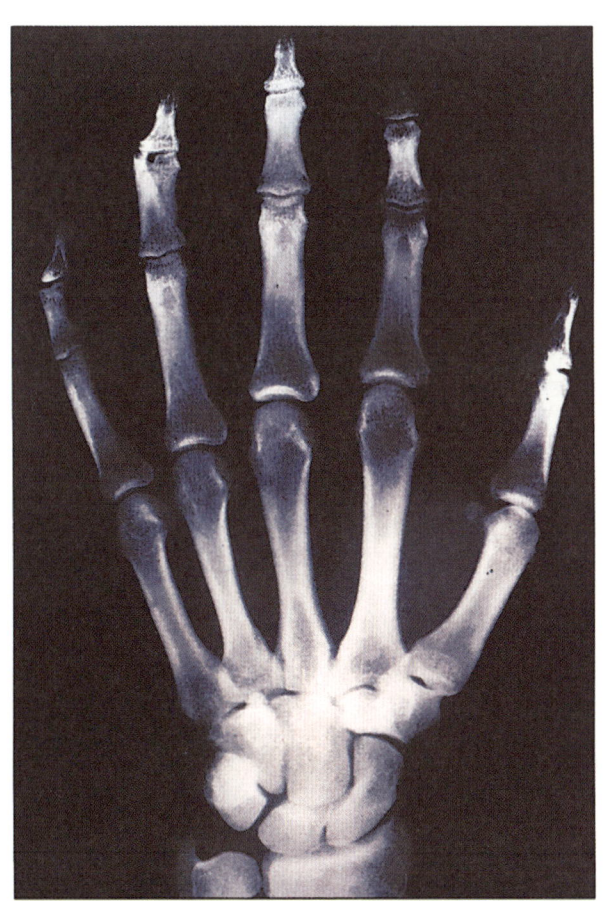

矮个子和高个子

受气候等地理条件的影响，不同地区的人在体形和身材上有所区别。总的来说，骨骼的大小决定了一个人的体形大小。丁卡人和俾格米人都来自非洲，前者的身高大多超过1.8米，但后者的平均身高不足1.5米。在欧洲和北美地区，资源充足，医疗条件优良，人们的身高普遍较高。骨骼专家通过分析骨骼图像，可以知道这副骨骼属于男性还是女性，也可以知道这副骨骼属于成年人还是儿童。

两位俾格米人和一位有高加索血统的西方人站在一起。

肌肉和运动

身体的所有运动都离不开肌肉。肌肉通过收缩来牵引骨骼实现运动。人体肌肉主要分为三种类型：骨骼肌、心肌和平滑肌。人体有600多块骨骼肌，它们附着在骨骼上，主要分布于四肢。心肌（左图上）分布在心脏中，是形成心脏自律性活动的功能基础；平滑肌（左图下）分布于内脏和血管壁中，通过收缩使脏器发生变形和运动。

骨骼肌的结构

骨骼肌由肌腹和肌腱组成。肌腱位于骨骼肌的两端，分别附着在两块相邻的骨头上。骨骼肌中央凸起的部分就是肌腹，肌腹由肌肉组织构成，伸缩性强，上面分布有血管和神经。骨骼肌收缩时，肌腱向肌腹处移动，牵引两侧的骨头做出动作。

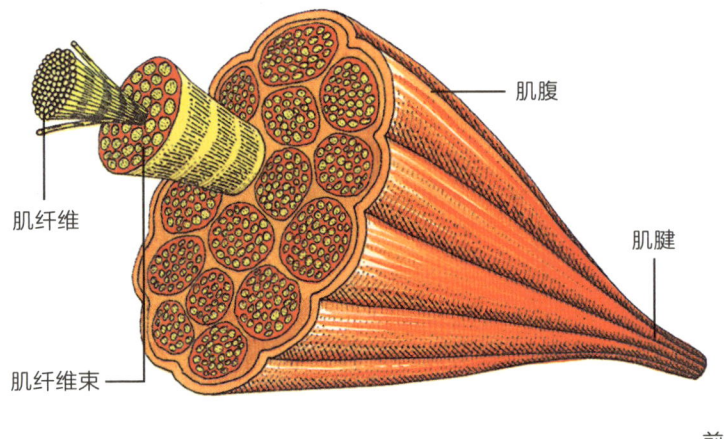

肌纤维
肌纤维束
肌腹
肌腱

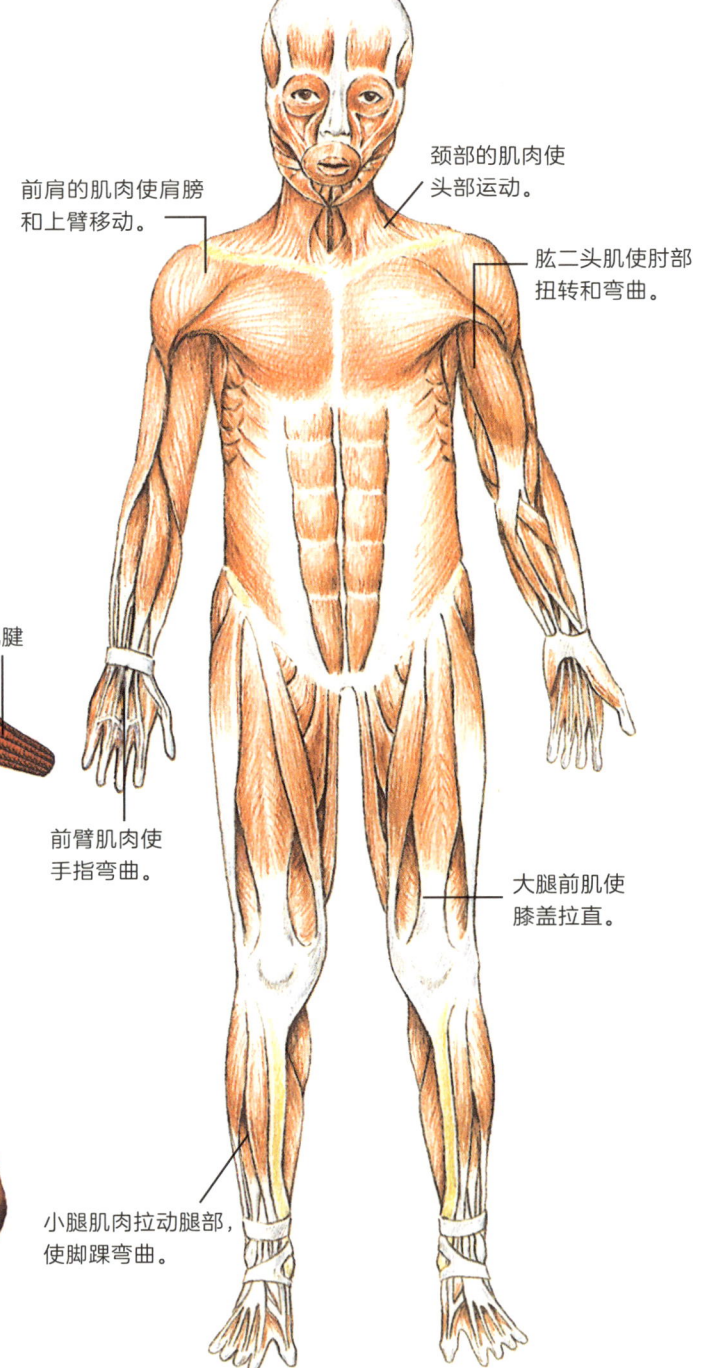

前肩的肌肉使肩膀和上臂移动。
颈部的肌肉使头部运动。
肱二头肌使肘部扭转和弯曲。
前臂肌肉使手指弯曲。
大腿前肌使膝盖拉直。
小腿肌肉拉动腿部，使脚踝弯曲。

人体时尚

健身的话题在几个世纪以来长盛不衰。有时候，人们认为健壮的肌肉是最时尚的，比如古希腊的健美运动时期，男子以粗壮的四肢和发达的胸肌为美。现在，多数女性追求苗条而纤细的身材；男性也在健身房活动，通过锻炼和调整饮食结构来控制肌肉线条，从而保持强健而完美的身材。

大力士的故事

各国文化中都有许多关于勇士的故事，这些勇士有的是英雄，有的是恶棍。赫拉克勒斯是古希腊神话中的大力神，他为了赎罪而旅行，并在旅途中完成了12件不可能完成的任务。传说中，参孙是拥有天生神力的战士和军事领袖，他徒手杀死雄狮，抱住柱子摧毁神庙，压死敌人后牺牲了。

人体艺术和科学

文艺复兴时期强调人文精神，注重以人为中心，主张人的价值和尊严。在这种思想潮流的影响下，人类对人本身的关注愈加频繁。人们重新迷恋起人体之美，科学家也重新燃起研究人体结构和功能的兴趣，其中的代表人物是伟大的艺术家达·芬奇，他亲自解剖尸体，对人体的肌肉系统进行深入研究，并以高超的技艺将人体细节绘制成图画，令后人叹为观止。

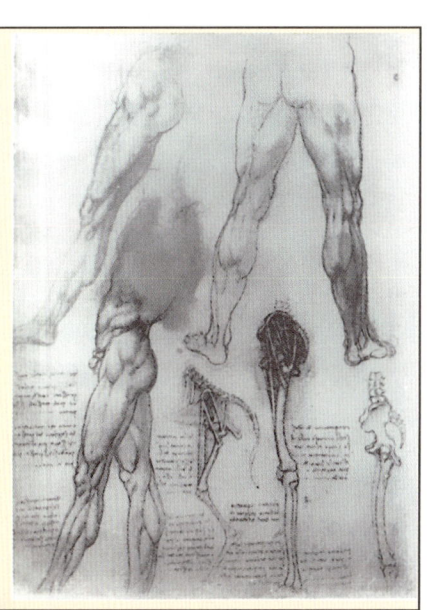

肱三头肌收缩，肘关节伸直。此时，肱二头肌放松并舒展。

肱二头肌收缩，肘关节弯曲。此时，肱三头肌放松并舒展。

股四头肌收缩，膝关节伸直。此时，腘绳肌放松并舒展。

股四头肌和腘绳肌绷紧，形成蹲姿。

成对的肌肉

单块肌肉可以通过收缩牵引骨头，但不能朝着相反的方向推动骨头，所以人体肌肉大多成对附着在关节两端，通过关节的运动使骨头做出动作。一侧肌肉朝一个方向拉动骨头，使关节弯曲；另一侧肌肉朝相反的方向拉动骨头，使关节恢复。对人体来说，哪怕是最简单的动作，都有许多肌肉同时参与，因为只有这样才能维持人体的平衡。

不能停止的呼吸

除了部分微生物，其他所有生命体都需要氧气，因为细胞内部的化学反应离不开氧气的支持。细胞通过呼吸，将食物中的糖等养分分解为二氧化碳和水。人体通过嘴巴和鼻子将空气吸入肺部，空气中约含有 1/5 的氧气，氧气从肺部进入血液，通过血液循环进入身体的各个部分。鼻子、咽喉、气管和肺都在人体呼吸过程中承担了一定的职责，统称为人体的呼吸系统。

新的化学元素

约瑟夫·普里斯特利、卡尔·威廉·舍勒和安托万·拉瓦锡等科学家通过一系列实验证明，氧气是一种化学物质，而且对呼吸至关重要。氧气是由拉瓦锡命名的，他发现这种物质是助燃气体，而且对生物的呼吸必不可少。科学家把小动物放进玻璃罐中，当抽走玻璃罐里的空气后，小动物就会窒息而亡。这种实验听起来很残忍，但确实增加了人们对氧气的认知。

鼻腔

鼻子吸入空气，鼻毛将其中的部分灰尘和悬浮粒子过滤掉。打喷嚏有助于清除鼻腔中的灰尘。

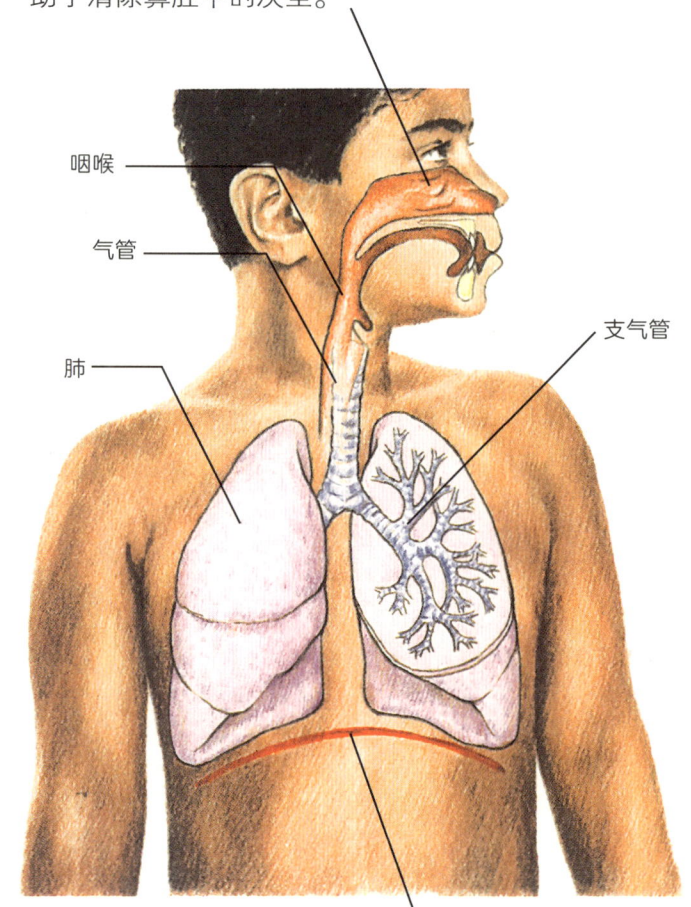

气管

气管分为两个一级支气管，即左支气管和右支气管。支气管内部有一层黏性液体，称为黏液，能吸附灰尘和微小的毛发。吸附物推动黏液往气管的顶部流动，最后通过鼻涕等形式将其排出体外。

横膈膜

横膈膜位于胸腔和腹腔之间，是一块穹顶状的肌肉。胸腔中包含肺、心脏和血管。横膈膜通过收缩，使胸腔体积变大，容量变多，可以装下大量气体；横膈膜通过扩张，使胸腔体积缩小，容量变小，将体内的多余废气排出。

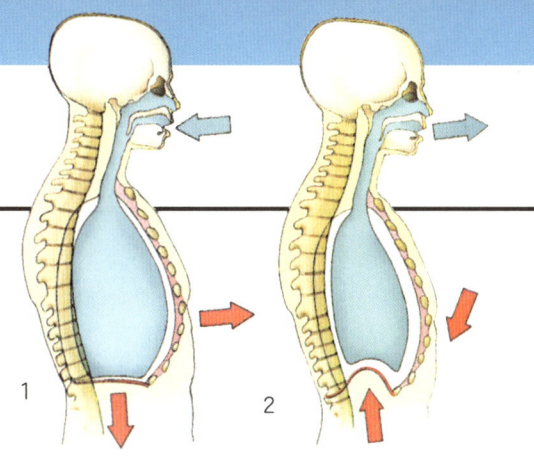

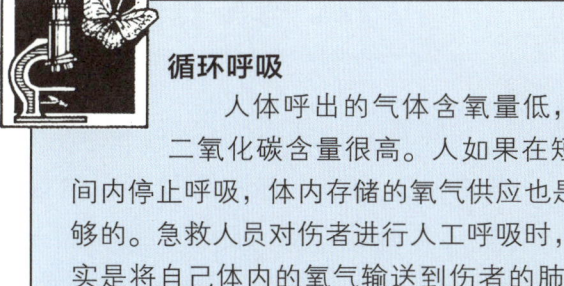

循环呼吸

人体呼出的气体含氧量低，但二氧化碳含量很高。人如果在短时间内停止呼吸，体内存储的氧气供应也是足够的。急救人员对伤者进行人工呼吸时，其实是将自己体内的氧气输送到伤者的肺部。魔术师哈里·霍尼迪在水下展开逃脱表演时，就是重新吸进了自己呼出的空气。

呼吸

呼吸不仅是为了获得氧气，也是为了排出体内的二氧化碳。吸气时，横膈膜收缩，肺部体积扩张，可以容纳更多的气体（图1）。呼气时，横膈膜扩张，肺部缩回原来的大小，使体内的废气排出（图2）。

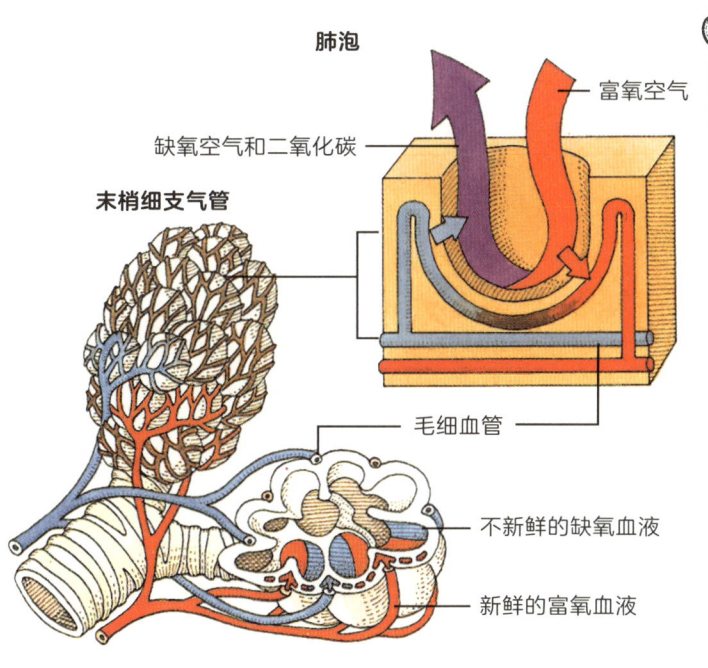

控制心火

数千年来，我们始终没有弄清楚人们为什么要呼吸空气。古希腊哲学家柏拉图和亚里士多德认为，食物中的营养物质在我们的心脏中燃烧，为我们提供了温暖和生气，吸入空气有利于控制我们心中的火焰。

锻炼有益

有氧运动是指人体在氧气充分供应的情况下进行的体育锻炼，比如慢跑和骑自行车等。有氧运动使人的心率保持在150次/分，可以提高肺和心脏的运动效率，使血液为心肌提供足够的氧气，还可以促进体内糖分的分解和脂肪的代谢，有助于减肥。

吸气和呼气

气管分为两个一级支气管，支气管不断分叉，变得越来越细，越来越小，直到末端变得像发丝一样，即末梢细支气管。这些微小的气管延伸到肺泡，将空气输送到肺泡中。氧气在肺泡中渗出，穿过薄薄的内膜后进入血液。血液沿着毛细血管流动，将氧气输送到身体的各个部位，并将二氧化碳送回肺部经呼吸排出体外。

147

获取能量的消化系统

能量是一切事物运行的基础。人和动物要有能量才能生长和生存，机器要有能量才能工作。人体的能量来自食物，食物为身体发育提供物质基础。食物通过嘴巴进入人体，经牙齿咀嚼后进入肠胃中被分解和消化，之后食物的营养和血液一起，被输送到身体各个部位，为身体提供能量。嘴巴、牙齿、食道和肠胃等器官统称为消化系统。

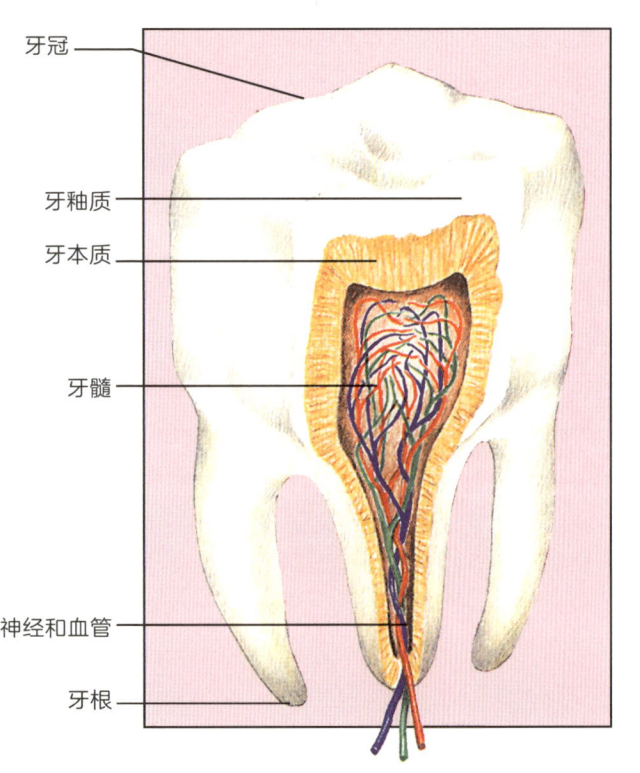

牙冠
牙釉质
牙本质
牙髓
神经和血管
牙根

牙齿

原始人没有刀叉，他们像野生动物一样用牙齿撕咬、切碎并咀嚼生食。现在，虽然我们有了筷子和餐叉等，但牙齿依然非常重要，因为它们能用来咀嚼食物。牙釉质位于牙冠外层，呈白色半透明状，是人体最坚硬的结构。牙釉质下面是牙髓，也是牙体中唯一的软组织，含有大量血管和神经，作用是形成牙本质。人类婴孩时期会长出20颗乳牙（左上图粉色部分）。6岁左右，乳牙自然脱落，逐渐被新的牙齿代替。成年人一般有28~32颗牙齿，其中包括4颗智齿。

磨牙

磨牙又叫臼齿，分为前磨牙和后磨牙，主要作用是碾磨并咀嚼食物。成年人的上下颌分别有4颗前磨牙和6颗后磨牙。

切牙

切牙又叫门牙，主要作用是切碎食物。成年人的上下颌分别有4颗切牙。

犬牙

犬牙位于切牙和磨牙之间，主要作用是刺穿和撕咬食物。成年人的上下颌分别有2颗犬牙。

均衡饮食

营养学是研究机体代谢与食物营养素之间的关系的一门学科。世界上有各种各样的食物，有些人以土豆为主食，有些人以大米为主食，这些食物都含有丰富的碳水化合物。科学、健康的饮食原则要求人们均衡饮食，保证营养充分，适量摄取各种食物，而且要补充维生素和矿物质。

有助于促进消化的高纤维食物和粗粮：水果、蔬菜、粗粮面包、谷类食物、面食、豆类和小扁豆。

唾液腺
　腮腺、下颌下腺和舌下腺是口腔周围的大唾液腺，作用是湿润食物，使食物变得容易咀嚼。唾液腺中含有消化酶，可以对食物进行初步分解。

食道
　食道是由肌肉组成的通道，连接咽喉和胃。食道将胸腔中的食物推到胃部，胃部的压力会压扁食物。

胃
　胃部内含功能强大的消化酶和由胃黏膜分泌的盐酸。这些化学物质和食物混合在一起，对食物进行数小时的分解和消化。

小肠
　小肠中含有很多消化酶，可以彻底消化食物，并吸收其中的营养物质。营养物质被肠黏膜吸收后融入血液，然后被输送到身体的各个部位。

大肠
　大肠接收小肠下传的食物残渣后，吸收其中的水分，通过燥化作用形成粪便，并将粪便传送到大肠末端，经肛门排出体外。

消化系统
　消化系统就像一根长长的管道，从嘴巴处开始，经过胸腔后延伸到腹腔。胃和肠位于腹腔，胃通小肠，小肠与大肠相连。小肠盘曲在腹部中间，长约5~7米，分为十二指肠、空肠和回肠。大肠口径较粗，肠壁较薄，长约1.5米。食物从口腔进入咽喉，顺着咽喉进入食道，然后进入胃里。胃部通过收缩和膨胀，将食物研磨成糊状，也就是食糜。接着，食糜进入小肠，其中大部分营养物质被小肠吸收。最后，食物残渣进入大肠，形成粪便后经肛门排出。

特色食品
　我们经常从商店购买食物。在世界某些地方，有些人仍通过狩猎等方式从野外获取食物。世界各国都有自己的传统美食。在澳大利亚，有的原住民吃蚂蚁，这种可以吃的蚂蚁叫蜜罐蚁，它的腹部储存了大量的花蜜，甘甜而美味。在非洲部分地区，有些人甚至吃炸苍蝇。

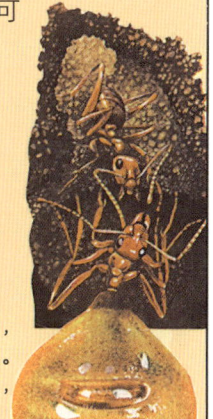

蜜罐蚁的腹部鼓鼓的，里面装满了甜甜的汁液。它们倒挂在蚁穴的顶部，负责为同伴储存食物。

促进人体生长和修复，补充营养和能量的高脂肪食物：乳制品、坚果、植物油、肉类。

富含淀粉和糖的食物：面包、土豆、面食、大米、谷类和水果。

强身健体的高蛋白食物：瘦肉、鱼、鸡蛋、奶酪、豌豆、菜豆。

流动的血液

血液是遍布在人体内部的液体，血液通过血管不断循环，一圈又一圈地流动，这个过程就是血液循环。血液循环就像一个高效的运输网络，将营养物质输送到人体需要的地方。血液中包含三种细胞：红细胞，为全身输送维持生命的氧气；血小板，有凝血和止血功能；白细胞，可以杀灭多种细菌和病毒。这些细胞在血液中流动，由血浆运载。血液循环将氧气和营养物质输送到身体的各个部位，其他废弃物也被血液收集起来后排出体外。

血液网络

人体血液大概占体重的 7%，这些血液在人体内不停地循环运动。动脉管壁较厚，弹性较大，压力较高，可以将血液由心脏输送到身体各个部位；静脉管壁较薄，弹性较小，压力较低，可以将各器官组织的血液运回心脏。主动脉从心脏出发，不断分支成小动脉，小动脉又分叉成小血管，小血管分叉成毛细血管。毛细血管的管壁很薄，氧气和营养物质从中渗出，与血管外的细胞结合；同时，二氧化碳和其他废弃物从这些细胞中渗出后进入血液，并通过血液循环排出体外。

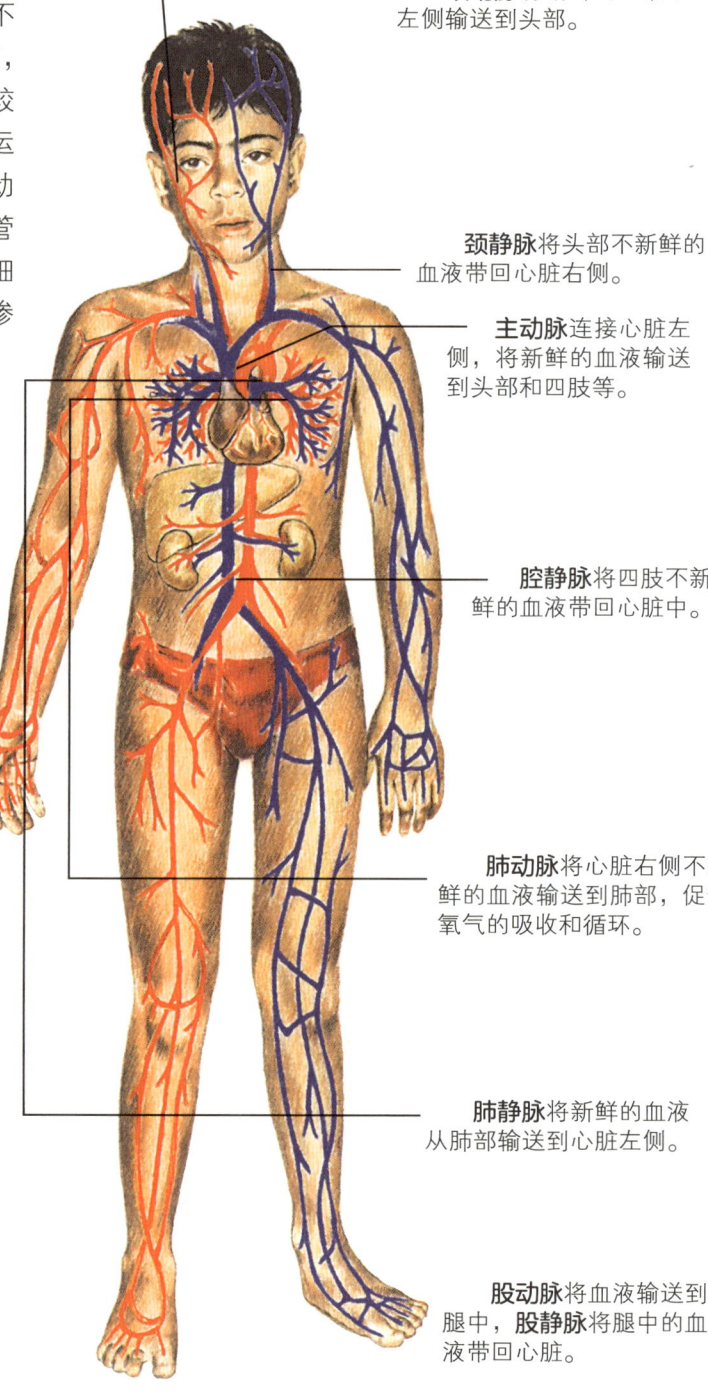

颈动脉将新鲜的血液从心脏左侧输送到头部。

颈静脉将头部不新鲜的血液带回心脏右侧。

主动脉连接心脏左侧，将新鲜的血液输送到头部和四肢等。

腔静脉将四肢不新鲜的血液带回心脏中。

肺动脉将心脏右侧不新鲜的血液输送到肺部，促进氧气的吸收和循环。

肺静脉将新鲜的血液从肺部输送到心脏左侧。

股动脉将血液输送到腿中，**股静脉**将腿中的血液带回心脏。

动脉　静脉　毛细血管　白细胞　红细胞　管壁厚

威廉·哈维

威廉·哈维是英国 17 世纪的生理学家和医生。他发现了血液循环的规律，认为心脏可以像泵一样将血液输送到身体的各个部位。这个发现在当时是划时代的，奠定了近代生理学的基础，标志着生命科学从此步入了新时代。

血型

20 世纪初,卡尔·兰德斯泰纳等科学家发现了血型。他们意识到,不同血型的人不能相互输血,因为这些血液会在体内相互排斥,从而造成严重的后果。现在,输血是一种很常见也很安全的医疗手段,可以弥补受伤后造成的血液损失。血液储存在血库中,其有效期是有限的,所以定期献血对保障充足的血量储备十分必要。

浪漫和现实

在历史上,心是爱情和浪漫的象征。每年的农历七月七日是七夕节,阳历 2 月 14 日是西方的情人节。在情人节这天,情侣交换画有爱心的贺卡,表达自己的爱慕之情。文学作品中经常提到心是爱、勇气和情感的载体,但心其实是体内推动血液循环的器官,主要由肌肉构成。当然,如果一个人产生较大的情绪波动,心跳就会发生变化,但这是在大脑的控制之下的。

心脏是一个中空的肌性器官,分为左心房、左心室和右心房、右心室四个腔。不新鲜的血液从主静脉流向右心房。

新鲜的血液从肺部流出,经肺静脉流入左心房,然后涌向左心室。

主动脉

不新鲜的血液从右心房涌向右心室,通过肺动脉输送到肺部,并在这个过程中完成氧气与二氧化碳的气体交换。

左心室的心肌壁是最厚的,左心室将血液沿着主动脉泵送出去,使血液流向全身。

脉搏

身体处于活跃状态时,肌肉需要更多的氧气和营养物质,所以心脏会跳得更快、更有力。心脏每跳动一次,血液流动引起的压力会沿着动脉往外扩张,形成脉搏。人体处于放松状态时,脉搏的平均频率为 72 次 / 分。剧烈运动时,脉搏的频率会超过 100 次 / 分。

心跳

人处于休息状态时,心脏每秒钟跳动一次。这时,血液进入心房(图 1),然后通过瓣膜进入心室(图 2)。心室肌壁收缩,将血液泵出(图 3)。接着,血液循环又重新开始了(图 4)。

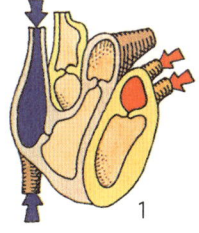 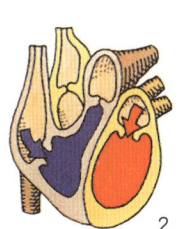 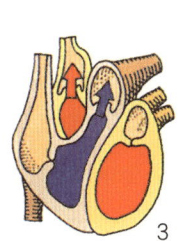 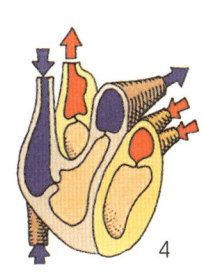

1　2　3　4

把脉

将耳朵贴近爸爸妈妈的胸口,稍微往左挪一挪,你就能听到他们的心跳声啦!你想感受脉搏吗?将手指搭在手腕处的桡动脉或脖子处的颈动脉上,你就能感受到脉搏啦!注意要用食指和中指,不要用大拇指,因为大拇指上有微弱的脉搏,容易和其他动脉的搏动产生混淆。

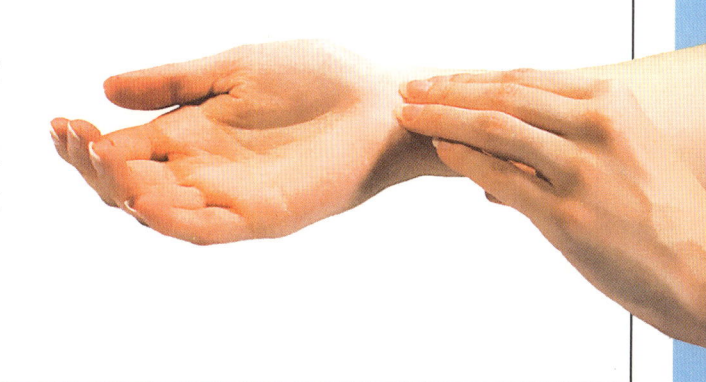

排泄物和激素

人体每天产生许多废物,这些废物被循环的血液收集后,通过肝和肾等器官形成尿液后排泄出去。激素又称荷尔蒙,是人体内分泌系统中用来调节生理平衡的物质,激素可以通过调节组织细胞的代谢活动来影响人体的生长、发育和生殖等生理活动。

肝脏

肝脏是人体内最大的器官,它从胃和肠中获取源源不断的血液供应,并获得消化后的营养物质。肝通过生物转化作用,将有毒的物质以新陈代谢的方式分解掉或者排出去,所以肝脏具有解毒功能。

肾脏

肾脏是血液的过滤器,它的基本功能是生成尿液,清除体内的废物和毒素等。肾单位是组成肾脏结构和功能的基本单位。每侧肾脏约有100多万个肾单位,其中1/3的肾单位的主要功能是排泄,其他2/3的肾单位的功能是储藏水分及其他营养物质。

输尿管

尿道

胰腺

胰腺分为外分泌和内分泌。外分泌的主要成分是胰液,其中含有消化酶,可以中和胃酸,消化糖、蛋白质和脂肪等;内分泌的主要成分是胰岛素、激素和胃泌素等。

检测尿液

中世纪时期,医生有时通过尿液诊断患者的病情。他们先将尿液收集到玻璃管中,再将玻璃管放到明亮的灯光下仔细观察。这种诊断方式称为验尿,它持续了好几个世纪,后来才被证实并不精确。现在,医生依然会通过验尿来诊断某些疾病,但验尿的过程是在实验室中通过化学分析来完成的,所以诊断结果更为精准和科学。

处理废物

人体每天会产生多种不同的废物。消化后的残渣通过肛门排出体外;血液中新陈代谢的副产物通过肾脏转化为尿液后排出去;二氧化碳对人体无益,通过肺部排出去。泌尿系统主要由肾脏、输尿管、膀胱和尿道组成,主要功能是排泄。通过泌尿系统排出的物质既可能是营养物的代谢产物或衰老的细胞组织,也可能是随食物摄入的多余物质。

膀胱

膀胱位于骨盆内,可以像气球一样储存尿液。与尿道交接的地方有括约肌,可以控制尿液的排出。

主腺

大脑下方的脑垂体能分泌几种激素以及类似的化学物质，这些物质可以用来控制身体上的其他激素腺。

甲状腺

甲状腺位于下颈部，呈蝴蝶状，能分泌甲状腺素，甲状腺素会影响身体使用能量的方式等其他生理过程。

高和矮

许多文化中都有关于巨人和侏儒的故事。传说中，巨人十分高大，侏儒十分矮小。在现实生活中，成年人的身高最高可以达到 2.7 米，最低不足 1 米。人体内的垂体会分泌生长激素，生长激素能促进身体生长发育。如果激素分泌不足，儿童的身高会受到限制；如果激素分泌过多，儿童的生长速度过快，身高会比普通人高很多。

胰腺

胰腺能分泌胰岛素，控制细胞吸收和使用糖等能量的方式，被称为胰岛素工厂。

激素

激素又称荷尔蒙，既能调节人体的新陈代谢，又能传递体内的化学信息。每种激素都由特定的腺体分泌，并在血液中不断循环，通过调节组织细胞的代谢活动来影响人体的生理活动。激素、大脑和神经系统一起，共同控制人体运转，保持人体机能平衡。

雌性性腺

成年女性的卵巢排出卵子，卵子与精子结合后形成胚胎。卵巢还能分泌雌激素和黄体激素，帮助女性调节月经，维持生育能力。

雄性性腺

成年男性的睾丸是一种蛋状的腺体，位于腹部下面的阴囊中。睾丸能产生精子，还能分泌雄性激素，控制男性的性别特征及发育。

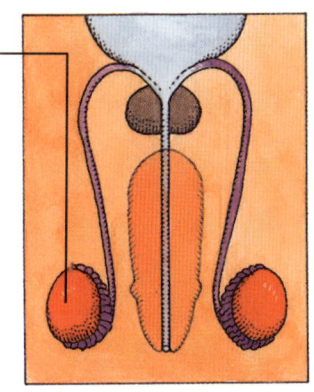

肾上腺

肾上腺分泌肾上腺素，调节体内的水盐平衡，使身体可以在紧急情况下迅速采取行动。肾脏可以分泌肾素，调节体液和血压。

人体卫士——免疫系统

我们周围充满了各种细菌，空气中有细菌，土壤中有细菌，植物和动物身上有细菌，我们的皮肤表面和食物中也有细菌。有些细菌是有毒的，会引发疾病，称为病菌。人体的皮肤能阻隔部分病菌，淋巴系统和免疫系统能识别和杀灭部分病菌。如果人体自主打败了某种病菌，就可能对这种病菌产生免疫力或抵抗力。

淋巴和免疫系统

淋巴可以说是人体的另一种血液，与心血管系统密切相关。淋巴液聚集在细胞间的空隙处，流进淋巴管并经过淋巴结后可以过滤掉杂质。淋巴在体内流动，将脂肪和消化好的食物输送到身体的各个部位，并收集废物带回血液中，通过肾脏过滤出去。

免疫系统由免疫器官、免疫细胞和免疫分子组成。淋巴结是一种免疫器官，白细胞是一种免疫细胞，免疫球蛋白是一种免疫分子。免疫系统能识别和杀灭病菌，与其他系统相互协调，共同维持人体的稳定和生理平衡。

淋巴系统

像血液循环一样，淋巴系统也是遍及全身的。腋窝和腹股沟等部位都有豆粒大小的淋巴结。淋巴管逐级汇合，最后合成较粗的管道，注入心脏附近的主静脉。

淋巴结

淋巴液缓慢地流过淋巴结，使细胞根据人体的需要进行重组、分解和循环。病菌入侵时，白细胞成倍增加，可以及时抵抗和杀灭病菌。

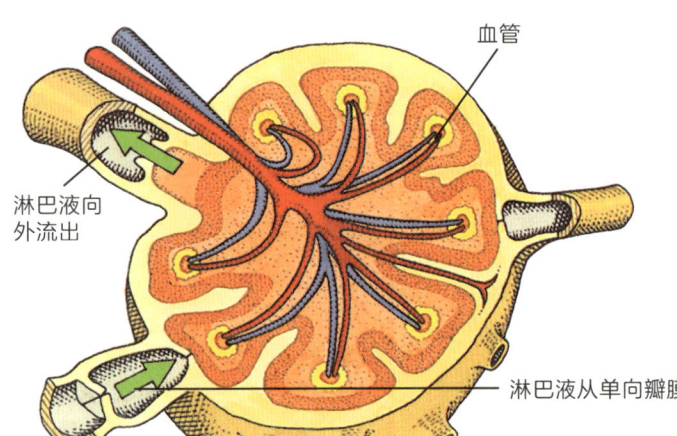

血管
淋巴液向外流出
淋巴液从单向瓣膜中流进

免疫接种

血液和淋巴中都含有可以杀灭病菌的白细胞。通过对人体注射无毒的病原菌，可以诱使人体提高对此类病菌的免疫力。当这种病菌真的入侵时，人体已经具备防御能力，白细胞可以立刻将其杀灭。这种预防疾病的方式就是免疫接种，接种过程中注射的无毒病原菌就是疫苗。历史上，英国内科专家爱德华·詹纳最先用接种疫苗的方法防治天花，被后人称为免疫学之父。

死亡韵律

"一圈一圈的玫瑰，一口袋的花朵，阿嚏，阿嚏，我们都摔倒啦！"1665年，大瘟疫席卷英国伦敦，这首歌谣也随之流行起来。瘟疫不断扩散，人们手持一束束鲜花，期待花香能赶走病毒。在这场瘟疫中，患者的初步症状是打喷嚏，最后不可避免地步入死亡。为了防止疾病进一步扩散，人们挖了许多瘟疫坑，用来埋葬尸体，还烧掉了许多财物和可能传播病毒的物品。

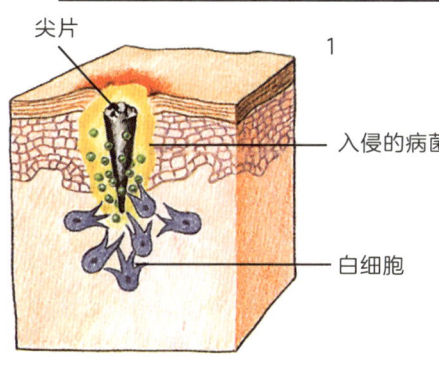

1　尖片　入侵的病菌　白细胞

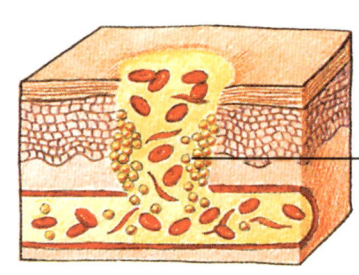

2　血浆和血小板开始形成凝块。

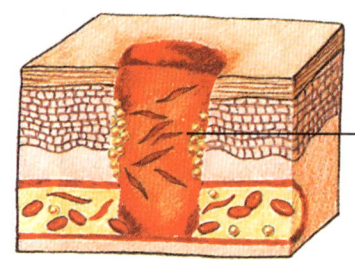

3　伤口密封，形成痂痕。

伤口愈合过程

身体的内部器官和外部皮肤难免遭遇一些小伤害。无论伤口有多小，只要流血了，伤口处就会经历一连串的化学反应。如果皮肤被尖片（上图）划伤，周围的血液会变黏稠，白细胞聚集在一起，准备抵抗可能入侵的病菌（1）。移走尖片后，血液中悬浮的血小板就聚集在一起，形成一道胶状的屏障，这个过程就是血液的凝固（2）。血液凝块变干变硬后，既可以防止新鲜血液继续往外流，也可以防止脏物和细菌侵入体内（3）。伤口渐渐愈合，皮肤组织慢慢修复成原来的样子。

治愈疾病

不同时期、不同地区的人们用不同的方式治病。在原始社会，巫师穿着兽皮围着篝火跳舞，希望通过这种方式驱逐疾病。现代医疗依靠仪器分析患者的病情，通过手术治疗严重的疾病。医学史其实就是人类不断认识自我的过程。专家和学者不断研究人体的结构和功能，对促进医疗的发展十分必要。

艾滋病

在当前社会，艾滋病依然是一种致命的传染性疾病。艾滋病又称获得性免疫缺陷综合征，是指艾滋病病毒侵入人体后，会破坏人体的免疫系统，使人体成为许多疾病的攻击目标。艾滋病一般通过血液等进行传播。目前的药物和医疗手段只能减缓艾滋病的发病过程，而不能完全将其治愈。

感染艾滋病病毒的人体细胞

不可或缺的视听觉

动物要感知周围的世界，才能找到食物、水、藏身之所和伴侣，并及时发现和躲避危险。感知周围世界的器官构成了感官系统，感官系统与神经系统紧密相连，让动物可以及时探查周围情况的变化。人体的感官主要分为五大部分：视觉、听觉、嗅觉、味觉和触觉。人耳朵中的半规管能使头部保持平衡，皮肤的触觉可以传递冷和热等信息，关节肌肉处的拉伸感可以使人了解身体的位置，眼睛让我们看到周围的物体和色彩。

耳朵的结构

耳朵能探测到空气中的声波。外耳瓣将声波收集到长约 25 毫米的外耳道中。外耳道的末端是耳膜，耳膜将声波传递到内耳中。声波通过三块听小骨传递到耳蜗，耳蜗中含有液体，可以将声波转化为电信号，也就是神经脉冲。之后，电信号经过神经系统传递到大脑。

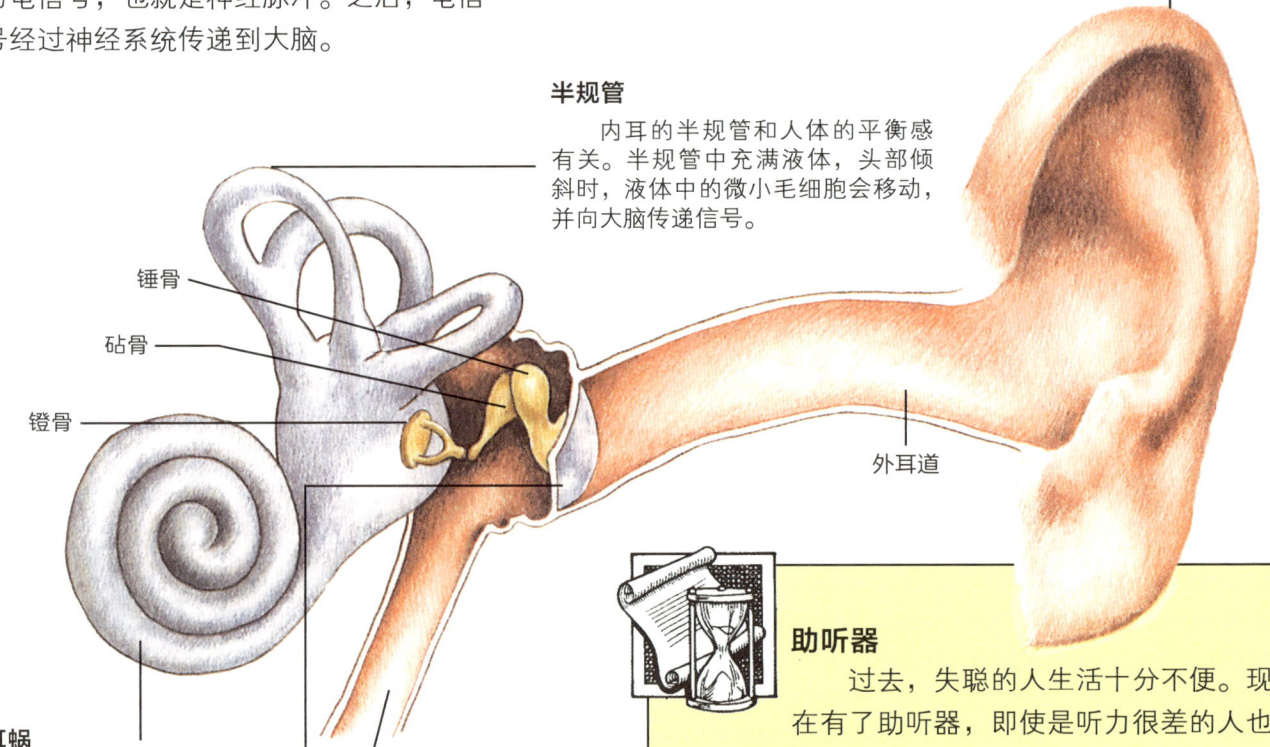

半规管
内耳的半规管和人体的平衡感有关。半规管中充满液体，头部倾斜时，液体中的微小毛细胞会移动，并向大脑传递信号。

锤骨

砧骨

镫骨

外耳瓣

外耳道

耳蜗
耳蜗内有一层纤细的薄膜，上面遍布微小的毛细胞。耳蜗中的液体通过振动使毛细胞产生神经脉冲，并将电信号传递到大脑。

咽鼓管
咽鼓管位于耳朵和喉咙之间，会在人体吞咽和打哈欠的时候张开，用于平衡耳朵内的气压。

耳膜
耳膜是一层类似皮肤的碟状紧绷组织，和小指的指甲一般大小。耳膜轻微受伤或裂开后，会像皮肤一样自动愈合。

助听器

过去，失聪的人生活十分不便。现在有了助听器，即使是听力很差的人也能听到周围的声音。助听器收集周围的声波，并将声波聚集到耳内。右图展示的是维多利亚时期的助听器。现在，助听器的功能越来越多，也更加方便携带。除了助听器，失聪的人还可以学习唇语和手语，从而方便与人交流。

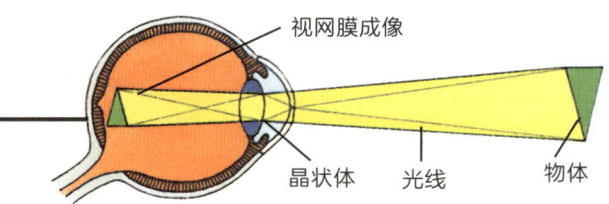

眼睛的结构

眼睛是一个球体，直径约为 25 毫米，里面充满透明胶状物。眼睛能分辨光线，吸收光线后能将其转化为电信号，并经由神经网络传递到大脑。眼睛前部有一层完全透明的薄膜，即眼角膜；眼睛后部有一个带颜色的圈，即虹膜。虹膜中心有一个圆形开口，称为瞳孔。瞳孔后面有一个凸出的盘状物，是一个双凸面的透明组织，称为晶状体。光线通过眼角膜进入眼睛，穿过瞳孔和晶状体后投射到视网膜上。视网膜上分布有上亿个视细胞，包括视杆细胞和视锥细胞。视细胞将光刺激转化为电信号后，沿着视神经系统将其传递到大脑。

颠倒的视觉

眼球的晶状体和凸透镜一样，因而投射到视网膜上的图像也是颠倒的。婴儿刚出生时，还没有正和反、上和下的概念。人脑对视觉有修正功能，所以我们最终看到的图像都是正常的。

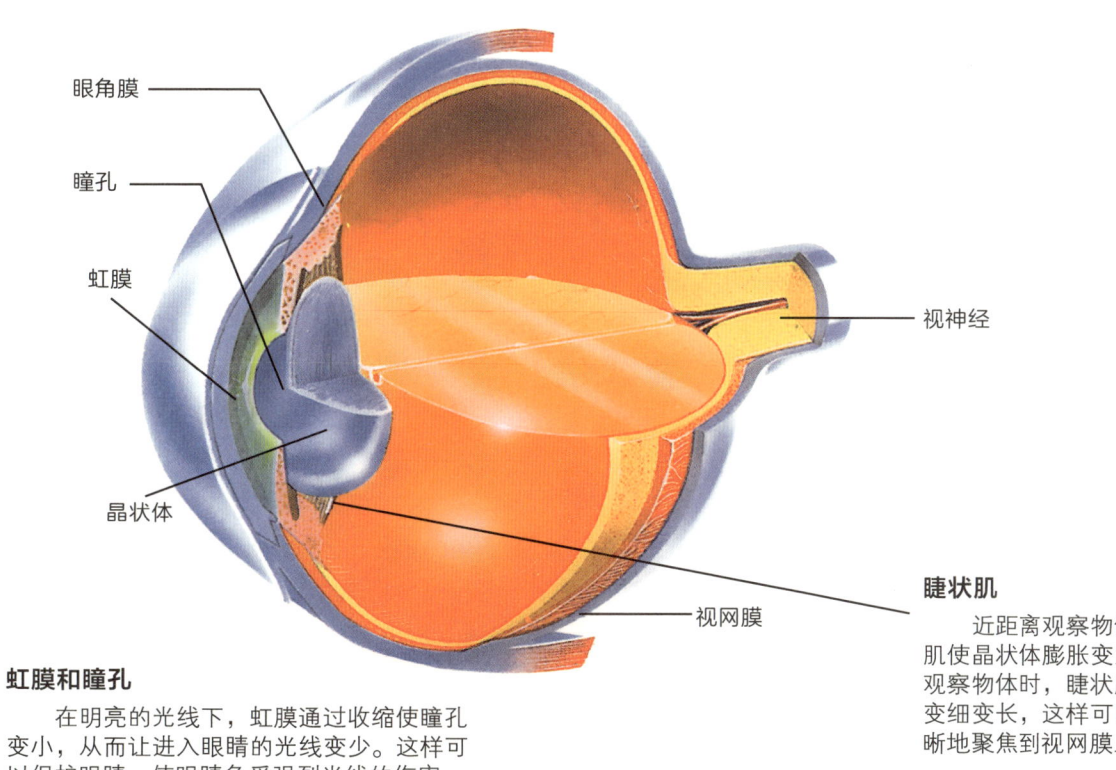

虹膜和瞳孔

在明亮的光线下，虹膜通过收缩使瞳孔变小，从而让进入眼睛的光线变少。这样可以保护眼睛，使眼睛免受强烈光线的伤害。

睫状肌

近距离观察物体时，睫状肌使晶状体膨胀变大；远距离观察物体时，睫状肌使晶状体变细变长，这样可以将光线清晰地聚焦到视网膜上。

矫正视力

普通眼镜和隐形眼镜可以改变光线进入眼睛的路径，使视力不好的人也能看清周围的事物。早在 13 世纪，眼镜就已经出现了。1824 年，法国人路易·布莱尔发明了盲人阅读系统，也就是盲文。盲文是制作在纸张上的凸点，每个方块的点字由六个点组成。盲文让完全失明的人也能阅读和写作。

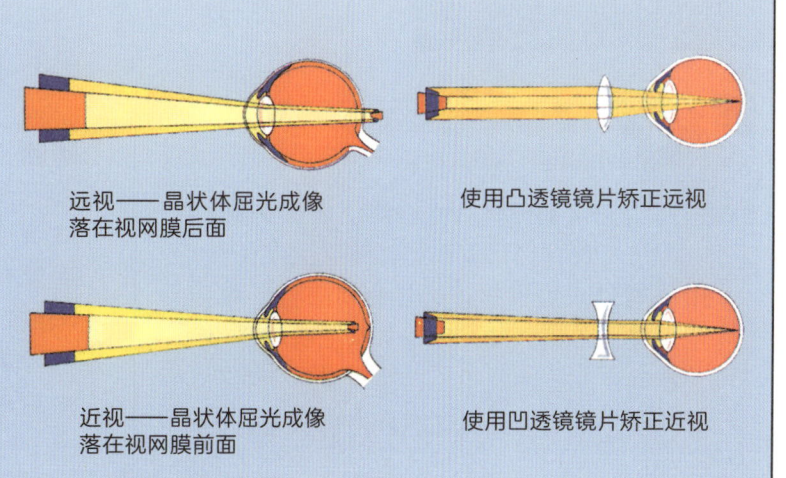

远视——晶状体屈光成像落在视网膜后面

使用凸透镜镜片矫正远视

近视——晶状体屈光成像落在视网膜前面

使用凹透镜镜片矫正近视

感知世界——嗅觉、味觉、触觉

视觉和听觉是人体最重要的感官，嗅觉、味觉和触觉也很重要。嗅觉让我们在很远的地方就能感知事物。味觉和嗅觉有点像，但味觉是感知具体食物的味道，嗅觉是感知弥散在空气中的气味。通过嗅觉和味觉，我们可以判断食物是否过期了。触觉是皮肤对外界的反应，让人体可以感知软和硬、冷和热等，这些都是皮肤给我们发出的信号。

鼻子和舌头

我们呼吸空气时，空气会携带物体的气味掠过鼻腔，使气味落到鼻腔的嗅觉绒毛上。嗅觉绒毛像牙刷一样，上面的微细胞能探测到气味，并向大脑传递神经脉冲。舌头上遍布味蕾细胞，这些细胞呈细小的洋葱状，能探测食物的味道，并将味道转化为神经脉冲传递给大脑。所以，味蕾能感受苦、辣、酸、甜等味觉刺激。

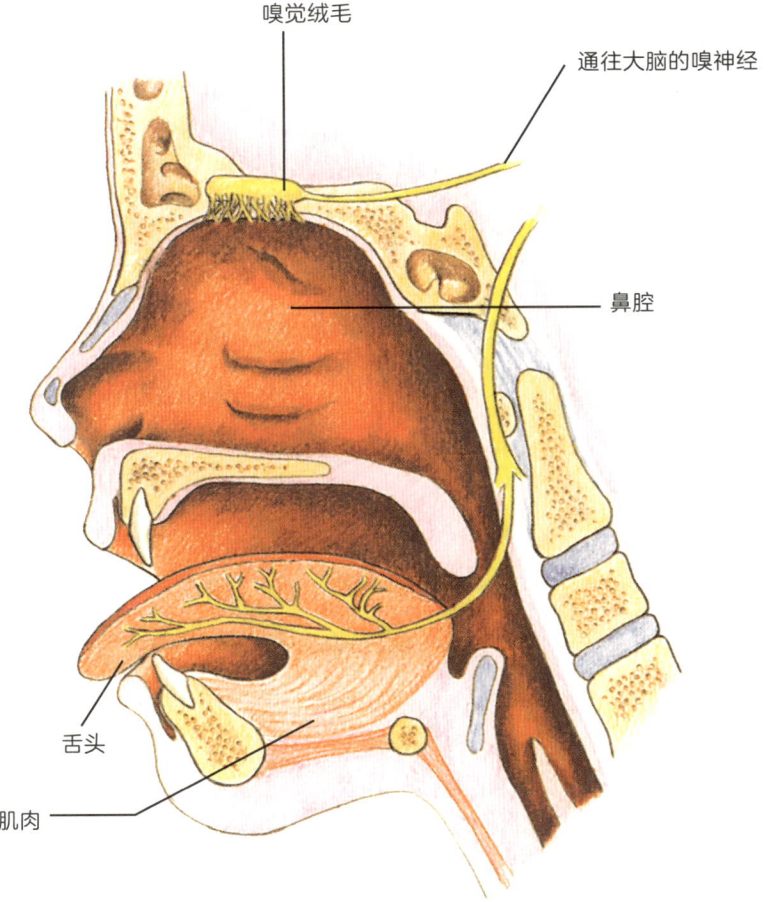

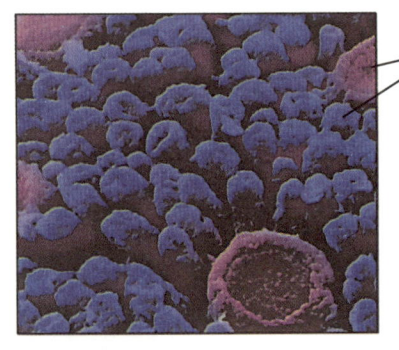

测试嗅觉和味觉

和朋友一起做下面的实验，测试你们的嗅觉和味觉。准备少量不同口味的食物，这些食物应当有酸、甜、咸和苦等口味。用布条蒙上眼睛，你们能闻出这些食物吗？捏住鼻子后用嘴巴尝一尝，你们能尝出这些食物的味道吗？

味蕾

人的舌头上分布有近万个味蕾。味蕾呈卵圆形，由味细胞、支持细胞和基细胞组成。味细胞顶部有绒毛，底部有味觉神经末梢；支持细胞位于味细胞之间，比味细胞大；基细胞位于味蕾的基部。味蕾顶部有小孔，称为味孔。当溶解的食物进入味孔时，味觉细胞因受刺激而产生兴奋，经味觉神经传入大脑后产生味觉。

测谎仪

人紧张的时候可能会流汗，汗液会减少皮肤对少量无害电流的阻碍。测谎仪通过测量皮肤的电阻，判断被测试者是否在说谎。如果一个人在说谎，他会变得紧张，皮肤的电阻也会发生变化。

皮肤的颜色

长期以来，人们居住在不同的地方，形成了不同的肤色。在阳光强烈的地方，皮肤会产生许多黑色素，以防止身体受到强烈紫外线的伤害。长此以往，生活在这些地区的人皮肤变得越来越黑。居住在气候温和或天气寒冷的地区的人，不需要产生太多黑色素抵御紫外线，所以皮肤呈黄色或白色。

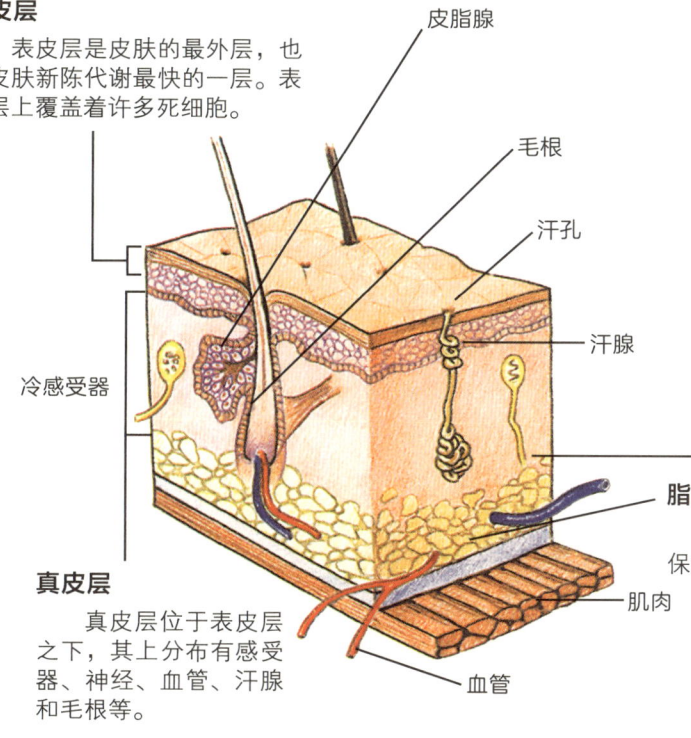

表皮层
表皮层是皮肤的最外层，也是皮肤新陈代谢最快的一层。表皮层上覆盖着许多死细胞。

冷感受器

真皮层
真皮层位于表皮层之下，其上分布有感受器、神经、血管、汗腺和毛根等。

皮脂腺
毛根
汗孔
汗腺

脂肪层
脂肪层位于真皮层下方，有保温和缓和外部冲击的作用。

肌肉
血管

轻触感受器（麦斯纳触觉小体）

感受器

皮肤是人体的感受器，除了能感知冷和热，还能感知痛觉和压力等。

洗澡的历史

欧洲中世纪时期，在澡堂洗澡的费用很高，再加上卫生意识不强，所以人们几乎不洗澡。有钱人会喷洒香水掩盖体味，出门时携带花篮以掩盖街上的臭味。后来，人们知道长期不洗澡会使身上积累许多致病细菌。于是，人们开始洗澡，日常淋浴逐渐成为一种时尚。

皮肤

皮肤是覆盖在人体表面的保护膜，可以帮助人体抵抗冷、热、水、细菌和有害射线，维持人体的温度，防止血液和体液流失。皮肤的最外层是表皮层，表面细胞呈小片脱落，形成皮屑。人走动、穿衣服和洗澡的时候，可能脱落数百万个皮屑细胞。皮肤下层的细胞不断增殖并上移，取代之前的细胞，这就是皮肤的新陈代谢。表皮层下面是真皮层，真皮层中分布有丰富的毛细血管、淋巴管、神经末梢和触觉小体，能感知疼痛、压力、冷和热等。真皮层下面是脂肪层，脂肪层可以减缓冲击，帮助身体隔热和御寒。

易受刺激的神经

神经系统和激素协调工作，共同控制人体运转，使人体对外界信息做出反应。神经系统分为两大部分：中枢神经系统和末梢神经系统。前者包括大脑和脊髓；后者包括遍布全身的神经细胞，主要作用是连接中枢神经和各个身体组织。人体的神经比血管更多、更细，分布在全身各个地方，并与大脑相通，统称为神经系统。

自主神经系统

我们通常说的神经系统是受大脑控制的，但自主神经系统的运行模式有所区别。自主神经系统主要分布在内脏、心血管和腺体中，它们的中枢也在大脑中，但较为独立，可以不受意志支配地自主活动。自主神经系统能支配和调节各个器官、血管、平滑肌和腺体，参与内分泌，调节葡萄糖和脂肪的代谢，还能调节体温、睡眠和血压等。

大脑

大脑是人体的控制中心。和其他神经组织一样，大脑也由相互连接的神经细胞构成。神经细胞呈三角形或多角形，可以传递神经脉冲发出的微弱电信号。

脊髓

脊髓位于脊椎骨的骨管之中，和大脑一起构成中枢神经系统。成人的脊髓长约42~45厘米，共包含31对脊神经，分别对应8个颈节、12个胸节、5个腰节、5个骶节和1个尾节。

末梢神经

末梢神经是神经纤维的末端部分，分布在各种器官和组织中，分为感觉神经末梢和运动神经末梢。感觉神经末梢与其他结构组成感受器，接受内外环境的各种刺激，并将其转化为神经脉冲；运动神经末梢支配肌肉的活动和腺体的分泌，称为效应器。

人体艺术家

文艺复兴时期，安德烈·维萨里追随达·芬奇的步伐，成为伟大的艺术家和解剖学家。维萨里出生于比利时布鲁塞尔，23岁时成为大学教授。他在学校实验室中解剖尸体，并将所见所闻绘制成精准而美丽的图画。他纠正了克劳狄乌斯·盖伦的错误理论，因此得罪了不少人。1543年，维萨里出版《人体结构》一书，总结了当时的解剖学成就，成为近代人体解剖学的创始人。

癫痫

大脑神经紊乱是难以根治的精神疾病。癫痫是一种脑部疾病，主要表现是大脑神经细胞突发性异常放电，导致短暂的大脑功能障碍。发病时，患者可能突然丧失意识，并全身抽搐。以前，人们不了解这种疾病，称其为"羊癫疯"或"羊角风"。现在，随着医疗技术不断进步，医生可以用药物和其他手段控制病情的发展，减轻患者的痛苦。

脊髓反射

反应快的人在体育活动中表现优秀，能更快地处理突发状况。如果手指碰到火焰，皮肤中的痛觉感受器会产生神经脉冲，并沿着感觉神经将痛觉传送到脊髓，最后传送到大脑。有时大脑反应不及时，脊髓可能沿着运动神经直接发送脉冲，提醒手臂肌肉挪开手指，避免受到伤害，这就是脊髓反射。

奥林匹克运动会

古希腊人崇尚体育运动，在力量和技巧方面均有追求。他们举办的运动会，比赛项目包括跑步、跳高、投标枪、掷铁饼、拳击和摔跤等。这些比赛项目要求运动员身强体壮、动作灵活、反应灵敏，不仅涉及肌肉运动，还涉及神经系统对身体的控制。古希腊人每隔四年举办一次奥林匹克运动会。随着运动热情的高涨，比赛项目不断增加，甚至出现了戏剧和音乐表演等。古希腊奥林匹克运动会的主要目的是纪念和颂扬众神，比赛的获胜者被当成神来看待。后来，古代奥林匹克运动会没落了。1896年，希腊雅典举办了第一届现代奥林匹克运动会。

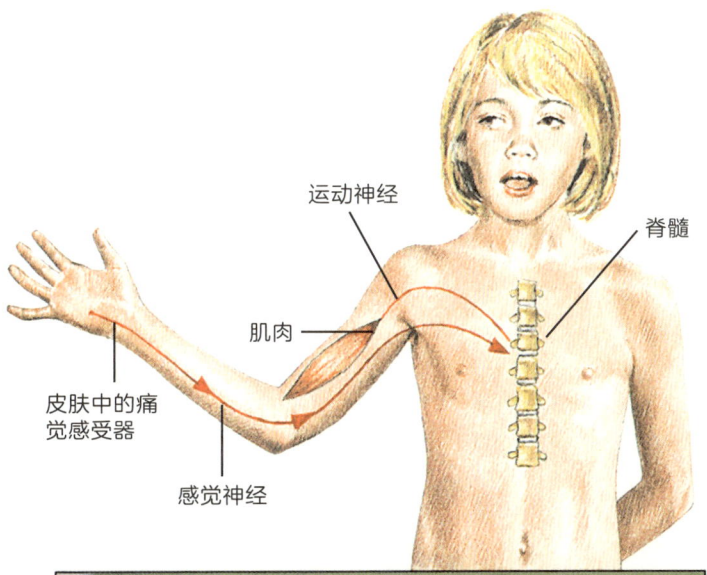

希腊雅典奥林匹克体育场内的雕像

人体控制中心——大脑

大脑是形成意识和想法的组织结构,也是人体的控制中心。大脑约包含数千亿个神经细胞,每个神经细胞都与近半数的神经细胞相连,从而构筑起复杂的神经网络。当然,有些脑部活动是在无意识中进行的。尽管你无法感觉到,但大脑确实在控制你的心跳、呼吸、消化和体温等身体机能。脑部分为不同的区域,每个区域都有各自的功能。

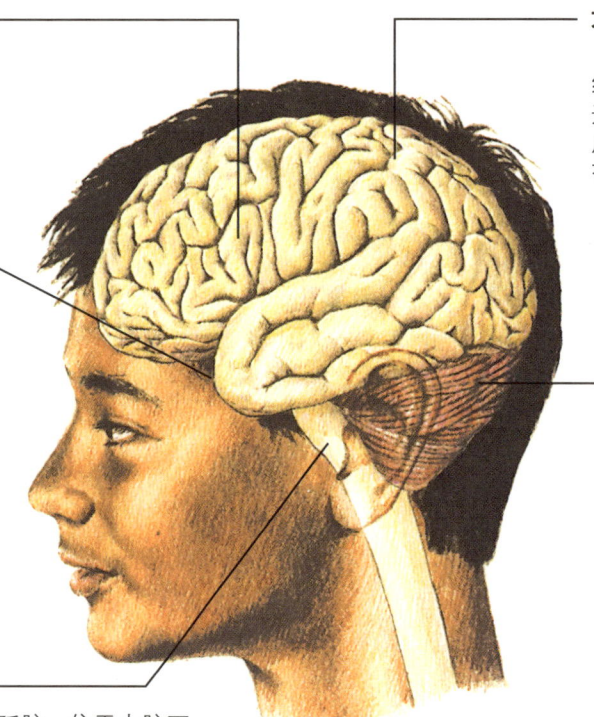

丘脑

丘脑位于大脑的中心部位,是产生意识的核心器官。丘脑还是感官信号的中继站,可以过滤感官传来的神经脉冲,使大脑皮层集中处理重要的事情。

下丘脑

下丘脑位于丘脑下方,面积较小,是内分泌系统和神经系统的中心,作用是把内脏活动和其他生理活动联系起来,调节人体体温、摄食、水平衡和内分泌腺活动等生理功能。

大脑皮层

大脑皮层是控制人体运动的最高级中枢,包含140亿个神经细胞,展开后面积约为2200平方厘米。大脑皮层是意识活动的物质基础,使人具有抽象思维能力。

小脑

小脑位于大脑后方,覆盖在脑桥和延髓之上,主要作用是调节身体平衡和肌肉紧张,协调随意运动。如果摘除宠物狗的小脑,它将无法正常走路。

延髓

延髓也叫延脑,位于大脑下方,与脊髓相连。延髓是人体的生命中枢,调节人体的脉搏、心率、血压、呼吸和消化等。

颅相学

19世纪时,颅相学是一门重要的学科。颅相学是关于脑功能定位的学说,它依据头盖骨的外部结构来推断其心理功能和特性。这一学说认为,大脑是心灵的器官,可以依据心灵官能将其划分为37个大小不同的区域,比如理智与前额有关,专一的情感与头骨的后部、两侧及顶部有关。如今,随着科学家对人体结构的深入了解,颅相学已被断定为伪科学。

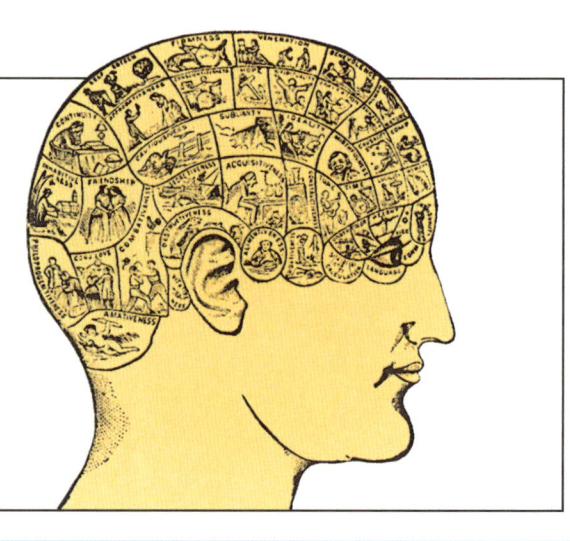

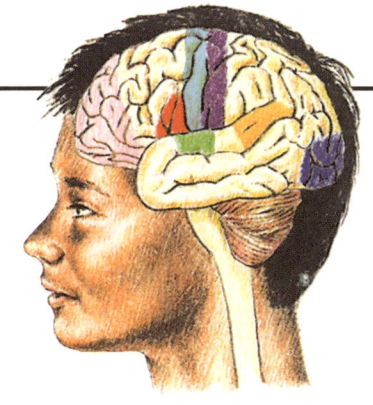

外皮层

大脑的外皮层分为不同的区域,是不同精神活动的控制中心。

- 🟨 阅读和理解
- 🟩 听觉
- 🟧 说话
- 🟦 身体运动中心
- ⬜ 意识
- 🟪 视觉
- 🟪 身体感官中心

催眠术

催眠术是一项古老而神秘的技术,在科学层面也得到了证实。18世纪时,奥地利内科医生麦斯麦提出动物磁气说,他认为人体遭受磁场阻碍时会生病,但借助外力打通磁场就能治愈疾病,这就是早期的催眠术。如今,心理学家将催眠术作为治疗手段,帮助患者打开心扉,让患者摆脱阴郁焦虑的情绪,重新体验生活的温馨和乐趣。

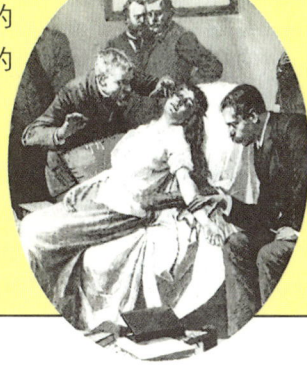

动物的大脑

人类是地球上智慧等级最高的动物,部分原因在于人类发达的脑部,尤其是大脑皮层面积很大。脑容量是指颅骨内腔的容量大小。现代人类的脑容量为 1500 毫升左右,类人猿的脑容量为 400~500 毫升。人们以前认为,脑容量越大智力越高,现在却发现脑容量过大可能妨碍智商。在过去的 2 万年里,人类的脑容量变小了,并向着更高效的工作方式进化。哺乳动物的大脑和人类的大脑一样,分为不同的工作区域。当某项能力对生存非常重要时,负责这项能力的大脑区域的面积就会大一些。比如,嗅觉对老鼠和鼩鼱很重要,但对黑猩猩等灵长目动物却没有那么重要。和人类的大脑一样,黑猩猩的大脑中也有许多功能尚未明确的区域。

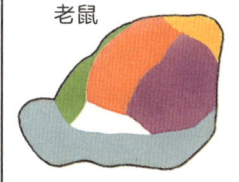 老鼠　　 黑猩猩　　 鼩鼱

- 🟩 运动
- 🟪 听觉
- 🟧 视觉
- ⬜ 嗅觉
- 🟧 感觉
- ⬜ 未明确

断头台

在古代战争中,获胜者可能割下战败者的头颅,以彰显和纪念战争的胜利。割头是一个缓慢的过程,神经系统一直连着大脑,被割头的人在死亡前会非常痛苦。砍头是一种古代刑罚:犯人被押送到断头台,刽子手将犯人的头砍掉。相比于割头,砍头的过程快得多,所以可以减轻死者的痛苦。人们将断头台和法国大革命联系起来,认为这在当时是一种进步,而不是残忍的行为。

生殖系统

生殖系统的作用是繁殖后代，男性的生殖系统和女性的生殖系统有很大差别。男性和女性的结合是生命周期的自然阶段，精子和卵子结合后形成胚胎，再发育成婴儿。父母养育孩子，孩子长大后也会养育自己的孩子，如此往复循环，生命繁衍不息。

男性的生殖系统

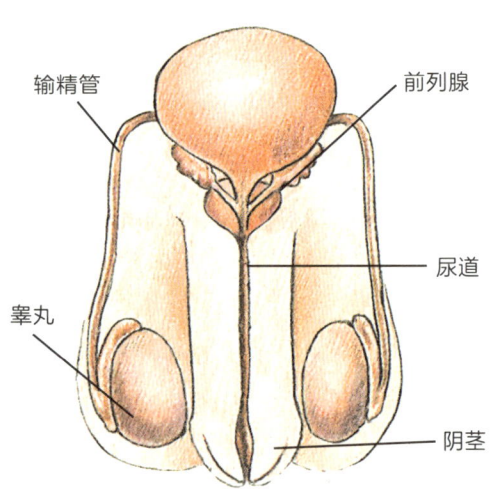

女性的生殖系统

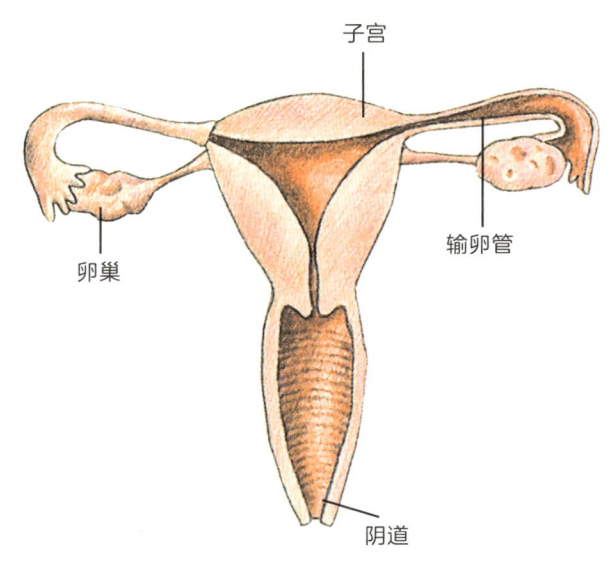

男性的睾丸是一种腺体，能产生数百万个精子细胞。精液沿着男性的尿道流出，并进入女性的阴道内。接着，精子穿过子宫，游到输卵管，与成熟的卵子结合。

每隔4个星期左右，女性的卵巢会排出1枚成熟的卵子。卵子进入输卵管，与精子结合，形成受精卵。受精卵进入子宫后发育成胚胎。如果卵子没有成功精，子宫内膜便会脱落，并以经血的形式排出体外。

大家庭和小家庭

古时候，每个家庭都要养育很多孩子。家庭成员非常多，并且关系紧密，节日里团聚时非常热闹。由于人口过度增长，有些国家实行了计划生育，希望控制人口的无节制增长。在这种政策下，家庭成员逐渐减少，父母的生育意愿变弱，家庭压力也变小了。

卵子和精子结合，形成受精卵。

受精

卵子和精子结合后，在子宫内发育成胚胎。精子的头部进入卵细胞中（上图），双方的基因信息进行融合。基因以化学编码的形式携带受孕的指令，创造出新的生命。

受精卵形成24小时后开始分裂。

生命的秘密

1953年，美国生物学家詹姆斯·沃森和英国生物化学家弗朗西斯科·克里一起发现了DNA结构。DNA又名脱氧核糖核酸，是一种双螺旋结构，就像相互缠绕的旋梯一样。DNA序列在细胞核中缠绕成X状，即染色体。细胞分裂时，同时复制了基因信息。两位科学家的研究证明了父母的特征是如何传递给孩子的。当然，父母的每个孩子并不是一模一样的，即使是同卵双胞胎，长大后也会有一些区别。

6周大的胚胎。

4个月大的胎儿，脐带连接母亲的胎盘。

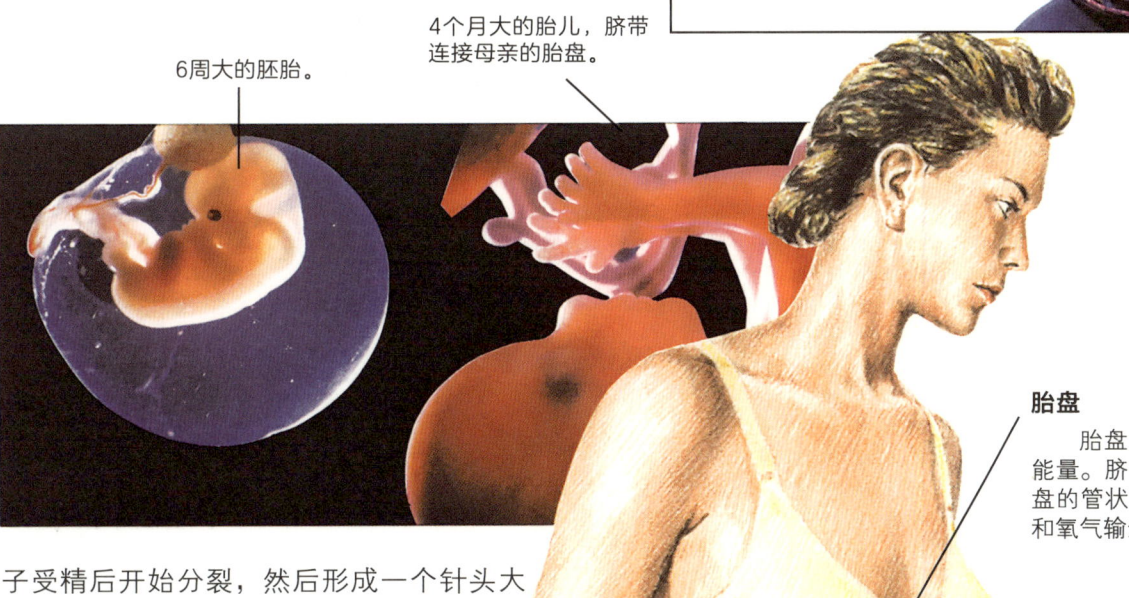

胎盘

胎盘给胎儿提供营养和能量。脐带是连接胎儿和胎盘的管状结构，将营养物质和氧气输送到胎儿体内。

── 胎儿

── 子宫

── 闭合的子宫颈

怀孕

卵子受精后开始分裂，然后形成一个针头大小的球体，里面包含上百个细胞，称为胚种。胚种在子宫内膜上安顿下来，这里充满营养而且血液丰富，胚种充满液体后开始发生变化，逐渐分化出三个不同的层：外胚层最终发育为表皮、指甲、牙齿和感官及神经系统，内胚层发育为消化系统和呼吸系统等，中胚层发育为真皮、循环系统和排泄系统等。1周后，胚种着床到子宫壁，并发育成胚胎。胚胎发育出心脏，并逐渐分化出胎儿的雏形。第3个月的月末，胎儿能移动头和脚了，父母可以从肚皮上听到胎儿的心跳。第4个月后，母亲能明显感觉到胎动。第9~10个月，胎儿通过子宫颈和阴道脱离母体，来到外面的世界，成为独立的新生命。

词汇表

DNA
一种含有生物所有遗传信息的分子，能够从父母传给子孙，并控制身体的生长发育。

动脉
将血液从心脏输往身体各器官和组织的大血管。

分子
构成物质的微小单元。

横膈膜
一块分隔哺乳动物的胸腔和腹腔的坚韧肌肉。

呼吸
在所有生物细胞内发生的化学过程。在呼吸的过程中，食物在氧气的作用下"燃烧"，进而释放出能量。

肌腱
肌肉末端强有力的绳状部位，将肌肉本身和牵引它的骨头连接起来。

肌肉
擅长收缩的身体部位。肌肉使身体的运动成为可能。

激素
一种充当"化学信使"的身体物质，由内分泌腺产生，在血液中循环并影响一些细胞和器官的工作方式。

解剖学
研究生物构造的科学。

静脉
将血液从器官和组织输回心脏的大血管。

毛细血管
将氧气和营养物质运往周边组织的极小的血管网络。

酶
能加速化学反应的生物物质。

器官
指身体中具有特定功能的主要部位，如心脏、肺和大脑。

韧带
关节周围强有力的、能稍微拉伸的带状部分。韧带将关节处的骨骼固定在一起，使关节稳固而有力。

软骨
一种光滑的、有弹性的物质，覆盖在骨头关节处的末端，构成如耳、鼻处部分结构中的灵活部位。

神经
专门传递电信号或电脉冲的身体部位。神经控制并协调人体的大部分活动。

视神经
能够从眼睛向大脑传输电信号的神经结构。

细胞
生物基本的构成单位。细胞一般非常微小，只有用显微镜才能观察到。

组织
这里指一组具有类似功能的细胞所组成的结构，如肌肉组织和神经组织。不同的组织结合在一起就形成了身体的主要部位，被称为器官。